FUNDAMENTOS DE DIREITO PENAL

Introdução Crítica
Aplicação da Lei Penal
Teoria do Delito

ANTONIO CARLOS SANTORO FILHO

FUNDAMENTOS DE DIREITO PENAL

Introdução Crítica
Aplicação da Lei Penal
Teoria do Delito

FUNDAMENTOS DE DIREITO PENAL
*Introdução Crítica, Aplicação da Lei Penal,
Teoria do Delito*
© ANTONIO CARLOS SANTORO FILHO

ISBN: 85-7420-531-1

*Direitos reservados desta edição por
MALHEIROS EDITORES LTDA.
Rua Paes de Araújo, 29, conjunto 171
CEP 04531-940 — São Paulo — SP
Tel.: (0xx11) 3078-7205
Fax: (0xx11) 3168-5495
URL: www.malheiroseditores.com.br
e-mail: malheiroseditores@zaz.com.br*

Composição
Acqua Estúdio Gráfico Ltda.

*Capa
Criação*: Vânia Lúcia Amato
Arte: PC Editorial Ltda.

Impresso no Brasil
Printed in Brazil
07.2003

Ao pequeno LUCAS, *meu filho,
que me concedeu o privilégio de, nesta vida,
ser pai de uma alma tão especial.*

A VERLU,
*sonho que vivo acordado,
por todos os momentos.*

SUMÁRIO

Título I – O Direito e a Lei Penal

1. O Direito Penal
1.1 Conceito 17
1.2 Criminologia e política criminal 18
1.3 Direito penal e Estado 21
1.4 Os fins intrínsecos do poder punitivo
    1.4.1 Colocação do problema 24
    1.4.2 Finalidade retributiva 25
    1.4.3 Prevenção geral 29
    1.4.4 Prevenção especial 30
    1.4.5 Teorias ecléticas 35
    1.4.6 Fins da pena e Estado Democrático de Direito ... 36
1.5 Dignidade humana e direito penal
    1.5.1 Conceito 43
    1.5.2 Dignidade humana e pena 47
1.6 A fundamentação do poder punitivo 50
1.7 A função da Parte Geral do Código Penal 52

2. Princípio da Legalidade
2.1 Natureza 54
2.2 Legalidade estrita 56
2.3 Legalidade escrita 57
2.4 Anterioridade e irretroatividade 59
2.5 Taxatividade 60
2.6 Normas penais em branco 64
2.7 Legalidade e medidas de segurança 65

3. Lei Penal no Tempo
3.1 "Abolitio criminis" 68

3.2 "Lex mitior" 69
3.3 Lei excepcional ou temporária
   3.3.1 Conceito 71
   3.3.2 Tipo penal em branco 72
3.4 Tempo do crime
   3.4.1 Colocação do problema 73
   3.4.2 Crimes permanentes, habituais e continuados 74

4. Lei Penal no Espaço
4.1 Princípios da lei penal no espaço 76
4.2 Territorialidade no Direito Brasileiro 78
4.3 Exceções ao princípio da territorialidade
   4.3.1 Princípio da representação 82
   4.3.2 Imunidades diplomáticas 82
   4.3.3 Imunidades parlamentares 84
4.4 Lugar do crime no direito penal brasileiro 84
4.5 Extraterritorialidade
   4.5.1 Conceito 86
   4.5.2 Extraterritorialidade incondicionada 87
   4.5.3 Extraterritorialidade condicionada
      4.5.3.1 Hipóteses 88
      4.5.3.2 Condições 89
      4.5.3.3 Extradição 90
4.6 Pena cumprida no Estrangeiro 94
4.7 Eficácia da sentença estrangeira
   4.7.1 Pressupostos e homologação 96
   4.7.2 Hipóteses e efeitos 97

5. Prazos Penais e Frações de Pena
5.1 Prazos penais 99
5.2 Frações não computáveis da pena 100

Título II – TEORIA DO DELITO

1. Conceito de Delito
1.1 O crime na Teoria Geral do Direito 105

SUMÁRIO

1.2 Conceito formal 107
1.3 Conceito material 108
1.4 Conceito analítico 109

2. Ação
2.1 Princípio do ato 112
2.2 Teoria causal 113
2.3 Teoria finalista 114
2.4 Teoria social 115
2.5 Conceito jurídico-penal 115

3. Nexo Causal
3.1 Colocação do problema 118
3.2 Equivalência dos antecedentes 119
3.3 Causalidade adequada 120
3.4 Teoria da imputação objetiva 122
3.5 Causalidade tipicamente relevante 126
3.6 Relevância penal da omissão 129

4. Tipo e Tipicidade
4.1 Conceito de tipo 133
4.2 Elementos do tipo e tipicidade 135

5. A Parte Objetiva do Tipo
5.1 Elementos objetivos do tipo 137
5.2 Elementos normativos do tipo
    5.2.1 Conceito 139
    5.2.2 Espécies 139

6. Tipicidade Material
6.1 O princípio da lesividade 142
6.2 Conceito de bem jurídico 144
6.3 Funções do bem jurídico 147
    6.3.1 Função sistematizadora 147
    6.3.2 Função de individualização da pena 148
    6.3.3 Limitação pré-legislativa 148
    6.3.4 Função de núcleo material do injusto 150

7. Imputação Subjetiva

7.1 Princípio da responsabilidade subjetiva 154
7.2 Crime doloso
   7.2.1 Dolo no tipo 156
   7.2.2 Conceito 157
   7.2.3 Elementos 160
   7.2.4 Espécies de dolo 161
7.3 Culpa
   7.3.1 Conceito 162
   7.3.2 Elementos do fato típico culposo 163
   7.3.3 Espécies de culpa 166
7.4 Crime preterdoloso 166
7.5 Responsabilidade penal da pessoa jurídica 168

8. Tipicidade Axiológica: o Sentido e Alcance (Anti)Normativo do Tipo 175

9. Concurso de Tipos

9.1 Introdução 181
9.2 Concurso efetivo 181
9.3 Concurso aparente
   9.3.1 Denominação 183
   9.3.2 Conceito e soluções 183
      9.3.2.1 Especialidade 184
      9.3.2.2 Subsidiariedade 185
      9.3.2.3 Consunção 186

10. Causas de Exclusão da Tipicidade

10.1 Erro de tipo 187
10.2 Erro provocado por terceiro 189
10.3 O consentimento do ofendido 190

11. Do Erro Acidental

11.1 Erro sobre a pessoa e "aberratio ictus" 192
11.2 "Aberratio delicti" 193

12. O Injusto

12.1 Ilicitude 195

12.2 A relação tipo/ilicitude 196
   12.2.1 Caráter independente 197
   12.2.2 Caráter indiciário 197
   12.2.3 Caráter de "ratio essendi" 198
   12.2.4 Nossa posição: a ilicitude tipificada 199
12.3 Conceito constitucional de "injusto" 206

13. Tipo de Justo
13.1 Conceito e estrutura 208
13.2 Descriminantes putativas 211
13.3 Excesso 213
13.4 Erro de permissão 214
13.5 Concurso aparente entre tipos delitivos e tipos de justo 220

14. Estado de Necessidade
14.1 Conceito e natureza 221
14.2 Teorias 222
14.3 Requisitos 223
   14.3.1 Perigo atual a direito próprio ou de terceiro 223
   14.3.2 Ausência de vontade na criação do perigo 224
   14.3.3 Inevitabilidade do comportamento 225
   14.3.4 Inexigibilidade de sacrifício do bem ameaçado 226
   14.3.5 Inexistência de dever legal de enfrentar o perigo 227
   14.3.6 Elemento subjetivo 228
14.4 Causa de diminuição de pena 229

15. Legítima Defesa
15.1 Conceito e natureza jurídica 230
15.2 Requisitos 231
   15.2.1 Agressão atual ou iminente 231
   15.2.2 Agressão injusta 233
   15.2.3 Utilização moderada dos meios necessários 235
   15.2.4 Elemento subjetivo 237

16. Outros Tipos de Justo
16.1 Exercício regular de direito
   16.1.1 Conceito e estrutura 238

16.1.2 Exercício regular de direito e contexto social
    adequado 240
16.2 Estrito cumprimento do dever legal 241

17. Culpabilidade
17.1 Teorias da culpabilidade
    17.1.1 Teoria psicológica 244
    17.1.2 Teoria psicológico-normativa 246
    17.1.3 Teoria normativa pura: a concepção finalista 248
17.2 Fundamento da culpabilidade 249
17.3 Erro de proibição 251

18. Causas Exculpantes
18.1 Coação irresistível 258
18.2 Obediência hierárquica 260
18.3 Exculpação supralegal. A analogia e os princípios gerais
    de Direito 263

19. Imputabilidade
19.1 Conceito de "imputabilidade" 266
19.2 Métodos de aferição 267
19.3 A inimputabilidade na teoria do delito 268
19.4 Causa de diminuição de pena 273
19.5 A questão dos surdos-mudos e dos indígenas 275
19.6 Menoridade
    19.6.1 Escorço histórico 276
    19.6.2 O tratamento atual 277
19.7 Emoção e paixão 278
19.8 Embriaguez 280

20. Tentativa
20.1 Conceito 282
20.2 Atos preparatórios 283
    20.2.1 Cogitação 283
    20.2.2 O ajuste 284
    20.2.3 Indução 284
    20.2.4 Incitação particular 284
    20.2.5 Preparação 285

SUMÁRIO 13

20.3 Caracterização da tentativa
   20.3.1 Introdução 285
   20.3.2 Teoria subjetiva 285
   20.3.3 Teoria objetiva 286
   20.3.4 Teoria objetiva formal 287
   20.3.5 Teoria objetiva material 288
   20.3.6 Teoria objetiva individual 289
   20.3.7 Nossa posição 290
20.4 Delitos que não admitem tentativa 292
20.5 Pena da tentativa 293
20.6 Desistência voluntária e arrependimento eficaz
   20.6.1 Natureza jurídica 294
   20.6.2 Requisitos 295
   20.6.3 Conseqüências 296
20.7 Crime impossível 296
20.8 Arrependimento posterior
   20.8.1 Conceito e natureza 298
   20.8.2 Requisitos 299
   20.8.3 Implicações 302

21. Concurso de Pessoas
   21.1 Teorias 304
   21.2 Autoria e participação
      21.2.1 Distinções 305
      21.2.2 Espécies de autoria 307
      21.2.3 Co-autoria 307
      21.2.4 Participação 308
   21.3 Elementos do concurso de pessoas 309
   21.4 Participação de menor importância 311
   21.5 Participação de crime menos grave 312

Referências Bibliográficas 313

TÍTULO I
O DIREITO E A LEI PENAL

1. O direito penal. 2. Princípio da legalidade. 3. Lei penal no tempo. 4. Lei penal no espaço. 5. Prazos penais e frações de pena.

ns*1*

O DIREITO PENAL

1.1 Conceito. 1.2 Criminologia e política criminal. 1.3 Direito penal e Estado. 1.4 Os fins intrínsecos do poder punitivo: 1.4.1 Colocação do problema – 1.4.2 Finalidade retributiva – 1.4.3 Prevenção geral – 1.4.4 Prevenção especial – 1.4.5 Teorias ecléticas – 1.4.6 Fins da pena e Estado Democrático de Direito. 1.5 Dignidade humana e direito penal: 1.5.1 Conceito – 1.5.2 Dignidade humana e pena. 1.6 A fundamentação do poder punitivo. 1.7 A função da Parte Geral do Código Penal.

1.1 Conceito

A elaboração de um conceito de direito penal, em seu aspecto objetivo, deve ter em vista o agrupamento, em uma fórmula sintética, de suas características essenciais, de forma a explicar as linhas mestras deste ramo do Direito.

von Liszt, o primeiro autor a tratar o direito penal como sistema, define-o como "o conjunto das regras jurídicas estabelecidas pelo Estado, que associam ao crime, como fato, a pena, como legítima conseqüência".[1]

A este conceito pode-se opor a objeção de não contemplar as medidas de segurança, as quais, pelo menos no aspecto formal, pertencem ao direito penal.

Jiménez de Asúa, por sua vez, conceitua o direito penal como "conjunto de normas e disposições jurídicas que regulam o exercício do poder sancionador e preventivo do Estado, estabelecendo o conceito de delito como pressuposto da ação estatal, assim como a res-

---

1. *Tratado de Derecho Penal*, 4ª ed., t. I, pp. 5-6.

ponsabilidade do sujeito ativo, e associando à infração da norma uma pena finalista ou uma medida de segurança".[2]

Esta definição, por seu turno, embora compreenda, em seu conteúdo, tanto a pena como a medida de segurança, revela-se estreita, pois traduz uma prévia opção por determinada finalidade da pena – preventiva e finalista, ou ressocializante –, o que não se verifica, entretanto, em todas as formas de instituição sistêmica do direito penal, estando carregada, portanto, de elevada subjetividade.

Pensamos que, para comportar as várias tendências filosóficas que cuidam do direito penal e que pretendem explicar seus fins, um conceito objetivo desta disciplina deve, obrigatória e obviamente, trazer como sua nota característica a objetividade.

Assim, sob este ângulo, conceituamos o *direito penal* como: o *conjunto de normas jurídicas que disciplinam a atuação do Estado no tratamento do crime, regulando-o e prevendo as medidas aplicáveis ao seu autor.*

A expressão "direito penal" é utilizada também, no mais das vezes, como sinônimo de ciência penal ou ciência jurídico-penal.

Esta ciência penal – como ensina Francisco de Assis Toledo – "é um conjunto de conhecimentos e princípios, ordenados metodicamente, de modo a tornar possível a elucidação das normas penais e dos institutos em que elas se agrupam, com vistas à sua aplicação aos casos ocorrentes, segundo critérios rigorosos de justiça".[3]

Trata-se, portanto, de disciplina jurídica que tem por objetivo o estudo das normas jurídico-penais para construir, a partir destas, progressiva sistematização. Em última análise, a ciência penal constitui – como afirma Welzel[4] – uma ciência prática, a construção de uma técnica de solução de casos e problemas penais, a partir de princípios fundamentais.

1.2 Criminologia e política criminal

O direito penal não se confunde com a criminologia, pois esta constitui uma ciência social que estuda as causas e concausas da cri-

---

2. *La Ley y el Delito*, p. 18.
3. *Princípios Básicos de Direito Penal*, 4ª ed., pp. 1-2.
4. *Derecho Penal Alemán*, 4ª ed., p. 1.

minalidade e da periculosidade criminal e suas conseqüências na sociedade, para propor meios aptos ao seu controle.

Enquanto o direito penal – na feliz expressão de Roberto Lyra – considera horizontalmente o crime (método jurídico), a criminologia trata verticalmente da criminalidade (método criminológico).

À criminologia não interessam o fato isolado, o crime e o criminoso, mas a criminalidade e a sociedade, que representam seus grandes valores.

A política criminal, por sua vez, trata-se do principal elo de ligação entre as ciências do direito penal e da criminologia. É através desta que pretende a criminologia informar o direito penal.

A expressão "política criminal" não conta com um conceito unânime da doutrina penal.

Basileu Garcia[5] define-a como a ciência e a arte dos meios preventivos e repressivos que o Estado dispõe para atingir o fim da luta contra o crime. Examina o Direito em vigor e – em resultado da apreciação de sua idoneidade na proteção contra os criminosos – trata de aperfeiçoar a defesa jurídico-penal contra a delinqüência, sendo seu meio de ação, portanto, a legislação penal.

Jiménez de Asúa[6] sustenta que a política criminal é um conjunto de princípios fundados na investigação científica do delito e da eficácia da pena, por meio dos quais se luta contra o crime, valendo-se não apenas dos meios penais, mas também dos de caráter assegurativo.

Zaffaroni e Pierangelli,[7] por sua vez, afirmam que a política criminal é a ciência ou a arte de selecionar os bens jurídicos que devem ser tutelados penalmente e os caminhos para tal tutela – o que implica a crítica dos valores e caminhos já eleitos.

Pensamos que a política criminal não pode ser caracterizada como uma ciência, pois, apesar de valer-se, em muitas oportunidades, de dados científicos, estes, em verdade, pertencem a outros ramos do saber – ciências –, no mais das vezes à própria ciência jurídica ou à criminologia. Além disso, o aperfeiçoamento da legislação penal e suas conseqüentes modificações, visados pela política criminal, estão,

---

5. *Instituições de Direito Penal*, 4ª ed., vol. I, t. I, p. 37.
6. *La Ley y el Delito*, p. 62.
7. *Direito Penal Brasileiro – Parte Geral*, p. 132.

em muitas proposições, carregados por componentes ideológicos, que não podem ser considerados substratos científicos.

Com efeito, se tomarmos apenas a título de exemplo de matéria político-criminal a discussão a respeito da descriminalização do aborto, embora haja, por um lado, argumentos científicos para sua adoção, regulamentação e realização regradas pelo Estado – prevenção da saúde pública e da gestante em particular, diminuição de gastos do Poder Público com o tratamento das conseqüências dos abortos clandestinos –, a questão é abordada, em maior parte, sob pontos de vista estritamente ideológicos.

Os grupos católicos e religiosos em geral posicionam-se contrariamente à descriminalização sob o fundamento de que o homem não pode opor-se, deliberadamente, à vontade de Deus – isto é, não pode evitar o nascimento de uma criança e contrariar o mandamento "crescei e multiplicai-vos".

Já os grupos favoráveis à descriminalização, embora abordem, de forma periférica, os dados científicos acima mencionados, centram o debate na liberdade de agir do ser humano, e mais, na liberdade da mulher de "fazer o que quiser com o seu próprio corpo".

O conjunto de convicções ideológicas, os diversos modos de pensar peculiares aos grupos sociais, portanto, influenciam e informam a política criminal tanto ou mais que as razões científico-jurídicas – motivo pelo qual não há como se considerar esta disciplina uma ciência.

A política criminal é, antes de tudo, uma das várias "políticas" do Estado e da sociedade, que, por isso, não conta sempre com uniformidade, pois representa o resultado do enfrentamento no plano das idéias de grupos com posicionamentos distintos.

Todas as vezes que um dos grupos, no plano legislativo, sai vencedor nessa luta das idéias origina-se a crítica do grupo contrário, que passa a trabalhar para reformar a modificação legal introduzida.

Esta constante "batalha" de convicções é a responsável pelo dinamismo do direito penal, na medida em que, diante da evolução social, fortalecem-se as proposições de uma ou outra tendência.

Logo, podemos formular o seguinte conceito de *política criminal*: *consiste na crítica do direito criminal, fundada em argumentos* jurídicos ou ideológicos – ou em ambos –, tendente a modificar ou reformar os institutos e sistema de direito penal vigentes, que implica o dinamismo desta disciplina.

1.3 Direito penal e Estado

O direito penal, sejam quais forem sua época e local de vigência, tem sempre por objetivo a preservação do modelo de Estado adotado – e, conseqüentemente, dos "bens" que lhe são mais relevantes. O modelo de Estado a se preservar é que implicará um direito penal mais ou menos comprometido com os direitos e liberdades individuais, com os valores efetivamente relevantes e com sua própria legitimação. Trata-se, portanto, de uma criação do Estado, que tem por missão primeira a sua própria preservação.

Com efeito, no período absolutista, em que o poder estava centrado nas mãos do monarca e fundado nas "leis divinas", o direito penal visava à preservação deste modelo de Estado, e para tanto se utilizava indiscriminadamente do castigo como meio de expiação dos que ousassem infringir e desestabilizar a ordem instituída.

Este Estado inflexível, organizado sob um poder incontestável e não sujeito a qualquer forma de controle, exigia, para sua preservação, um "direito penal de terror", estruturado em valores impostos à sociedade, e não extraídos de suas relações internas.

As Ordenações Filipinas, publicadas em 11 de janeiro de 1603, que tiveram vigência em nosso país, no âmbito criminal, até a promulgação do Código Criminal do Império, constituem modalidade típica deste direito penal com finalidade de conservação do poder absoluto. Esta missão do direito criminal então vigente pode ser extraída facilmente de seus dispositivos, em face da existência de completa desproporcionalidade entre conduta e sanção, penas infamantes e cruéis e extensão dos efeitos da pena aos descendentes do condenado.

Para tal constatação basta observar que o delito de maior gravidade deste diploma, que implicava a seu autor a pena mais severa (morte cruel), tratava-se do crime de lesa-majestade – traição ao Poder Real –, que se configurava pelo simples fato de alguém, com desprezo ao rei, quebrar ou derrubar imagem de sua semelhança, ou armas reais, postas em sua honra e memória. A infâmia pela prática do crime, nesta hipótese, transmitia-se até as pessoas dos netos.[8]

De igual modo, os Estados totalitários utilizam-se do direito penal como instrumento de seu autoritarismo, com o fim de conservar suas estruturas de poder. Logo, não é de surpreender que este modelo de Estado institua penas não como conseqüência de um resultado lesivo, mas sim da conduta perigosa do indivíduo pela vontade intrínseca, isto é, pela violação moral da ordem que contém. Prescinde-se, por isso, normalmente, da definição clara das diversas espécies de delitos, sendo autorizado ao julgador recorrer à analogia para interpretar como crime uma conduta considerada dotada de perigosidade ao Estado.

Como ensina Reale Júnior, no Estado Nacional-Socialista Alemão, típico Estado totalitário, afasta-se a segurança jurídica "quando se procura realizar a justiça material, fundada apenas no senso jurídico efetivo factual da comunidade. Comprova-o a reforma do § 2º do Código Penal, que não só deu possibilidade de analogia no direito penal, como fixou as diretrizes para a interpretação das normas penais, cuja aplicabilidade deveria ser feita segundo o são sentimento do povo"[9] – na verdade, uma noção que mascara a verdadeira fonte da lei, isto é, a vontade do *Führer*, do ditador.

Também o Estado Soviético em sua primeira fase configurou-se como Estado totalitário e instituiu em seu Código Penal, expressamente, que a função do direito penal era a defesa do Estado de camponeses e trabalhadores durante o período de transição até o comunismo.

Para o exercício dessa defesa estabeleceu-se, primeiramente, que deveria ser considerada criminosa toda conduta socialmente perigosa, ou seja, toda ação ou omissão dirigida contra o regime soviético ou que importasse atentado à ordem jurídica estabelecida pelo poder dos trabalhadores e camponeses – ditadura do proletariado – para o período de transição à ordem comunista.

8. Dispunha o Título VI das Ordenações Filipinas: "Lesa-majestade quer dizer traição cometida contra a pessoa do Rei, ou seu Real Estado, que é tão grave e abominável crime, e que os antigos Sabedores tanto estranharam, que o compararam à lepra (...) assim o erro da traição condena o que a comete, e atinge e infama os que de sua linha descendem, posto que não tenham culpa (...)".
9. *Antijuridicidade Concreta*, p. 13.

Além disso, possibilitou-se a aplicação da analogia – se o ato fosse socialmente perigoso e não estivesse previsto especialmente, deveria ser punido conforme os delitos previstos que mais se assemelhassem – e a punição por vinculação a meios perigosos ou pelo passado do agente – responsabilidade penal pela conduta de vida, e não pelo fato.

No totalitarismo, portanto, há forte sobreposição do Estado em relação à pessoa humana e suas liberdades – e, assim, o crime passa a ser entendido como rebelião do indivíduo à vontade normativa do Estado.[10]

No Estado Democrático de Direito, instituído em nosso país pela Constituição Federal de 1988, o direito penal também tem a função de preservar este modelo de Estado. Suas notas características – fundamentos, garantias, objetivos e princípios –, entretanto, têm como ponto de partida o ser humano, transformando o poder em instrumento para sua garantia e plena realização, e não um fim em si mesmo.

Esta distinção de foco do próprio Estado é que permite e orienta a formulação de um direito penal democrático, baseado em bens eticamente relevantes.

A Constituição Federal, ao instituir seus fundamentos e fins, explicita não somente o modelo de Estado a constituir, suas características essenciais, mas também o tipo de Direito – especialmente o penal, cujas bases derivam, em grande parte, da Constituição – a ser formulado pela legislação infraconstitucional.

Como ensina Maurício Antônio Ribeiro Lopes: "As Constituições dos Estados Democráticos de Direito positivam certos valores e princípios eleitos como de máxima importância à construção de um sistema penal harmonizado com os pressupostos dessa espécie de Estado".[11]

Neste sentido, pode-se afirmar que os princípios fundamentais não constituem normas meramente programáticas, mas conformadoras e limitadoras das leis penais, tanto no aspecto formal como no material, na medida em que estas, se contrariarem aquelas, estarão eivadas de inconstitucionalidade – e, portanto, vício na origem.

10. Antônio Luís Chaves Camargo, *Tipo Penal e Linguagem*, p. 10.
11. *Direito Penal, Estado e Constituição*, p. 113.

Logo, como já visto em relação aos modelos autoritários de Estado, também no Estado Democrático de Direito tem o direito penal a missão de preservá-lo.

Esta é, sem dúvida, a missão primeira do direito penal e o ponto mais relevante de sua relação com o Estado; suas finalidades intrínsecas, entretanto, dependerão do tipo de Estado em que estiver instituído, pois – como observa Nilo Batista –"há marcante congruência entre os fins do Estado e os fins do direito penal, de sorte que o conhecimento dos primeiros, não através de fórmulas vagas e ilusórias, como sói figurar nos livros jurídicos, mas através do exame de suas reais e concretas funções históricas, econômicas e sociais, é fundamental para a compreensão dos últimos".[12]

1.4 Os fins intrínsecos do poder punitivo

1.4.1 Colocação do problema

A discussão a respeito dos fins da pena é, antes de tudo – como assevera Santiago Mir Puig[13] –, valorativa, opinável, pois se trata de questão não somente jurídica, mas especialmente política, intrinsecamente ligada às características e funções do Estado.

Assim, impossível a formulação de um conceito absoluto de *pena* que não seja meramente formal, válido para todos os tipos de Estados, vigentes nas mais diversas épocas.

O que nos interessa neste capítulo, entretanto, não é a formulação de um conceito geral dos objetivos da pena, mas – diante de nosso modelo de Estado, e a partir da análise de seus fins – responder à seguinte questão: para que serve o direito penal no Estado Democrático de Direito?

Analisaremos criticamente, por isso, as principais finalidades já fixadas e adotadas em relação à pena, para, então, diante do Estado Democrático de Direito, observarmos aquela ou aquelas que encontram adequação a seus postulados jurídicos e políticos.

---

12. *Introdução Crítica ao Direito Penal Brasileiro*, pp. 22-23.
13. *Función de la Pena y Teoría del Delito en el Estado Social y Democrático de Derecho*, 2ª ed.

1.4.2 Finalidade retributiva

Com a Revolução Burguesa e a implantação do Estado Liberal independente da Igreja, adotaram-se os postulados iluministas: liberdade, igualdade e fraternidade.

Tornou-se necessária, assim, a modificação da concepção do conceito e fins da pena, pois não mais poderia ser admitida esta como conseqüência do direito imposto ao homem por Deus, que prevaleceu no Estado Absolutista.

Logo, iniciou-se a evolução do direito penal para a abolição das penas cruéis e eliminação dos espetáculos públicos para a execução das sanções impostas, que não poderiam conciliar-se com o novo modelo de Estado introduzido.

Abolidas as sanções desumanas,[14] as penas de prisão, de reclusão, os trabalhos forçados e a pena de morte ganharam especial ênfase e passaram a ser aplicadas à maioria dos delitos.[15]

Para o Iluminismo o Estado representava a conjunção de esforços de seus membros para viabilizar a vida em sociedade. Esta comunhão de esforços, com o estabelecimento de direitos e deveres, configuraria

---

14. "A marca de ferro quente foi abolida na Inglaterra em 1834 e na França em 1832; o grande suplício dos traidores, já a Inglaterra não ousava aplicá-lo plenamente em 1820" (Michel Foucault, *Vigiar e Punir*, 6ª ed., p. 16).

A crueldade contra os presos no Brasil, pelo menos em relação aos detentos provisórios, foi abolida ainda antes da Independência, mediante decreto expedido por D. Pedro, então Príncipe Regente, em 23 de maio de 1821. Estabeleceu-se a proibição de reclusão em masmorra estreita, escura ou infecta, bem como a abolição do uso de correntes, algemas ou grilhões e outros ferros inventados para martirizar, a homens não julgados a sofrer qualquer pena aflitiva por sentença final.

15. Esta tendência pode ser observada com a reformulação do direito penal brasileiro levada a efeito pelo Código Criminal do Império, de 1830.

Com o novo diploma legal aboliram-se as penas cruéis e a arbitrariedade do julgador, conferindo-se maior segurança jurídica aos cidadãos.

É certo que tal abolição não foi completa, pois em relação aos escravos mantiveram-se a previsão e a aplicação da pena de açoitamento (art. 60), que, evidentemente, contraria a dignidade humana.

Esta exceção, todavia, não prejudicou o espírito do novo Código, pois os escravos, até a abolição da escravatura, não eram considerados cidadãos, e nem ao menos sujeitos de direitos.

o "contrato social", o meio para a implantação e o asseguramento da ordem na vida em comum.[16]

Ora, se as leis do Estado haviam sido instituídas pela vontade de todos os membros da sociedade, a não-obediência a estas normas, a "quebra" do contrato social, provocava a desestabilização da ordem estabelecida, o que demandava uma atuação por parte desse Estado.

Para o restabelecimento dessa ordem, e para que a culpabilidade do autor do fato não recaísse sobre todos os membros da sociedade, deveria o sujeito que provocou a quebra do contrato, tendo atuado de acordo com seu livre arbítrio, ser reprimido pelo Estado.

É este o sentido da pena para substancial parcela da Escola Clássica, especialmente para a doutrina italiana, que se encontra sintetizado nas obras de Kant e Hegel, os dois principais teóricos do Estado Liberal.

Para Kant: "Só o direito de talião *[ius talionis]* permite determinar adequadamente a qualidade e quantidade de pena que o delinqüente merece, porém com a condição de que o fato seja apreciado por um tribunal e não pelo juízo privado. Todos os demais direitos são suscetíveis de modulação e não podem concordar com a sentença fundada na justiça pura e estrita, em virtude das considerações estranhas a ela que tais direitos comportam. Se o criminoso cometeu um homicídio, também ele deve morrer (...) se a sociedade civil resolvesse dissolver-se por decisão de todos os seus membros, como se, por exemplo, um povo que habita uma ilha decidisse abandoná-la e dispersar-se, o último assassino detido em uma prisão deveria ser executado antes dessa dissolução, a fim de que cada um receba o que merece, já que de outro modo o crime de homicídio recairia coletivamente

---

16. Como sustenta Bobbio, em sentido amplo, o contratualismo compreende todas as teorias políticas que vêem a origem da sociedade e o fundamento do poder político em um contrato – isto é, em um acordo tácito ou expresso entre a maioria dos indivíduos, acordo que assinalaria o fim do estado natural e o início do estado social e político. Em um sentido mais restrito, representa uma escola que teve como seus máximos expoentes Hobbes, Locke, Rousseau e Kant, que alicerçava o Poder na teoria do consenso (*Dicionário de Política*, 10ª ed., p. 272).
Mais freqüentemente, porém – como afirma Nicola Abbagnano –, o contratualismo é empregado para demonstrar que o poder político deve ser limitado, pois não se trata de uma concessão divina, sobrenatural, mas algo conferido pelos homens, para os próprios homens (*Dicionário de Filosofia*, 3ª ed., p. 206).

sobre o povo que descuida de impor o castigo; porque então poderia ser considerado como partícipe dessa violação pública da justiça".[17]

Com Kant, portanto, a pena assume o caráter de retribuição moral ao mal praticado, configura-se medida de reafirmação da justiça que não pode ser afastada em hipótese alguma, sob pena de se considerar a sociedade como partícipe do delito perpetrado.

Já para Hegel "o realmente essencial da pena é que esta seja em si mesma justa. Nessa ordem das coisas, o fundamental não é tanto que o delito consista na produção de um mal, como que seja a vulneração do Direito como tal, e essa é a essência do delito e o que com a imposição da pena se supera. Essa vulneração do Direito é o verdadeiro mal que há de fazer-se desaparecer mediante a pena (...). A superação do delito realiza-se, em conseqüência, mediante a *retribuição*, como vulneração da vulneração do Direito, e, desse modo, a essência do delito, que tem uma dimensão qualitativa e quantitativa determinada, encontra a sua correlativa negação. Porém essa identidade conceitual não é uma igualdade no específico (igualdade de males), senão uma igualdade essencial à ordem dos valores".[18]

Logo, para Hegel o Direito negado pelo crime é reafirmado pela pena que serve a anular a desordem causada pelo delito, restabelecendo a soberania do Direito sobre o indivíduo.[19] A pena, assim, por ser a negação do delito, representa a negação da negação do Direito.

A concepção do Estado Liberal, portanto, fundado na teoria do contrato social, acaba por embasar o conceito de pena como retribuição ao fato reprovável praticado, e serve a restaurar a ordem moral (Kant) ou a ordem jurídica (Hegel), preservando o Estado em sua integridade.

Em linhas gerais esta posição foi retomada, modernamente, pelo movimento *law and order*, originado nos Estados Unidos da América, e que provocou, nas duas últimas décadas, sensíveis modificações na política criminal e legislação penal daquele país, tendo chegado sua influência ao Brasil especialmente na década de 90.

17. *Apud* Roxin, Artz e Tiedemann, *Introducción al Derecho Penal y al Derecho Procesal Penal*, pp. 53-54.
18. *Apud* Roxin, Artz e Tiedemann, *Introducción al Derecho Penal* ..., pp. 55-56.
19. Aníbal Bruno, *Direito Penal – Parte Geral*, vol. I, t. III, p. 65.

Este movimento – integrado principalmente por políticos com inclinações contrárias às conquistas das organizações de defesa dos direitos humanos e pela mídia voltada à população econômica e culturalmente menos favorecida – parte do pressuposto de que a criminalidade e a violência encontram-se em limites incontroláveis, e que este fenômeno é fruto de legislação muito branda e dos benefícios excessivos conferidos aos criminosos, pois não têm estes o receio de sofrer a sanção.[20]

Há na sociedade, assim, instaurada uma guerra: de um lado os criminosos, que cada vez mais atemorizam a sociedade e desrespeitam a lei impunemente; de outro, os homens-de-bem, trabalhadores, cumpridores da lei e que prezam a ordem, mas que se encontram numa situação de "reféns" dos delinqüentes, "presos em suas próprias casas" e constantemente em pânico.

É preciso, portanto, inverter esta batalha – objetivo que somente pode ser atingido conferindo-se aos "homens bons" armas eficazes para lutar contra os "homens maus".

O primeiro instrumento a ser utilizado nesta batalha, sem dúvida, é a sanção penal, que não deve ter uma preocupação preventivo-especial de reintegração social do criminoso, mas antes representar uma retribuição acentuada, exemplar. O mal deve ser pago com o mal – o que, se observado, implicará uma redução da criminalidade, pois o delinqüente, diante da gravidade da sanção, terá o temor de incorrer na conduta ilícita.

Para que a sanção, entretanto, cumpra seu objetivo, necessárias são diversas alterações na legislação penal.

A primeira – e mais relevante – é a de recepcionar no ordenamento a pena de morte, única adequada para crimes considerados repugnantes, cujos autores não merecem uma "segunda chance" por parte da sociedade.

Ao lado da pena de morte, a pena de prisão, inclusive perpétua, constitui o meio correto de retribuição ao mal praticado. A privação da liberdade deve ter longos prazos e regime rígido de cumprimento, de forma a efetivamente punir, de modo exemplar, o autor da conduta delitiva.

---

20. João Marcello de Araújo Júnior, *Criminologia*, p. 162.

Mas não apenas a introdução de novas penas gravíssimas e a elevação do prazo de cumprimento da pena privativa de liberdade são suficientes nesta "batalha contra o crime".

No campo processual penal o movimento de lei e ordem reclama alterações do sistema, com a adoção, quase sempre obrigatória, da prisão provisória como uma resposta imediata ao crime perpetrado.

Nos crimes considerados graves o princípio da presunção de inocência ou de não-culpabilidade cede lugar a uma presunção de culpabilidade, que acarreta ao suspeito, já durante o processo, um tratamento equivalente ao dispensado ao condenado.

Quanto à execução da pena, deve haver, para este movimento, praticamente sua administrativização, com a redução, ao mínimo, dos poderes do juiz e possibilidades de sua intervenção para a concessão de benefícios ao preso.

Estes, em síntese, os postulados essenciais da concepção retributiva da pena, que não tem, portanto, valor meramente histórico, mas que se encontra viva em relevantes tendências modernas de política criminal.

1.4.3 Prevenção geral

Em contraposição às teorias absolutas da pena, de fundo exclusivamente retributivo, surgiu a concepção da pena também fundada no contrato social e, portanto, no Estado Liberal, que lhe conferia não um caráter meramente repressivo, mas, essencialmente, a função utilitária de proteção da sociedade, de prevenção de delitos.[21]

Esta teoria da pena, embora não tenha possuído a mesma amplitude e relevância da teoria da retribuição, foi adotada, entre outros, por Beccaria e pela maior parte da doutrina clássica alemã.

A prevenção geral – segundo seu maior teórico, Anselm von Fuerbacach – é obtida pela coação psicológica, consistente na cominação de pena para a conduta desvalorada socialmente e na sua aplicação e execução para aquele que incorre na ação criminosa.

A pena passa a possuir como maior função incutir nos membros da sociedade o medo do castigo, a partir não somente da previsão

---

21. Santiago Mir Puig, *Función de la Pena* ..., 2ª ed., p. 26.

legal da sanção para os tipos de crimes, como também pelo exemplo conferido com a aplicação e execução desta sanção aos que praticam tais condutas.

Através do medo evita-se que crimes sejam cometidos, pois se cria a certeza da punição como lógica conseqüência da ação desvalorada, suprimindo-se, assim, a força dos impulsos criminógenos como fatores dominantes da conduta.

Esta teoria baseada na intimidação – como sustenta Roxin – constitui, fundamentalmente, uma teoria da ameaça penal, uma teoria que exige, para atingir seu efeito, a imposição e a execução da pena, pois disto depende a eficácia da ameaça.[22]

1.4.4 Prevenção especial

A pena de cunho unicamente retributivo, predominante na Escola Clássica, não serviu a diminuir a criminalidade, e muito menos a expurgá-la. A ineficácia da sanção penal baseada somente na retribuição deu ensejo à formação das correntes reformadoras, que surgiram na terceira parte do século XIX, e que podem ser englobadas na Escola Positivista.

Fundava-se a Escola Positiva na "luta contra o delito", e para tanto objetivava remover, de modo científico, as causas do crime e da criminalidade.

A remoção destas causas endógenas e exógenas, deterministas em relação ao delito, somente poderia ocorrer com a extinção da pena e sua substituição pelas medidas de segurança, o tratamento do delinqüente.

Foi, sem dúvida, o médico Cesare Lombroso o fundador da Escola Positiva, ao contestar o livre arbítrio do homem como causa criminógena e indicar como seu fator exclusivo o atavismo, isto é, caracteres hereditários.

Segundo a teoria por ele formulada o homem poderia, em virtude das características adquiridas geneticamente, estar destinado a uma vida de crimes – criminoso nato. Identifica Lombroso como "sinais

22. *Derecho Penal – Parte General*, t. I, p. 90.

atávicos" alguns aspectos físicos, tais como fosseta occipital média, saliência da arcada superciliar, uso predominante da mão esquerda, analgesia e predomínio de grande envergadura sobre a estatura.

Deve-se a Garofalo e sobretudo a Enrico Ferri, contudo, a influência da Escola Positiva no direito penal, bem como a sintetização de seus postulados jurídicos, em contraposição aos anteriormente estabelecidos pela Escola Clássica.

Como caracteres essenciais da Escola Positiva destacam-se o método experimental ou indutivo, a concepção do delito como fato natural, a responsabilidade social e a pena como medida de defesa social.

Na indução ou método indutivo – como sustenta Miguel Reale – "o espírito procede do particular para o geral, constituindo um processo de verdades gerais, partindo-se da observação de casos particulares. É por isso que se declara que a indução é o método por excelência da pesquisa científica, por ser aquele que revela verdades não sabidas, permitindo-nos passar dos fatos às leis".[23]

O método da Escola Positiva era, efetivamente, indutivo, pois partia de casos particulares, da observação experimental de determinados delitos e criminosos, para concluir as causas do crime e classificar os delinqüentes em tipos, com validade geral.

Com base neste método, Enrico Ferri dividiu os criminosos em dois grandes grupos: habituais e ocasionais.

No primeiro grupo distingue os criminosos com inata tendência para o crime (natos) e aqueles indivíduos voltados ao delito por fatores ambientais.

Quanto aos criminosos ocasionais, são divididos em indivíduos que atuam sob uma influência externa, sem alteração psicológica, e aqueles que agem motivados por uma paixão (passionais).[24]

O delito – como afirma Ferri – é sempre fruto de um determinismo absoluto (influências endógenas e exógenas, psicológicas e sociais), contra o qual não pode o sujeito, no momento do fato, fazer uma opção livre segundo os motivos da ação. A conduta delitual, portanto,

---

23. *Introdução à Filosofia*, 3ª ed., p. 109.
24. Enrico Ferri, *Principios de Derecho Criminal*, pp. 249 e ss.

para o Positivismo, ao contrário do que sustentava a Escola Clássica, origina-se não de uma livre opção entre vários motivos, mas dos fatores que a influenciam, que tanto podem ser atávicos como do meio em que vive seu autor.

Dessa forma, não há como se considerar o delito conseqüência do livre arbítrio do agente, mas sim de sua "anormalidade", ainda que temporária, pois o normal é aquele que está plenamente adaptado à vida social.[25]

Logo, exclui-se a culpa moral para substituí-la por um critério de periculosidade; o autor do crime é, antes de tudo, um ser perigoso e anormal, que necessita de um trabalho de readaptação social, com o qual a sociedade defende-se dessa periculosidade.

A pena, assim, perde qualquer caráter de retribuição à culpa moral ou de prevenção geral da prática do crime para tornar-se, sem dúvida, medida individual, dirigida contra a periculosidade social do delinqüente e destinada, se possível, à sua readaptação social.

O delito, portanto, deixa de ser considerado apenas um ente jurídico, infração formal à lei promulgada validamente pelo Estado, para constituir-se em algo concreto, presente no mundo natural e revelador da personalidade anormal do delinqüente.

Para a Escola Positiva a violação à lei não representa o aspecto mais relevante do delito, mas sim a revelação que contém – qual seja, a da periculosidade social do agente.

Este posicionamento leva à formulação da teoria da prevenção especial, segundo a qual a medida penal somente pode ter por fim – e justificativa – evitar que o criminoso pratique novos crimes, seja recuperando-o e readaptando-o à vida social ajustada, de acordo com as normas jurídicas, seja incutindo-lhe o medo de novamente vir a sofrer a sanção penal, ou, ainda, na impossibilidade das duas primeiras hipóteses, segregando-o da vida social.

---

25. Idem, p. 193. Esta característica da Escola Positiva encontra-se bem clara, também, na posição de Garofalo: "Começarei por adentrar uma idéia que se pode crer um pouco aventurada; creio que a anomalia psíquica existe, em um grau maior ou menor, em todos que, segundo minha definição, podem chamar-se criminosos" (*La Criminología. Estudios sobre la Natureza del Crímen y Teoría de la Personalidad*, p. 85, *apud Psiquiatria y Derecho Penal*, Estudo Preliminar de Marino Barbero dos Santos, p. 13).

O correicionalismo também representou, além da Escola Positiva, justificação da pena – ou medida aplicável ao delinqüente – de cunho preventivo-especial, pois pretendia, em suma, a correção da má vontade do agente do delito (Krause) ou das causas que determinaram a conduta (Dorado Montero).[26]

Modernamente a finalidade preventivo-especial é ressaltada pelo movimento de política criminal "Nova Defesa Social", idealizado inicialmente por Fillippo Gramatica, que fundou o Centro Internacional de Defesa Social, cujo primeiro Congresso foi realizado em 1947, em San Remo.

As proposições de Gramatica assemelham-se, em muito, às idéias da Escola Positiva e ao correicionalismo de Dorado Montero.

Assim, prega a eliminação do direito penal e sua substituição pela "defesa social". Nesta desaparecem as distinções entre pena e medida de segurança, que devem ser absorvidas pelas "providências de defesa social", as quais devem adaptar-se, unicamente, às características da personalidade da pessoa anti-social que a elas deve submeter-se.[27]

---

26. O correicionalismo comporta, em verdade, duas escolas, baseadas em proposições bastante distintas.

A primeira – cujos maiores expoentes foram Krause e Roeder – assume os caracteres da Escola Clássica, na medida em que admite o livre arbítrio e, portanto, a responsabilidade moral do autor do crime.

Entende, contudo, que o delito é fruto de uma má vontade de seu sujeito ativo – ou, melhor, de uma vontade deformada e pervertida, que pode, assim, ser corrigida.

Logo, a pena para esta Escola tem por único fim a correção dessa má vontade, motivo pelo qual deve ter duração indeterminada, até que atingida a modificação do ânimo e intenção do agente do delito.

A segunda fase do correicionalismo tem como maior figura Dorado Montero, que, aderindo às concepções positivistas, adotou o determinismo, a responsabilidade social pelo delito.

Ora, se não há responsabilidade pessoal, mas social, a sociedade deve propiciar ao delinqüente sua melhora, correção, pois não há homens incorrigíveis, mas incorrigidos.

Como ensinam Zaffaroni e Pierangelli: "O seu pensamento não pode ser mais claro: já que a sociedade quer proibir determinadas condutas, e os homens não são livres, mas determinados para realizá-las, devem eles ser corrigidos para não incorrer nelas, sendo este um direito dos homens que vivem em sociedade e não da sociedade em si. Daí o nome com que é conhecida a sua teoria: direito protetor dos criminosos" (*Manual de Direito Penal Brasileiro*, p. 307).

27. Zaffaroni e Pierangelli, *Manual* ..., p. 324.

Em face da eliminação do direito penal, seus princípios garantidores do indivíduo – como, por exemplo, o da legalidade – devem ser suprimidos, diante do supremo interesse da defesa da sociedade.

No terceiro Congresso da entidade, entretanto, realizado em Ambres, em 1954, o caminho desenhado por Gramatica saiu derrotado pelas proposições de Marc Ancel, que, ao contrário da eliminação do direito penal, propunha sua transformação e humanização.

Marc Ancel qualifica o posicionamento de Gramatica de extremista e sustenta que uma política criminal de defesa social deve ter em conta que o direito penal não é o único instrumento para o controle da criminalidade, e que deve ser conjugado com outras ciências. A defesa social, portanto, adquire um caráter multidisciplinar para a renovação do direito penal.

Este novo pensamento sustenta que, embora seja a defesa social o objetivo essencial do direito penal, não pode este, em virtude do fim perseguido, desprezar o relevante conteúdo garantístico que adquiriu.

A "Nova Defesa Social", por pretender ser um sistema protetor tanto da sociedade como do delinqüente,[28] prega a manutenção do princípio da legalidade dos delitos e das penas.

Esta recepção, contudo, não é plena, pois – como sustenta Bustos Ramírez – chega a admitir, inclusive, "em certos casos, as medidas pré-delituais, com as quais despoja o direito penal de todos os seus princípios garantidores e desemboca na teoria pura da perigosidade, cujos limites é impossível precisar e, em conseqüência, tampouco os da intervenção coativa do Estado".[29]

No campo da sanção penal prega este movimento as maiores transformações em relação à maioria dos modelos de sistemas penais atualmente vigentes.

A "Nova Defesa Social" propõe um sistema unitário de reação contra o crime, no qual se confundem, necessariamente, penas e medidas de segurança.

Ambas têm o mesmo fim – isto é, o tratamento de reeducação social do delinqüente, em razão de sua personalidade e de considera-

---

28. Nélson Pizzotti Mendes, "A Nova Defesa Social. Verificação da Obra de Mar Ancel", *Justitia* 85/21.
29. *Introducción al Derecho Penal*, 2ª ed., pp. 174-175.

ções biológicas, médicas, psicológicas e sociológicas –, e por isto devem ser postas em ação segundo métodos idênticos.[30]

O efeito preventivo geral da pena, embora não seja *a priori* rechaçado, não recebe consideração de maior profundidade por parte deste movimento.

A reação criminal tem por objetivo, quase que exclusivo, incutir no indivíduo a consciência de sua responsabilidade social e, conseqüentemente, da violação praticada com a conduta criminosa, reconduzindo-o, com isso, à vida social ordenada pelos meios mais adequados.

As penas e medidas de segurança, dessa forma, dirigem-se sempre ao tratamento dos delinqüentes – o que lhes confere o preponderante fim preventivo-especial.

Este o breve panorama da teoria da prevenção especial, que, assim como a prevenção geral, tem por finalidade evitar a repetição da conduta criminosa.

A distinção entre ambas, contudo, centra-se no objeto da pena aplicável: a prevenção geral visa à atuação da pena na comunidade social, pela criação de um temor geral pela sanção, enquanto a prevenção especial busca a atuação em relação ao próprio criminoso, para que não mais volte a incorrer na delinqüência.

1.4.5 Teorias ecléticas

Para tentar superar as críticas levantadas contra as teorias absoluta (retributiva) e relativas (preventivas) da pena, passou a formular a doutrina, a partir deste século, teorias ecléticas dos fins da pena.

Segundo esta nova concepção, aceita pela maioria dos autores modernos,[31] não se limita a pena a reprimir ou prevenir crimes. Ao contrário, ambas as funções são conciliadas e passam a não mais poder ser tratadas de modo dissociado. Parte-se do pressuposto de que os três fins da pena são legalmente admissíveis e que, de acordo com as particularidades do caso concreto, poderá prevalecer uma ou outra finalidade. A pena, dessa forma, possui uma função repressiva, consistente na justa

30. Nélson Pizzotti Mendes, "A Nova Defesa Social. ...", *Justitia* 85/23.
31. A posição eclética ou mista é adotada, entre outros, por Aníbal Bruno, Nélson Hungria, Heleno Cláudio Fragoso e Damásio Evangelista de Jesus.

reprovação do comportamento ofensivo ao bem jurídico, e funções preventivas, isto é, tem por fins também a intimidação dos membros da sociedade, para não incorrerem em condutas delituosas (prevenção geral), e a ressocialização do criminoso (prevenção especial).

1.4.6 Fins da pena e Estado Democrático de Direito

As concepções de pena acima apresentadas são passíveis de severas críticas, pois não serviram a atingir o principal objetivo a que se propunham – qual seja, extinguir ou mesmo diminuir a criminalidade.

A par deste defeito, que por si só já seria suficiente a excluí-las como fundamento único da pena, não se pode deixar de observar que todas elas encontram pressupostos contrários aos postulados do Estado Democrático de Direito.

A criminalidade e o crime são fenômenos inerentes à convivência em sociedade, de forma que onde houver vida social haverá criminalidade. Tais fenômenos, todavia, não possuem apenas conseqüências imediatas e negativas, pois em alguns aspectos, mediatamente, propiciam a evolução da ética e da vida social, eis que representam a contestação dos valores dominantes.

Assim, um conceito de pena que a tome como meio para a extirpação do fato *crime* e da criminalidade estará incorreto em sua origem, pois estes fins jamais serão atingidos pela sanção penal.

A pena deve ter objetivo bem mais modesto. Não pode ser vista como meio para a extinção da criminalidade, mas apenas como um dos instrumentos de controle da criminalidade, apto a mantê-la em limites toleráveis, que permitam o normal desenvolvimento das relações sociais e das atividades do Estado.

O equívoco acima apontado é o primeiro que pode ser imputado à teoria da pena com fim único de retribuição.

Com a finalidade unicamente repressiva, sustentavam seus defensores, até mesmo pela origem filosófica de suas idéias, que a criminalidade seria extinta pela repressão aos seus protagonistas, com o retorno da ordem estabelecida e exclusão de seus desvalores.

Esta pretensão, entretanto, não foi atingida, pois, ao contrário do que imaginavam os adeptos das teorias absolutas, a criminalidade não diminuiu.

Esta circunstância já seria suficiente para tornar inválida a teoria da pena como pura retribuição, na medida em que não atingiu e nem se aproximou do único objetivo a que se propôs.

Mas não somente esta crítica deve ser dirigida à concepção retributiva dá pena.

A finalidade unicamente repressiva, de "pagamento do mal com o mal", não encontra consonância com os princípios do Estado Democrático de Direito, pois necessita, para a confirmação de seu postulado, da infligência de penas contrárias à dignidade humana, como as de morte, prisão perpétua e trabalhos forçados, as quais, embora diante das penas cruéis, em sua primeira fase, tenham representado profunda evolução do direito penal, não escondem, hoje, seu caráter irracional.

Além disso, a imperiosidade da repressão implica a ausência de qualquer função utilitária da pena, pois esta se torna um fim em si mesma, e a execução criminal apenas o instrumento da sociedade para castigar seu membro desregrado.

Por último, em face do forte conteúdo moral que encerra, não pode a concepção retributiva, fundada no abstracionismo e na lógica formal, diante de condutas objetivamente contrárias ao Direito, admitir hipóteses de desnecessidade de aplicação da sanção penal, tais como os crimes atingidos pela prescrição da pretensão punitiva e comportamentos de lesividade mínima a bens jurídicos.

Uma conduta ilícita é, acima de tudo, imoral – como sustenta Kant –, e, portanto, necessita da pronta reprovação social, sob pena de a culpa do delinqüente recair sobre toda a sociedade.

Este posicionamento, todavia, não pode mais ser admitido, pois a moderna teoria do direito penal deixou de concebê-lo como único instrumento para resolução de todos os conflitos sociais, mas simplesmente como a *ultima ratio*, a forma extrema de intervenção do poder nas relações individuais, a fim de possibilitar somente a continuidade da sociedade organizada através do Estado.

A concepção retributiva da pena, assim, não encontra adequação ao Estado Democrático de Direito, modelo adotado por nossa Constituição da República, e nem apresenta qualquer função utilitária para a sanção penal, retirando a relevância do direito criminal para a evolução social.

As teorias relativas (preventivas) da pena também não estão isentas de críticas.

O maior problema que pode ser imputado à tese da prevenção geral é sua potencialidade de transformar a legislação penal a ponto de criar um Estado de terror, policial, pois para a proteção dos bens jurídicos parte da ameaça, do medo de sofrimento da pena incutido nos membros da sociedade, da coação psicológica.[32]

A tendência de um Estado que adote a pena com fim único preventivo-geral será a de endurecimento e ampliação de suas leis criminais, com aumento dos limites mínimos e máximos das penas e da severidade do cumprimento destas.

Nosso país, especialmente nesta última década, vive este fenômeno de majoração e enrijecimento de penas, sob a justificativa da prevenção e diminuição da criminalidade.

Exemplos deste fenômeno são a Lei dos Crimes Hediondos – que para determinadas espécies de delitos limitou sensivelmente o princípio constitucional da individualização da pena (cumprimento integral em regime fechado, isto é, em estabelecimento de segurança máxima ou média; variação mínima entre os limites mínimos e máximos de pena) – e a alteração do art. 180 do Código Penal, que estabeleceu para aquele que se dedica ao desmanche de veículos penas maiores do que as cominadas para aquele que submete outrem à condição análoga à de escravo.

A primeira lei visa a evitar a criminalidade violenta, enquanto que a segunda objetiva prevenir espécies de delitos que "desassossegam" a sociedade.

A experiência já demonstrou, contudo, que a maior rudeza da lei penal não provocou a diminuição da prática destas espécies de crimes; e, certamente, também não terá esta conseqüência em eventuais outras alterações pretendidas pelos adeptos da prevenção geral como justificativa única para o direito penal.

Logo, uma concepção de pena somente preventivo-geral não é apta a atingir o objetivo a que se propõe – qual seja, evitar a conduta criminosa –, e ainda traz consigo forte carga de autoritarismo do Esta-

---

32. Bustos Ramírez, *Introducción* ..., 2ª ed., p. 76.

do, que passa a coagir psicologicamente os membros da sociedade. A isto se soma a circunstância de que o endurecimento das leis penais, após inúmeras experiências frustradas, não mais encontra justificativa.

Mas outra crítica ainda deve ser imputada à teoria da prevenção geral: a de utilizar o destinatário da pena como meio para a obtenção dos objetivos do Estado.

Este posicionamento, no entanto, não mais pode ser admitido, pois constitui violação ao princípio da dignidade humana e afronta o Estado Democrático de Direito, na medida em que seu valor supremo – o ser humano, em função do qual deve submeter-se todo o sistema normativo – passa a ser tratado como mero instrumento dos fins do Estado.

A teoria da prevenção especial, por sua vez, também não serve, isoladamente, a justificar a imposição de sanções penais aos membros da sociedade.

Em primeiro lugar porque parte do pressuposto de que todas as práticas criminosas têm origem patológica e que seus autores necessitam de tratamento para se conformarem à ordem de valores vigente.

Este fundamento, entretanto, não encontra amparo na realidade, pois os delitos, em sua grande maioria, são cometidos por pessoas psiquicamente normais, as quais, de um ponto de vista psiquiátrico, não necessitam de tratamento curativo.

Some-se a isto que, por exemplo, nas hipóteses de crimes passionais e delitos de trânsito, a prática do crime é eventual na vida de seus autores, que jamais o repetirão.

Ora, em tais casos não se legitimaria a imposição da sanção de cunho exclusivamente recuperador, pois o autor do delito, além de estar ajustado à sociedade, possui um prognóstico de vida favorável, probabilidade mínima de cometer novos crimes.

Mais grave do que isso, no entanto, é o perigo que traz à segurança jurídica e a potencialidade de instituição de uma ditadura dos valores dominantes.

Tendo a teoria da prevenção especial como principal objetivo evitar que a pessoa perigosa cometa infrações aos valores socialmente relevantes, sua tendência será, logicamente, a imposição de medidas coercitivas pré-delituais, a fim de se prevenir que o indivíduo "desviado" cometa seu primeiro crime, "curando-o" antecipadamente. Tende, portanto, a revogar o princípio fundamental do direito penal democrático – qual seja, o da legalidade para a instituição de delitos e penas –, substituindo-o pelo princípio ou critério da perigosidade.

Esta quebra do sistema, entretanto, a nosso ver, ainda que excepcional, como pretendido pela "Nova Defesa Social", caracteriza sério risco à segurança jurídica, pois não há como se estabelecer sem incursão na arbitrariedade as hipóteses em que, na ausência de uma conduta concretamente lesiva ou perigosa a um bem jurídico protegido, pode o indivíduo ter de se sujeitar à atuação coativa do Estado.

Com efeito, a partir do momento em que são admitidas as medidas pré-delituais é vulnerado não só o princípio da legalidade, mas todo o conteúdo protetor dos direitos individuais que contém o direito penal, pois impossível o estabelecimento de limites claros e precisos para a aplicação desta espécie de medidas. Assim não fosse e estas medidas de caráter preventivo estariam também sujeitas ao regime da legalidade estrita.

Mas, além disso, a adoção da teoria da prevenção especial, como fim único da pena, cria o risco de arbitrariedade por parte do Estado, pois inclinar-se-ia a desrespeitar as minorias ao impor uma escala única de valores e considerar anormais, perigosos e necessitados de tratamento os que com esta não se conformassem.[33] O diferente poderia ser considerado "anormal", perigoso para as relações vigentes, estando legitimada, em relação a ele, a imposição de medida corretiva para a "defesa social".

Logo, a teoria da prevenção especial também não está imune a sérias críticas, que a tornam incapaz de legitimar, por si só, a aplicação de penas.

Pensamos que para a conceituação da pena e de suas funções são mais adequadas as teorias ecléticas ou mistas, as quais admitem não apenas uma finalidade para a sanção penal.

Uma teoria eclética legitimadora da pena, contudo, não pode apenas conjugar, de forma simplista, as teorias absoluta e relativas,

---

33. Bustos Ramírez, *Introducción* ..., 2ª ed., p. 80.

pois em tal hipótese – como critica Roxin – os defeitos de cada teoria não se suprimem em absoluto entre si, antes se multiplicam.[34]

Em um moderno direito penal, que visa à proteção dos valores socialmente relevantes, sem os quais o Estado Democrático de Direito não poderia organizar-se como tal, a função retributiva da pena deve ser substituída pelo conceito de *proporcionalidade*, entendendo-se por esta que a gravidade da sanção imposta não pode superar a do próprio fato ilícito praticado pelo apenado.

Isto porque, não sendo o direito penal um fim em si mesmo, não se pode admitir que a pena aplicada ao indivíduo acarrete conseqüências mais lesivas a este – e aos que a ele estão ligados – que o dano social provocado pelo delito.

A retribuição, portanto, deixa de ser a forma de castigo do condenado, de pagamento do mal com o mal, para constituir-se em garantia do acusado, no sentido de protegê-lo da aplicação de penas por demais rigorosas e desproporcionais às conseqüências da violação perpetrada.

Neste sentido deve ser interpretado o art. 59 do Código Penal ao dispor, em sua parte final, que o juiz, na aplicação da pena, a estabelecerá conforme seja necessário e suficiente para reprovação do crime.

O princípio da proporcionalidade – como sustenta Roxin – concretiza a sensação de justiça, que compreende um grande significado para a estabilização da consciência jurídico-penal, pois exige que ninguém pode ser castigado mais duramente que o merecido; e merecida é somente uma pena proporcional, de acordo com a culpabilidade do agente.[35]

O fundamento constitucional deste princípio, portanto, encontra-se não somente no direito à liberdade – que não pode, diante da elevação do ser humano como razão primeira do Estado, ser restringido arbitrariamente –, mas também na idéia de justiça,[36] eleita como valor

---

34. *Problemas Fundamentais de Direito Penal*, p. 26.
35. *Derecho Penal* – ..., t. I, p. 100.
36. Como bem observa Hart: "Por isso a justiça é tradicionalmente concebida como mantendo ou restaurando um equilíbrio ou uma proporção, e o seu preceito condutor é freqüentemente formulado como 'tratar da mesma maneira os casos semelhantes'; ainda que devamos acrescentar a este último 'e tratar diferentemente os casos diferentes'" (*O Conceito de Direito*, 2ª ed., p. 173).

supremo da sociedade ("Preâmbulo" da Constituição Federal) e objetivo fundamental da República Federativa do Brasil (art. 3º, I, da CF).

Também a prevenção geral, pelas críticas já aqui colocadas, não pode mais ser entendida como a coação psicológica, a intimidação dos membros da sociedade.

A prevenção geral no Estado Democrático de Direito passa a ter a função de proteção de bens jurídicos, na medida em que na lei penal são colocados, de forma clara e sistematizada, quais os valores de maior relevância para a sociedade e para o Estado.

A proteção desses bens tem como real finalidade a preservação do modelo de Estado adotado e da vida social regrada, através da exposição inequívoca de quais os valores mais relevantes na ordem vigente.

Reafirma o Estado, com a criação de espécies de delitos, seus elementos essenciais. Esta tipificação, aliada à previsão de penas, funciona como uma advertência das conseqüências que podem advir da violação de sua estrutura valorativa.

Também a prevenção especial não se trata da "ressocialização", imposição de um modo de vida ao condenado para que se reintegre à sociedade.

Como já afirmamos, a imposição da ressocialização tende à arbitrariedade, pois não admite o livre desenvolvimento do indivíduo, que tem o direito de escolher o modo de condução de sua própria vida.

Esta liberdade de escolha, inclusive, deve possibilitar a opção pela inserção no campo da criminalidade, ressalvando-se, contudo, a responsabilização daqueles que se dirigem a tal opção.

A prevenção especial, assim – respeitada a liberdade de pensamento e de opção da pessoa humana –, consiste na colocação à disposição do criminoso de meios capazes de provocar sua reintegração à vida social ordenada, numa oportunidade conferida ao condenado, que dela poderá aproveitar-se ou não, de acordo com sua liberdade de escolha.

As funções da pena podem ser melhor observadas durante suas três fases – isto é, cominação, aplicação e execução.[37]

---

37. Estas três fases caracterizam a individualização da pena, elevada – a partir da Constituição Federal de 1988 – à categoria de garantia constitucional. A indivi-

Na cominação, a sociedade, democraticamente, por meio de seus representantes – isto é, os legisladores –, diz quais são os valores de maior relevância social e realiza a prevenção geral, mediante a proteção de bens jurídicos fundamentais. Esta proteção ocorre com a elaboração de tipos penais e a advertência de que os que eventualmente neles incorrerem sofrerão as sanções proporcionais previstas para as condutas selecionadas.

Na aplicação da pena cominada o Estado-juiz reafirma que o bem jurídico atingido pelo crime continua a ser um valor socialmente relevante, digno de proteção penal, e aplica a seu autor a sanção, observado o princípio da proporcionalidade. Nesta medida – embora, evidentemente, em contexto distinto do proposto –, poderia ser admitida a afirmação de Hegel de que pena é a negação da negação do Direito.

Por fim, na execução penal realiza-se, se necessário, a prevenção especial, conferindo-se ao condenado oportunidade para que abandone a criminalidade e se reintegre à sociedade.

Este último objetivo está expressamente previsto pela Lei de Execução Penal (Lei 7.210, de 11.7.1984), que dispõe, em seu art. 1º: "A execução penal tem por objetivo efetivar as disposições da sentença ou decisão criminal e *proporcionar condições para a harmônica integração social do condenado e do internado*" (grifamos).

1.5 Dignidade humana e direito penal

1.5.1 Conceito

O legislador constitucional, como afirmamos, ao estabelecer a dignidade humana como fundamento do Estado Democrático de Direito (CF, art. 1º, III), elegeu o ser humano como valor supremo, a razão de ser do Estado.

A dignidade humana, entretanto, talvez por sua recente – em parâmetros históricos – positivação constitucional, embora ressaltada sua relevância na maioria das obras penais modernas, não conta com

dualização da pena pode ser conceituada como o processo pelo qual, mediante a mensuração da quantidade e qualidade da pena – fixação e execução –, objetiva-se atingir os seus fins – reprovação proporcional e prevenção –, considerando-se as características essenciais de seu sujeito passivo e da conduta ilícita perpetrada.

vasta e minuciosa análise pela doutrina criminal pátria, não se encontrando, também, pacificado seu conceito.

Chaves Camargo, a par de tomar a dignidade humana como princípio norteador de todo o direito penal, afirma que tal fundamento não possui uma definição, e constitui um "sentimento comum". Quando violada a dignidade de um ser humano, aflora este sentimento na sociedade – circunstância que demonstra ser esta a natureza do princípio constitucional, e desnecessária sua conceituação.[38]

Este conceito – ou afirmação de sua desnecessidade –, contudo, a nosso ver, peca pela imprecisão.

Isto porque a noção de "sentimento" não comporta, pela sua própria natureza, análise objetiva, dependendo, para sua compreensão, de juízos-de-valor de ordem estritamente subjetiva, sem fundamentação dogmática.

De fato, como aferir, no caso concreto, se há violação à dignidade humana? Com base em que dados pode o intérprete, diante das situações postas, apreciar se aflorou o sentimento de repulsa a um ato ou fato, por contrariar o princípio do respeito ao ser humano?

A nosso ver, não há como se extrair da sociedade este sentimento para cada hipótese, pois ausentes critérios para sua apreensão. Assim, perde a dignidade humana sua função de garantia material, para se tornar um conceito puramente formal e retórico.

Nilo Batista, por sua vez, sustenta que a humanidade das penas – que para o autor nada mais é do que a consagração do princípio da dignidade humana em matéria penal – revela-se pela proporcionalidade e racionalidade das sanções penais, isto é, que impliquem estas "um sentido compatível com o ser humano e suas aspirações".[39]

Em sentido próximo posiciona-se Luiz Luisi, para quem o princípio da humanidade é o postulado reitor do cumprimento da pena privativa de liberdade, e consiste no reconhecimento do condenado como pessoa humana, e que como tal deve ser tratado. É no não-esquecimento de que o réu é pessoa humana que repousa o princípio em questão.[40]

---

38. Chaves Camargo, *Culpabilidade e Reprovação Penal*, p. 29.
39. *Introdução Crítica* ..., p. 100.
40. Luiz Luisi, *Os Princípios Constitucionais Penais*, pp. 31-32.

Ainda que mais objetivos estes dois conceitos, também não traduzem de forma plena a garantia material que deve representar o princípio fundamental da dignidade da pessoa humana.

Com efeito, a proporcionalidade e a racionalidade, apesar de encerrarem formas de garantia do indivíduo contra a atuação sancionadora do Estado, não caracterizam a essência da humanidade, mas apenas a conseqüência de um direito penal que tenha a dignidade humana como elemento norteador. Constituem, desse modo, dois dos aspectos exteriores da dignidade humana no sistema punitivo, mas não representam o conteúdo do fundamento constitucional.

Quanto à afirmação de que o princípio da humanidade consiste na regra a ser observada no cumprimento da pena privativa de liberdade, com o reconhecimento do condenado como pessoa humana, que assim deve ser tratado, também não caracteriza de forma adequada o princípio em questão.

Em primeiro lugar porque limita a incidência da dignidade humana às penas privativas de liberdade – o que não é correto, pois se trata de princípio sistematizador, que se estende por todo o direito penal.

Mas, além disso, o conceito apresentado tem natureza apenas formal, na medida em que não responde à questão que lhe é fundamental, pois imprescindível à verificação da existência da ofensa à dignidade humana: como o ser humano deve ser tratado?

A nosso ver, embora não tenha o legislador constitucional positivado uma definição de "dignidade humana", seu conceito se extrai da própria Constituição Federal, a partir do rol de direitos e garantias fundamentais estabelecidos ao indivíduo.

A possibilidade de exercício desses direitos e garantias individuais sintetiza a condição de ser humano, pois o torna distinto como ser racional único e insubstituível e, portanto, provido de dignidade.

Em sentido próximo, Fábio Konder Comparato – lembrando Kant – sustenta que "a dignidade da pessoa não consiste apenas no fato de ser ela, diferentemente das coisas, um ser considerado e tratado como um fim em si e nunca como um meio para a consecução de determinado resultado. Ela resulta também do fato de que, pela sua vontade racional, só a pessoa vive em condições de autonomia, isto é, como ser capaz de guiar-se pelas leis que ele próprio edita. Daí decorre, como assinalou o filósofo, que todo homem tem dignidade e não um preço, como as coisas. A humanidade como espécie, e cada ser humano em sua individualidade, é propriamente insubstituível; não tem equivalente, não pode ser trocado por coisa alguma".[41]

Logo, por força deste fundamento, possui a pessoa humana a garantia de ver resguardados seus direitos à vida, à liberdade, à segurança e à propriedade (CF, art. 5º, *caput*), ressalvadas as exceções constitucionais limitadoras, mas jamais absolutamente excludentes, e os demais direitos previstos pela Constituição – tais como, dentre outros, o acesso à saúde e à educação, o convívio familiar, o livre exercício de culto e religião, a inviolabilidade do pensamento e da intimidade e o acesso aos Poderes Públicos (direito de petição, de acesso à jurisdição etc.).

Portanto, com base nestas considerações podemos elaborar o seguinte conceito de *dignidade humana*: *o complexo de direitos e garantias indispensável ao ser humano para a satisfação de suas múltiplas necessidades básicas, isto é, aquelas que o diferenciam como ser racional e provido de individualidade; a possibilidade de exercício dos direitos fundamentais – constitucionais – para o desenvolvimento pleno do indivíduo como ser humano.*[42]

1.5.2 Dignidade humana e pena

Acolhida a dignidade humana como princípio norteador de todo o sistema de Direito Brasileiro, foi a humanidade especificada e concretizada, em matéria de penas, mediante diversos dispositivos do rol de direitos e garantias individuais da Constituição Federal (art. 5º).

De início estabeleceu o art. 5º, III, da Constituição Federal que ninguém – inclusive o condenado ou o preso – será submetido a tortura, tratamento desumano ou degradante.

A tortura despoja a pessoa de sua condição de ser humano, pois lhe retira por completo as faculdades de agir e de pensar livremente; sujeita-a ao arbítrio do torturador – o que é incompatível com o conceito de dignidade. Tanto a degradação como a desumanidade do tra-

---

41. Comparato, *A Afirmação Histórica dos Direitos Humanos*, p. 20.
42. Posicionamento semelhante é adotado por Maurício Antônio Ribeiro Lopes (*Direito Penal*, ..., pp. 184 e ss.). Apesar de conceituar a *dignidade humana* como a satisfação dos interesses do ser humano, do homem médio, denominada pelo autor,

tamento representam o oposto da noção de humanidade, desrespeitam a característica de *ser* do indivíduo, transformando-o em mero *objeto* de fins espúrios.

O art. 5º, XLVII, da Constituição Federal veda, ainda, a instituição de cinco espécies de penas, por não encontrarem consonância com os postulados do Estado Democrático de Direito. Excluída, assim, a possibilidade de adoção das penas de morte, perpétuas, de trabalhos forçados, de banimento e cruéis.

A pena de morte é contrária à dignidade humana porque extermina sua própria essência, isto é, o ser humano. Sem a pessoa humana, extinta pela morte, não há como se preservar a dignidade.

A pena de morte – conforme observam Zaffaroni e Pierangelli – não possui qualquer função de prevenção especial, "não se trata de uma pena, mas de um simples impedimento físico, como amputar uma mão do batedor de carteiras ou erguer um muro que impeça o avanço de pedestres e veículos. Seu tratamento já não é atribuição do direito penal".[43]

Some-se a isso que a pena de morte, ainda que não dolorosa fisicamente, constitui tortura contra o condenado, na medida em que o submete ao suplício de aguardar pela sua execução.

A prisão perpétua também não se coaduna com o conceito de dignidade, pois retira do ser humano algo que lhe é essencial: a esperança. "Pena excessivamente elevada gera desestímulo e revolta ao condenado; perde a vontade, o alento para um dia, ainda útil, recomeçar a vida em liberdade."[44]

provavelmente inspirado em Kant, de "felicidade" – o que poderia parecer também um conceito meramente formal e subjetivo –, não deixa de observar que a dignidade humana pressupõe a possibilidade de exercício dos direitos constitucionais fundamentais, tanto que no capítulo por ele dedicado à questão são estudados, de forma minuciosa, os corolários deste fundamento constitucional.

Também no sentido do texto inclina-se Gisele Mendes de Carvalho ao argumentar que "a dignidade humana possui dupla dimensão: uma negativa e outra positiva. A primeira impede que a pessoa humana venha a ser objeto de ofensas e humilhações. Já a dimensão positiva assegura o pleno desenvolvimento de cada ser humano, reconhecendo-se sua autodeterminação, livre de quaisquer interferências ou impedimentos externos" (*Aspectos Jurídico-Penais da Eutanásia*, p. 114).

43. *Manual ...*, p. 789.
44. Luiz Vicente Cernicchiaro e Paulo José da Costa Júnior, *Direito Penal na Constituição*, p. 113.

Indigna esta pena, ainda, por não atender a qualquer função preventivo-geral ou especial, tendo – da mesma forma que a pena de morte – como único pressuposto a exclusão do indivíduo da sociedade, em concepção puramente retributiva, vingativa.

Os trabalhos forçados não se subsumem aos postulados de um Estado Democrático de Direito, pois transformam o indivíduo em um escravo da sociedade ou do Estado, retirando-lhe por completo o poder de escolha. O ser humano, quando desprovido das mínimas opções, perde sua natureza, para se transformar em mero objeto. Sem humanidade não há dignidade – e, portanto, esta espécie de pena contraria os princípios constitucionais penais instituídos.

Quando da reforma da Parte Geral do Código Penal, de 1984, que introduziu em nosso sistema a pena de prestação de serviços à comunidade, houve aqueles que levantaram dúvidas a respeito de sua constitucionalidade, sob o argumento de que equivaleria à sanção de trabalhos forçados ou à imposição de trabalho escravo.

Estas dúvidas, entretanto, afastadas de forma pacífica pela doutrina e pela jurisprudência, não podem subsistir.

A prestação de serviços à comunidade não se confunde com trabalhos forçados, pois enquanto nesta sanção a pessoa é privada de sua liberdade de ir e vir, da forma mais intensa, aquela tem por fim, exatamente, evitar essa privação, substituindo-a por atividade que não prejudique a vida normal do indivíduo e que traga vantagens à sociedade.

Por fim, no que tange à afirmação de que se estaria criando espécie de trabalho escravo, vale lembrar a precisa explanação de Miguel Reale Júnior, que assim afastou, na oportunidade, por completo a ressalva: "Aqueles, que viram uma fonte de trabalho escravo na prestação de serviços à comunidade, esqueceram-se de que essa constitui, antes de mais nada, uma pena, não um emprego. É um ônus, não uma fonte de vencimentos, a não ser que se queira, impensadamente, pelo gosto da crítica, descuidar da dignidade do direito penal".[45]

O banimento, por sua vez, priva o indivíduo de direitos constitucionalmente garantidos e que não podem ser excluídos por completo,

---

45. *Novos Rumos do Sistema Criminal*, p. 53.

tais como a possibilidade de o condenado conviver com sua família, ainda que de forma limitada, e de permanecer em seu país de origem. Desse modo, contraria também a dignidade humana.

Quanto às penas cruéis, desnecessária seria a positivação constitucional dessa vedação, pois se incluem na proibição contida no inciso III do art. 5º, supracitado. Reportamo-nos, portanto, aos comentários feitos àquele inciso para justificar a contrariedade entre estas espécies de penas e a dignidade do ser humano.

Por fim, o inciso XLIX do art. 5º da Constituição Federal traz a derradeira garantia da aplicação do princípio da dignidade humana em matéria de penas, ao dispor que "é assegurado aos presos o respeito à integridade física e moral".

Por "respeito à integridade física" não se compreende apenas a proibição de agressões contra os presos, mas também o direito de receberem assistência médica, hospitalar e odontológica e tudo o mais que seja necessário para que sua condição de preso não afete sua garantia de acesso à saúde.

Da mesma forma, "integridade moral" não constitui apenas a vedação de humilhações ao preso, mas representa, ainda, o direito que lhe deve ser proporcionado de possuir um mínimo de privacidade e intimidade, de conviver – ainda que com as dificuldades resultantes de sua condição de privado do direito de ir e vir – com a família, de poder receber instrução, de exercer a liberdade de culto e religião, e de todos os outros direitos que não se incluam nas privações diretamente conseqüentes da pena privativa de liberdade imposta.

O princípio da dignidade humana, portanto, ao informar todo o sistema punitivo, exige, para sua concreção, não exclusivamente o afastamento de qualquer sanção cruel ou degradante – expressamente discriminadas e repelidas pela Constituição Federal –, mas, ainda, que o indivíduo seja tratado como ser humano. E, para tanto, a pena imposta deve garantir-lhe o exercício, mesmo que não de forma plena, de seus direitos fundamentais, ser proporcional ao ato praticado, de forma a observar o valor justiça, e respeitar a pessoa humana como ser único e insubstituível em sua racionalidade, portador de características essenciais que o diferenciam dos demais.

Todas as penas – e tratamentos indignos – neste item analisadas estão definitivamente proscritas de nosso ordenamento jurídico, pois sua vedação está inserida entre os direitos e garantias individuais, que, nos termos do art. 60, § 4º, IV, da Constituição Federal, não estão sujeitos a proposta de emenda tendente à sua abolição. Emenda neste sentido, como dispõe o citado dispositivo constitucional, não será objeto de deliberação.

Assim, por atingirem o núcleo irreformável da Constituição, qualquer proposta de emenda que tenha por fim adotar, por exemplo, a pena de morte ou de prisão perpétua não poderá ser objeto de votação pelo Congresso Nacional; e, se o for, estará eivada de nulidade, por ultrapassar os limites concedidos ao poder constituinte derivado.

1.6 A fundamentação do poder punitivo

O fundamento ou legitimidade do poder de punir os membros da sociedade que desrespeitam as normas instituídas varia de acordo com o modelo de Estado vigente.

No período absolutista, como vimos, o Poder encontrava-se concentrado nas mãos do monarca e legitimado por uma concessão divina, pela delegação de Deus ao chefe do Estado.

A infração penal, por sua vez, configurava uma desobediência às leis formuladas pelo monarca e, reflexamente, ao verdadeiro Poder Divino e às suas leis.

O criminoso, portanto, equiparava-se e confundia-se com a figura do pecador que devia ser castigado; e a pena, conseqüentemente, apresentava-se como seu castigo divino, absolutamente justo e inquestionável, por ser fruto desse Poder maior.

Logo, nos Estados Absolutistas o poder punitivo do Estado encontrava-se legitimado na própria origem do homem, no poder de Deus de julgar a todos.

Com a Revolução Burguesa e a implantação do Estado Liberal independente da Igreja, tornou-se necessária a modificação do conceito e dos fins da pena, pois não mais poderia ser admitida como conseqüência do Direito imposto ao homem por Deus.

Para o Iluminismo o Estado representava a conjunção de esforços de seus membros para viabilizar a vida em sociedade – que, como vimos, constituiria o "contrato social", o meio para a implantação e asseguramento da ordem na vida em comum.

Ora, se a origem da sociedade e o fundamento do poder político encerravam-se em um contrato, em um acordo tácito ou expresso entre a maioria dos indivíduos, a "quebra" deste contrato deveria implicar ao contratante "inadimplente" a aplicação de uma sanção. O poder punitivo, portanto, estava legitimado pelo "acordo de vontades" que assinalou o fim do estado natural e início do estado social e político.

No Estado Democrático de Direito, por outro lado, toda a ordem jurídica – e, por conseqüência, também a ordem jurídico-penal – encontra sua legitimação na Constituição, que sintetiza o projeto de Estado a se construir – Democrático e de Direito –, seus fundamentos – soberania, cidadania, dignidade humana, valores sociais do trabalho e livre iniciativa – e objetivos – construção de uma sociedade livre, justa e solidária, erradicação da pobreza e marginalização, redução das desigualdades sociais e regionais, promoção do bem de todos e eliminação dos preconceitos –, e regula os limites de intervenção do próprio Estado nas relações sociais.

A legitimação e o fundamento do poder punitivo neste modelo de Estado, portanto, encontram-se na Constituição, em virtude de sua natureza de norma fundamental formulada sob o auspício da Democracia, sem a necessidade de se recorrer a fontes pré-jurídicas ou a um suposto direito natural – cujas existências, aliás, não são passíveis de comprovação. E é por isso que, como veremos, o delito, para nós, deve representar sempre a violação de um valor constitucional indispensável à estruturação da sociedade organizada por meio do Estado.

Questionar-se a legitimidade da Constituição como fundamento do poder punitivo, além de se tratar de discussão estéril, é matéria que não interessa aos juristas, pois constitui negação não apenas da legitimidade do direito penal, mas de toda a ciência jurídica; e um Estado no qual ao Direito não se atribui a função de – e instrumentos para o – controle social, evidentemente, perde seu caráter de Estado de Direito, pois sua tendência seria, diante da extinção do monopólio da distribuição da justiça, tornar-se uma instituição meramente formal, com uma sociedade fundada no império da força, e facilitador do procedimento de vingança.

1.7 A função da Parte Geral do Código Penal

A Parte Geral do Código Penal trata das características essenciais do delito, comuns a todos os fatos puníveis,[46] de suas conseqüências jurídicas e de institutos jurídicos gerais, como a legítima defesa, o estado de necessidade, caracteres da autoria e participação, prescrição, decadência etc.

Como sustenta Roxin, a Parte Geral é um produto da abstração, pois contém tudo o que dos pressupostos e conseqüências da atuação punível pode-se antepor aos delitos concretamente descritos na Parte Especial.[47]

Trata-se, portanto, de um conjunto de princípios ou vetores, que apontam sempre para o mesmo sentido, que têm por função e finalidade a estruturação do sistema de direito penal e que convergem, como partes, para a estruturação desse todo.

Os princípios e regras gerais estabelecidos pela Parte Geral aplicam-se, portanto, não somente aos delitos capitulados pela Parte Especial, mas também às demais leis penais incriminadoras, pois servem a estruturar o sistema de direito penal brasileiro.

A aplicabilidade das disposições contidas na Parte Geral às leis especiais somente poderá ser excluída se estas contiverem, para a regulação dos fatos a elas sujeitos, regras expressas, específicas, incompatíveis com as gerais.

Assim, por exemplo, ao cominar lei especial pena privativa de liberdade a determinado delito, esta será aplicada e executada de acordo com as normas da Parte Geral que regulam esta espécie de pena (possibilidade de substituição, regime inicial, requisitos para o livramento condicional), salvo se e no que dispuser de modo diverso.

As regras especiais, entretanto, em virtude da hierarquia entre as leis, que deve ser obedecida, somente poderão contrariar as gerais quando estas não reproduzirem ou concretizarem um princípio ou garantia constitucional.

Logo, a lei especial, somente por esta circunstância, não pode, por hipótese, excluir de forma expressa a incidência do art. 1º do

---

46. Hans Welzel, *Derecho Penal Alemán*, 4ª ed., p. 37.
47. Claus Roxin, *Derecho Penal* – ..., t. I, p. 48.

Código Penal e admitir a analogia para incriminação de condutas, pois o princípio da legalidade, além de estar previsto pelo direito penal geral, constitui um princípio constitucional pertencente ao núcleo irreformável da Constituição.

Em regra, portanto, as normas da Parte Geral são aplicáveis a todos os fatos puníveis[48] previstos no Código Penal e leis especiais; se estas contiverem normas diversas, expressas, afastar-se-á a incidência da norma geral, salvo se aquelas contiverem vícios de inconstitucionalidade.

---

48. O Projeto de Lei 3.473/2000, elaborado a partir dos estudos da Comissão instaurada para a formulação de proposta tendente à reforma da Parte Geral do Código Penal, presidida pelo professor. Miguel Reale Júnior, prevê a alteração do art. 12 do Código Penal, que passaria a ostentar a seguinte redação: "Art. 12. As regras gerais deste Código aplicam-se aos fatos incriminados por lei especial" – sem a exceção, portanto, constante do dispositivo atualmente vigente: "se esta *[a lei especial]* não dispuser de modo diverso" (esclarecemos). Criou-se, na oportunidade, grande polêmica sobre a proposta, na medida em que, a princípio, imaginou-se que implicaria a revogação parcial da Lei dos Crimes Hediondos – notadamente com referência à impossibilidade de progressão de regime de cumprimento de pena – e porque conferiria a uma lei ordinária – Código Penal – uma indevida superioridade hierárquica em relação a outras normas penais que se sujeitaram ao mesmo processo legislativo para sua promulgação. Pensamos, contudo, que a polêmica instaurada não encerra, na realidade, um problema político-criminal concreto, pois a prevalência das regras especiais sobre as gerais é exigência não apenas de um princípio geral de hermenêutica, como também da lógica jurídica e do sentido harmônico que deve imperar no sistema normativo – de forma que desnecessária se torna a menção expressa da lei à prioridade de aplicação do preceito especial em relação ao geral. Vale consignar que a experiência do Direito Brasileiro demonstra que a alteração proposta, ao contrário do que crêem seus apressados críticos, não acarretará a revogação do "princípio da especialidade no direito penal". De fato, a Lei de Introdução ao Código Civil de 1942, que sucedeu à de 1916, não repetiu o art. 6º da lei anterior – que previa, de forma expressa, a prioridade da lei especial e sua aplicação restritiva. Nem por isso, no entanto, cogitou-se em alguma oportunidade da revogação do princípio da especialidade no direito civil, ou em qualquer outro campo do Direito, pois a Lei de Introdução ao Código Civil aplica-se a todos os ramos do ordenamento, ou se pretendeu, por exemplo, a revogação de lei anterior, especial, por norma geral posterior. Assim, cremos que as breves considerações que acima formulamos a respeito da função da Parte Geral e de seus limites permanecerão íntegras, ainda que se logre alterar a atual redação do art. 12 do Código Penal.

2

PRINCÍPIO DA LEGALIDADE

2.1 Natureza. 2.2 Legalidade estrita. 2.3 Legalidade escrita. 2.4 Anterioridade e irretroatividade. 2.5 Taxatividade. 2.6 Normas penais em branco. 2.7 Legalidade e medidas de segurança.

2.1 Natureza

Embora se sustente, por vezes, que o princípio da legalidade encontra suas origens ainda na época medieval, especialmente no Direito Ibérico e na Magna Carta Inglesa de 1215, indubitavelmente deve-se ao Iluminismo sua conquista como princípio universal.

Com efeito, a Ilustração, como movimento reformador do Estado, em reação ao Absolutismo político, que submetia os súditos ao império da vontade do monarca, pugnou pela limitação do Poder em benefício da autonomia do indivíduo, da liberdade.[1]

O Liberalismo político, portanto – como sustenta Roxin –, constituiu o momento historicamente mais importante para o assentamento do princípio da legalidade, pois "tornou possível uma limitação do poder punitivo – e, especialmente, impositivo – do Estado e, com isto, a segurança da liberdade individual".[2]

1. No direito penal o principal expoente de oposição e contestação ao Absolutismo foi Cesare Bonecasa, o Marquês de Beccaria, que, com seu manifesto *Dos Delitos e das Penas*, escrito em 1764, iniciou a luta pelos direitos e garantias individuais contra o Poder Absoluto.
   Em sua obra, que orientou toda a remodelação do sistema penal, opôs-se Beccaria, de forma veemente, às penas cruéis, à tortura como forma de investigação, à pena de morte e à prisão provisória imotivada, tendo realçado a necessidade da determinação legal da pena – princípio da legalidade – e de sua proporcionalidade em relação ao delito praticado.
2. *Introducción al Derecho Penal y al Derecho Procesal Penal*, p. 73.

Em nosso ordenamento jurídico o princípio da legalidade em sentido amplo encontra-se previsto pelo art. 5º, II, da Constituição Federal, o qual dispõe que "ninguém será obrigado a fazer ou deixar de fazer alguma coisa senão em virtude de lei".[3]

Através deste princípio subordina-se toda a atividade estatal ao império da lei, de forma que a intervenção pública nas relações humanas e na regulação dos valores sociais somente pode realizar-se de acordo com os processos de criação de normas constitucionalmente estabelecidos.

Neste sentido, pode-se afirmar que, em todos os ramos da vida social, ao indivíduo, como decorrência do princípio da legalidade, não pode ser imposta qualquer conduta (ação ou omissão) se não estiver a providência determinativa do Estado fundamentada, adequada ao modelo trazido pela norma legal. A imposição não-motivada, ainda que reflexamente, na lei constituirá constrangimento ilegal do Poder Público contra a pessoa, passível de correção por remédios constitucionais, como o mandado de segurança e o *habeas corpus*.

O princípio, portanto – como anota Nagib Slaib Filho –, tem dois prismas: "para o Estado, a legalidade, isto é, somente estará autorizado a agir quando incidente a hipótese legal; para o indivíduo, a legalitariedade ou liberdade, consistente em poder fazer tudo o que a lei não proíbe".[4]

No que se refere ao direito penal preferiu o legislador constituinte especializar o princípio da legalidade,[5] ao dispor, no inciso XXXIX do mesmo art. 5º da Constituição Federal, que "não há crime sem lei anterior que o defina, nem pena sem prévia cominação legal".

Esta norma constitucional foi repetida pelo legislador ordinário no art. 1º do Código Penal, constituindo, assim, um princípio orientador[6] de toda a legislação penal brasileira.

---

3. O princípio da legalidade geral foi acolhido por todas as Constituições Brasileiras. A Constituição Imperial de 1824 consagrou-o em seu art. 179, XII; a primeira Constituição Republicana, no art. 72, § 15; a de 1934, no art. 113, inciso 26; a de 1946, no art. 145, § 25; e a de 1967, no art. 150, § 16. Nem mesmo a reforma constitucional imposta pelo regime ditatorial militar aboliu-o, pois através da Emenda Constitucional 1, de 17.10.1969, admitiu a reserva legal em seu art. 153, § 16.
4. *Anotações à Constituição de 1988*, 4ª ed., p. 178.
5. Ricardo Antunes Andreucci, *Direito Penal e Criação Judicial*, p. 11.
6. Os princípios constituem os vetores do sistema jurídico, pois, além de lhe conferir estrutura, apontam para determinado sentido ou direção que devem ser seguidos pela legislação hierarquicamente inferior a ser elaborada.

A função precípua da legalidade penal – como sustenta Maurício Antônio Ribeiro Lopes – pode ser definida como uma garantia dada ao homem contra o Estado.[7]

Logo, tem a natureza jurídica de uma garantia constitucional, instituída para a preservação da liberdade de agir do ser humano. Mediante este princípio constitucional assegura-se a certeza da ordem e da igualdade jurídicas,[8] bem como o exercício legítimo e motivado do Poder, repelindo-se o arbítrio e o abuso da atividade pública, entendida esta última em seu sentido amplo.

Como especialização da legalidade geral e fundamento do direito penal moderno, a legalidade penal também encerra uma noção de garantia dos direitos do indivíduo contra o Estado. Tratando-se o direito penal, todavia, do último instrumento de controle social, com sérias conseqüências no plano da liberdade individual, possui o princípio da legalidade nesta matéria uma maior amplitude, que se consubstancia em seus princípios decorrentes, que a seguir analisaremos.

2.2 Legalidade estrita

Como primeiro desdobramento do princípio da legalidade em matéria penal temos a indispensabilidade da lei em sentido estri-

---

Representam, assim, as regras estruturais que proporcionam a coesão entre as normas do sistema; ou, como sustenta Maurício Antônio Ribeiro Lopes, citando Bandeira de Mello, "mandamento nuclear de um sistema, verdadeiro alicerce dele, disposição fundamental que se irradia sobre diferentes normas, compondo-lhes o espírito e servindo de critério para sua exata compreensão e inteligência, exatamente por definir a lógica e a racionalidade do sistema normativo, no que lhe confere a tônica e lhe dá sentido harmônico" (*Direito Penal, Estado e Constituição*, p. 77).

Os princípios encontram-se para a legislação penal e seus institutos como as fundações para a edificação: conformam e sustentam o que sobre eles é erigido; de modo que a retirada de qualquer dos alicerces, ou a efetivação da obra fora dos padrões estabelecidos, implicará o comprometimento de toda a construção.

No Estado Democrático de Direito, instituído por nossa Constituição Federal, os princípios penais fundamentais – entre os quais se inclui o da legalidade –, além da função sistematizadora do direito criminal, têm também como finalidades essenciais a garantia do ser humano contra a ingerência demasiada do Estado nas relações sociais, por meio do direito penal, e a limitação à exacerbação do poder punitivo.

7. *Princípio da Legalidade Penal*, p. 53.
8. Paulo José da Costa Júnior, *Comentários ao Código Penal*, 2ª ed., vol.. I, p. 2. Afirma este autor que a função garantidora do princípio da legalidade é irrecusável e insubstituível.

to, formal, para a criação de delitos, formulação ou agravamento de penas.

Diante deste postulado, somente poderá o Estado elaborar uma espécie de delito ou de sanção por meio de lei, seguindo-se o processo legislativo adequado.

Veda-se, deste modo, qualquer outra forma de nascimento de hipótese delitiva ou sancionatória penal, não se admitindo, assim, que se realize por medidas provisórias ou decretos do Poder Executivo ou, ainda, pela interpretação e criação judicial.

A razão desta limitação encontra-se nos fundamentos constitucionais da soberania e da cidadania e no princípio da divisão de Poderes, essencial à Democracia.

Isto porque – como sustenta Roxin –"a aplicação da pena representa tal ingerência na liberdade do cidadão, que a legitimação para determinar seus pressupostos somente pode residir na instância que representa o povo como titular do poder do Estado: o Parlamento como corpo legislativo eleito".[9]

Com efeito, somente o Poder eleito pelo povo para elaborar e modificar o ordenamento jurídico, de forma permanente, tem legitimidade para extrair das relações sociais os bens jurídicos de maior relevância e elaborar, a partir destes, os delitos e as sanções aplicáveis às condutas danosas intoleráveis. Os Poderes Executivo e Judiciário, dadas as suas funções, não têm competência e nem legitimidade para tanto.

2.3 Legalidade escrita

A segunda conseqüência do princípio da legalidade constitui a impossibilidade de criação de delitos e de penas, ou de agravação destas, pelo direito consuetudinário, isto é, os costumes.

Como ensina Damásio E. de Jesus,[10] os costumes representam o conjunto de normas de comportamento obedecidas de maneira uniforme e constante, em virtude da conscientização coletiva de sua obrigatoriedade.

---

9. *Derecho Penal – Parte General*, t. I, p. 145.
10. *Direito Penal – Parte Geral*, 19ª ed., p. 22.

Trata-se, portanto, da reiteração constante e uniforme de uma regra de conduta, com a convicção de sua necessidade jurídica.[11]

Além de não servirem de fonte imediata do direito criminal, de criação de espécies de crimes e de penas, os costumes também não se prestam a revogar leis penais incriminadoras ou sancionatórias, pois – como ensina Assis Toledo – a simples omissão e tolerância indevidas de algumas autoridades em reprimir determinados delitos não bastam para revogar, pelo desuso, a norma penal.[12]

Isto não significa, entretanto, que os costumes não possuam relevância em matéria criminal.

Ao contrário, sua função integradora e interpretativa é essencial ao conhecimento e ao juízo de subsunção de condutas a determinadas espécies de crimes.

De fato, na descrição de delitos não raramente utiliza-se o legislador, além de elementos de pura verificação pelos sentidos – elementos descritivos –, de outros, denominados normativos, que necessitam, para sua real compreensão, de um profundo juízo de valoração jurídico-penal.

Os elementos normativos culturais, nos quais se inserem os costumes como critério de interpretação, são os que exigem uma real valoração por parte do intérprete, que deve conferir-lhes o próprio e adequado sentido à análise do crime.

Resultam da experiência ética do povo e devem ser interpretados de acordo com essa ética e com o momento histórico vivido. Sofrem, por isso, uma evolução constante, devendo o julgador estar atento a estas modificações para realizar a valoração de acordo com os padrões e costumes vigentes.

Karl Engisch, ao discorrer sobre estes elementos, assenta que a função dos conceitos normativos, em boa parte, é permanecerem abertos às mudanças de valorações. O órgão aplicador do Direito tem que averiguar quais são as concepções éticas efetivamente vigentes, sendo sua própria valoração do caso apenas um elo na série de muitas valorações igualmente legítimas.

---

11. Luiz Alberto Machado, *Direito Criminal – Parte Geral*, p. 50.
12. *Princípios Básicos de Direito Penal*, 4ª ed., p. 25.

A valoração própria, portanto, constitui apenas uma parte do conhecimento, e não o último critério deste.[13]

São exemplos de elementos normativos culturais os conceitos "obsceno", do delito "ato obsceno" (art. 233 do CP); "honesta", do crime de rapto (art. 219 do CP); e "artifício", no estelionato (art. 171 do CP).

Para a compreensão destes conceitos deve o julgador realizar um juízo de valor profundo, apreendendo, da ética e dos costumes vigentes, suas reais significações.

Com efeito, um beijo apaixonado em praça pública – que poderia na década de 40 ser considerado um ato ofensivo ao pudor público – não passa na atualidade de algo inserido na normalidade social, impunível, portanto, em razão do crime de ato obsceno.

Da mesma forma, em face da evolução dos costumes, não se equivalem os conceitos de "mulher honesta", passível de rapto, vigentes há 50 anos e na atualidade.

Assim, para concluirmos, podemos afirmar que os costumes não podem ser tomados para criar delitos e penas, para agravar as sanções aplicáveis ou para revogar normas penais, embora representem – por se tratar o direito penal de uma ciência dinâmica – dados relevantes para a interpretação de determinadas espécies de delitos.

2.4 Anterioridade e irretroatividade

A anterioridade e a irretroatividade da lei penal possuem, em nosso ordenamento jurídico, relevância constitucional, pois previstas pelo art. 5º, XXXIX e XL, da Constituição Federal, os quais dispõem que "não há crime sem lei anterior que o defina, nem pena sem prévia cominação legal", e que "a lei penal não retroagirá, salvo para beneficiar o réu".

Destes dispositivos depreende-se que para a criminalização e apenamento de uma conduta não basta a existência de uma lei, devendo esta ser existente, válida e eficaz em momento anterior ao comportamento.[14]

---

13. Karl Engisch, *Introdução ao Pensamento Jurídico*, 6ª ed., p. 239.
14. Em nosso ordenamento jurídico, salvo disposição em contrário, as leis somente passam a possuir plena eficácia 45 dias após sua publicação, conforme o art. 1º da Lei de Introdução ao Código Civil.

Às leis penais, assim, concede-se apenas a possibilidade de incriminar e sancionar condutas posteriores.

Esta interpretação, ainda que não fosse expressa a exigência de lei anterior pela Constituição Federal e Código Penal, seria conseqüência lógica do princípio da legalidade em sentido amplo, pois ninguém é obrigado a se abster de uma ação senão em virtude de lei – que, logicamente, deve existir ao menos no momento anterior à prática da conduta.

A garantia da anterioridade é complementada pela irretroatividade da lei penal mais gravosa, pois, como assevera Maurício Antônio Ribeiro Lopes: "O princípio da legalidade estaria sendo indubitavelmente violado com o reconhecimento de uma norma penal incriminadora se esta viesse emprestar relevância penal a fatos com fundamento em norma que não existia no momento em que os fatos teriam sido perpetrados. Assim, na feliz expressão de Bettiol, entraria pela janela o que se pretendia despejar pela porta".[15]

De nada valeriam, portanto, os princípios da legalidade e da anterioridade da lei penal se por leis posteriores pudesse o Estado incriminar e sancionar mais severamente condutas já praticadas em momento pretérito. Perder-se-ia todo o substrato de garantia destes princípios, pois a segurança de estar praticando uma ação lícita, em determinado momento, poderia ser atingida pela elaboração de uma norma posterior que passasse a considerar aquele comportamento criminoso e passível de punição.

Logo, a anterioridade e a irretroatividade da lei penal mais gravosa constituem exigências do princípio da legalidade, sem as quais este perderia sua principal função – qual seja, a de limitação ao poder de interferência do Estado nas vidas dos cidadãos.

2.5 *Taxatividade*

A taxatividade, que preferimos denominar de *princípio da tipicidade*, implica que, para ser plenamente atendido o princípio da legalidade, não basta a existência de uma lei incriminadora em sentido vago,

---

15. *Princípio da Legalidade Penal*, p. 88.

devendo o legislador, na previsão de delitos, determiná-los por meio de tipos penais, descrevendo-os de modo certo e inconfundível.[16]

Como ressaltado por Reale Júnior, a tipicidade revela "a elaboração científica e técnica do princípio *nullum crime sine lege*, exercendo de forma mais segura a função de garantia".[17]

O tipo constitui o modelo legal de comportamento no qual estão inseridas determinadas características que tornam a conduta relevante em matéria penal.[18]

Admitida a tipicidade como exigência da legalidade penal, conclui-se que em matéria criminal não pode o legislador utilizar-se de fórmulas genéricas, que não permitam ao destinatário da lei o pleno conhecimento da matéria de proibição.

Assim, vedada está, por exemplo, no âmbito penal, a incriminação de condutas lesivas ao patrimônio por meio de previsão semelhante ao que dispõe o art. 186 do novo Código Civil.[19]

Com efeito, ao legislador penal não é permitido traduzir em lei que comete crime todo aquele que, por ação ou omissão voluntária, negligência ou imprudência, viole direito ou cause prejuízo a outrem, ficando sujeito às sanções previstas, pois tal formulação contraria a finalidade do princípio da legalidade, isto é, garantir o indivíduo contra a ingerência indiscriminada do Estado.

Para proteger o valor *patrimônio*, ou qualquer outro, a lei deve valer-se da tipicidade penal, dos modelos de condutas que constituem as mais graves violações aos bens jurídicos selecionados e que são intoleráveis ao convívio social ordenado.

Logo, são tipificadas, de forma precisa, condutas como o furto (art. 155 do CP), o roubo (art. 157 do CP), o dano (art. 163 do CP) e o este-

---

16. Maurício Antônio Ribeiro Lopes, *Princípio da Legalidade Penal*, p. 128.
17. *Parte Geral do Código Penal – Nova Interpretação*, pp. 20-21.
18. Sobre o conceito e elementos do tipo e a relação tipo/ilicitude, remetemos o leitor à análise do Título II desta obra.
19. Dispunha o art. 159 do Código Civil de 1916: "Aquele que, por ação ou omissão voluntária, negligência, ou imprudência, violar direito, ou causar prejuízo a outrem, fica obrigado a reparar o dano". Disposição semelhante, porém mais ampla, consta do novo Código Civil, art. 186: "Aquele que, por ação ou omissão voluntária, negligência ou imprudência, violar direito e causar dano a outrem, ainda que exclusivamente moral, comete ato ilícito".

lionato (art. 171 do CP), para cujas tipificações indispensável é a subsunção da conduta a todos os elementos previstos no modelo abstrato.

De igual modo, não pode o legislador penal dispor em lei que constitui crime dos funcionários públicos contra a Administração Pública qualquer conduta que viole os deveres impostos nos respectivos estatutos. Embora a violação constitua, em regra, uma infração disciplinar, apenas as mais graves, previstas por tipos de injusto – como, por exemplo, a corrupção passiva (art. 317 do CP) e a prevaricação (art. 319 do CP) –, estarão carregadas de ilicitude penal.

A segunda implicação do princípio da tipicidade é a vedação da analogia em matéria penal no tocante a criminalização de condutas e imposição de penas.

A analogia consiste em estender a uma hipótese particular semelhante as conclusões postas pela observação de um caso correlato ou afim, em um raciocínio por similitude.[20] Trata-se, portanto, de operação mental de aplicação de um dispositivo legal a fato não regulado pelo legislador que possua, contudo, circunstâncias de coincidência com a situação regulada.

Diante da vedação à analogia, não pode o julgador, por exemplo, aplicar as penas previstas no art. 155 do Código Penal (furto) àquele que subtrai coisa de outrem apenas para utilizá-la, devolvendo-a ao local de origem, nas mesmas condições.

Isto porque para a configuração do crime de furto é indispensável que a subtração seja "para si ou para outrem", isto é, que a coisa saia do patrimônio do dono, sendo deslocada ao do furtador ou de terceiro.

A subtração para mera utilização temporária – "furto de uso" – não encontra adequação à norma incriminadora, que não pode, portanto, ser aplicada a este comportamento pela analogia.

A vedação da analogia, contudo, refere-se apenas aos preceitos incriminadores e punitivos, não se impondo às normas favoráveis ao sujeito, como as excludentes de crime e as atenuantes.

A analogia *in bonam partem* é admitida pela maioria da doutrina e da jurisprudência, pois não há em relação a esta as restrições e objeções imputadas à analogia *in malam partem*.

---

20. Miguel Reale, *Introdução à Filosofia*, 3ª ed., p. 108.

De fato, a extensão das causas excludentes do crime e atenuantes de pena, antes de constituir uma ameaça à segurança jurídica proporcionada pelo ordenamento penal, representa a realização de justiça, pois permite que o sujeito se beneficie de circunstâncias já expressamente reconhecidas pelo legislador como justificantes de determinados comportamentos ou caracterizadoras de uma necessidade de menor pena.

Assim, a nosso ver, pela aplicação da analogia *in bonam partem*, é impunível não somente a interrupção da gravidez decorrente de estupro (art. 128, II, do CP), mas também aquela que seja conseqüência de atentado violento ao pudor.

De idêntico modo, a isenção de pena prevista ao cônjuge que auxilia o autor de crime a subtrair-se à ação de autoridade pública (art. 348, § 2º, do CP) deve ser estendida ao companheiro ou companheira do sujeito ativo do delito que com ele viva em união estável, pois as razões que determinaram a não-incidência da sanção – afetividade, sentimento familiar – estão igualmente presentes na hipótese não expressamente prevista pelo legislador.

Contrária ao princípio da legalidade, portanto, é apenas a analogia *in malam partem*, que, desse modo, encontra-se proscrita do nosso ordenamento jurídico.

A analogia, contudo, não se confunde com a interpretação analógica, pois nesta o legislador, efetivamente, quis compreender a conduta não expressamente descrita.

Por "interpretação analógica" entende-se a utilização, pela lei, de expressões nas quais se encerram todos os comportamentos desvalorados no momento da elaboração da norma penal, tais como "outro meio fraudulento", no estelionato (art. 171 do CP), e "qualquer outra causa", constante do art. 224, "c", do CP.

A interpretação analógica não é vedada no direito penal, pois seria impossível ao legislador descrever todas as hipóteses da norma penal incriminadora.

A distinção entre *analogia* e *interpretação analógica* – como sustenta Damásio – consiste em que: "Na primeira, não é vontade da lei abranger os casos semelhantes; na segunda, a própria lei, após definir a fórmula casuística, menciona os casos que devem ser compreendidos por semelhança (...). É, pois, da vontade da lei abranger os casos semelhantes".[21]

2.6 Normas penais em branco

Questão correntemente colocada é se, diante das exigências impostas pelo princípio da legalidade, podem ser admitidas no ordenamento jurídico-penal normas penais em branco.

Normas penais em branco próprias[22] – ou, como entendemos mais adequado, *tipos penais em branco* – são aquelas que possuem um vazio em seu conteúdo, cuja compreensão fica delegada a uma norma complementar de natureza regulamentar.

Assim é, por exemplo, o tipo de omissão de notificação de doença, previsto pelo art. 269 do Código Penal, cujo juízo de subsunção do comportamento depende da verificação, em regulamentos expedidos pelo Ministério da Saúde, sobre a obrigatoriedade, ou não, da notificação da doença constatada.

Também os tipos penais da Lei de Tóxicos apresentam-se como "em branco", pois são consideradas entorpecentes as substâncias assim especificadas pelo Serviço Nacional de Fiscalização de Medicina e Farmácia, em ato administrativo próprio.

A nosso ver os tipos penais em branco não constituem, em regra, violação ao princípio da legalidade, pois as normas complementares, como já dito, têm natureza meramente regulamentar; não criam hipóteses delitivas, preceitos sancionadores, já previstos em lei, mas apenas os especificam.

---

21. *Direito Penal* – ..., 19ª ed., p. 44. No mesmo sentido Gimbernat Ordeig: "A interpretação analógica se apresenta quando, para solucionar as dúvidas sobre o alcance de uma norma penal, recorremos à comparação com normas que regulam casos similares. O resultado da interpretação analógica não pode estar nunca em contradição com o sentido literal possível" – ou seja, o caso concreto deve caber "perfeitamente dentro das palavras empregadas pela lei" (*Conceito e Método da Ciência do Direito Penal*, p. 61).

22. Normas penais em branco impróprias são aquelas em que o complemento de seu conteúdo é emanado da mesma fonte formal – Poder Legislativo – da norma penal. O complemento, embora se ache em outra lei, não penal, é formulado pelo mesmo legislador que tem competência constitucional para estatuir sobre o direito punitivo (Frederico Marques, *Tratado de Direito Penal*, vol. I, p. 189).

Além disso, as normas complementares são, no mais das vezes, fruto de divisão de competência estabelecida pela própria Constituição Federal, ou necessidades técnicas, não havendo, assim, que se falar em inconstitucionalidade dessas modalidades típicas.

Se ultrapassada esta concessão meramente regulamentar, contudo, conferindo-se a outro Poder, que não o Legislativo, a faculdade de criar hipóteses de delitos, estará a norma, fatalmente, eivada de nulidade, pois contrária aos requisitos da legalidade estrita e da taxatividade.

2.7 Legalidade e medidas de segurança

São as medidas de segurança providências privativas ou restritivas da liberdade do indivíduo, inimputável ou "semi-imputável", autor de um fato penal e objetivamente típico, impostas pelo Estado-juiz, que têm um caráter eminentemente curativo, assistencial e preventivo-especial.

Com a reforma da Parte Geral do Código Penal, de 1984, que adotou o sistema vicariante (impossibilidade de aplicação cumulativa de penas e medidas de segurança ou imposição destas últimas aos imputáveis), em substituição ao sistema do duplo binário (viabilidade da cumulação), não pode mais ser interpretada como penal, pelo menos em um sentido material, a natureza jurídica das medidas de segurança.

Isto porque – sem embargo do entendimento contrário – não têm elas caráter sancionatório, não derivam da culpabilidade do agente, não observam qualquer proporcionalidade em relação à gravidade do fato praticado – mas sim em relação à periculosidade do indivíduo – e não implicam absolutamente qualquer efeito preventivo-geral.

Além disso, como sustentam Zaffaroni e Pierangelli: "Não se pode considerar penal um tratamento médico e nem mesmo a custódia psiquiátrica. Sua natureza nada tem a ver com a pena, que desta se diferencia por seus objetivos e meios. Mas as leis penais impõem um controle formalmente penal (...)".[23]

Possuem as medidas de segurança, assim, natureza dúplice: formalmente caracterizam-se como institutos do sistema punitivo, por

---

23. *Manual de Direito Penal Brasileiro – Parte Geral*, p. 859.

serem aplicadas e controladas pelo juiz penal e em virtude de necessitarem, para sua imposição, da ocorrência de uma conduta objetivamente definida como crime; materialmente, entretanto, não se vislumbra este caráter penal, pois não podem ser caracterizadas como sanções,[24] não têm prazos máximos de duração e têm finalidade substancialmente curativa e assistencial. Materialmente, dessa forma, são as medidas de segurança institutos de natureza essencialmente administrativa.

Diante desta colocação, de se questionar: o princípio da legalidade dos crimes e das penas é aplicável também às medidas de segurança?

Em relação à necessidade de lei em sentido estrito, de não-cabimento dos costumes para sua formulação e da taxatividade, não há dúvida a respeito de sua incidência.

O mesmo não se pode dizer, contudo, com referência à anterioridade, em que pese às respeitáveis posições de parcela significante da doutrina em sentido oposto.

Isto porque, ao contrário do regime anterior, não têm mais as medidas de segurança, como já afirmamos, caráter punitivo, mas meramente curativo, de prevenção quanto à periculosidade dos inimputáveis e semi-imputáveis.

Logo, não se trata de gravidade de sanção, mas do tratamento mais adequado,[25] que, portanto, deve ser reputado sempre mais benéfico ao seu sujeito passivo.

Como afirma Assis Toledo: "Em relação às medidas, de caráter puramente assistencial ou curativo, estabelecidas em leis para os inim-

---

24. E. R. Zaffaroni e J. H. Pierangelli, *Manual* ..., p. 125.

25. A nova Parte Geral do Código Penal estabeleceu apenas medidas de segurança para os inimputáveis ou "semi-imputáveis", que atingem eminentemente o direito de ir e vir de seu sujeito passivo.

Foram excluídas, com a reforma, as medidas de segurança patrimoniais e as pessoais não-detentivas, que vigoravam no regime anterior.

Duas foram as espécies de medidas de segurança admitidas pelo novo sistema: a internação e o tratamento ambulatorial.

A primeira, medida detentiva, consiste na internação do indivíduo em hospital de custódia e tratamento ou, à falta deste, em estabelecimento adequado.

Por *estabelecimento adequado* deve-se entender aquele que permita a execução de tratamento curativo ao indivíduo, que possibilite tentativa de reduzir sua periculosidade e reintegrá-lo à sociedade.

putáveis, parece-nos evidentemente correta a afirmação de sua aplicabilidade imediata, quando presente o estado de perigosidade, ainda que possa apresentar-se mais gravosa, pois remédios reputados mais eficientes não podem deixar de ser ministrados aos pacientes deles carecedores só pelo fato de serem mais amargos ou dolorosos".[26]

Desse modo, à eventual falta de hospital de custódia e tratamento, não se pode prosseguir o cumprimento da medida de segurança em cadeia pública, casa de detenção ou penitenciária, pois tais estabelecimentos, à evidência, não oferecem qualquer hipótese de tratamento do inimputável ou semi-imputável, não são adequados para esta finalidade.

26. *Princípios Básicos* ..., 4ª ed., pp. 41-42.

3
LEI PENAL NO TEMPO

3.1 "Abolitio criminis". 3.2 "Lex mitior". 3.3 Lei excepcional ou temporária: 3.3.1 Conceito – 3.3.2 Tipo penal em branco. 3.4 Tempo do crime: 3.4.1 Colocação do problema – 3.4.2 Crimes permanentes, habituais e continuados.

3.1 "Abolitio criminis"

Por *abolitio criminis* entende-se a promulgação de lei que deixa de considerar como criminosa conduta antes valorada negativamente, tipificada legalmente pelo ordenamento jurídico-penal.

Cuida-se – como anotam Silva Franco e outros – "de hipótese de supressão da figura criminosa, por ter o legislador considerado que a ação, antes prevista como delituosa, não é mais idônea a ferir um bem jurídico que pretende tutelar – *ou que esta lesão não é grave o suficiente, diante do princípio da subsidiariedade, para a intervenção penal, havendo outros instrumentos para a sua prevenção*. Com a descriminalização do fato, não teria sentido o prosseguimento da execução da pena, nem a mantença das seqüelas penais da sentença condenatória".[1]

A *abolitio criminis* opera-se tanto com a revogação, pura e simples, expressa ou tácita, da lei penal como com a introdução de novo elemento essencial ao tipo penal, pouco importando, na hipótese, se o elemento especial, irrelevante na tipificação anterior, encontrava-se presente no fato antigo.

Isto porque a introdução de elemento *ex novo* especial no tipo implica o rompimento da continuidade típico-normativa entre as leis

---

1. *Código Penal e sua Interpretação Jurisprudencial*, 5ª ed., 2ª tir., p. 45.

penais, independentemente da presença do elemento especial no fato antigo, com a conseqüente despenalização da conduta pretérita.

Neste sentido posiciona-se Américo A. Taipa de Carvalho, para quem: "Com a entrada em vigor da lei nova, que adicionou um novo elemento ao tipo legal da lei antiga, o facto praticado na vigência da lei antiga – preencha, ou não, o elemento da lei nova – fica despenalizado, se o elemento adicionado constituir um elemento essencial".[2]

Revogada a lei penal incriminadora, extingue-se a punibilidade do agente, nos termos do art. 107, III, do Código Penal, operando-se, ainda, a extinção dos efeitos da sentença penal condenatória, previstos pelos arts. 91 e 92, ambos do Código Penal.

3.2 "Lex mitior"

A proibição da irretroatividade da lei penal, decorrência do princípio da legalidade, não compreende a da lei penal mais favorável, que, ao contrário, constitui, por previsão constitucional, uma garantia individual.

Por "lei mais benigna" entende-se aquela que deixa de considerar a conduta como criminosa (*abolitio criminis*), passa a impor pena menos rigorosa ou de menor duração – qualitativa ou quantitativamente inferior –, considera novas circunstâncias atenuantes, cria condições de procedibilidade ou objetivas de punibilidade, ou amplia as possibilidades de alternativas penais (suspensão condicional da pena, livramento condicional, penas substitutivas).

A lei posterior, em nosso entender, somente pode ter aplicabilidade ao fato após adquirir plena eficácia, isto é, com sua entrada em vigor. Antes disso, exatamente pela ausência de eficácia da lei nova, há mera expectativa de aplicabilidade.

Nem se diga que este posicionamento implicaria iniqüidade, tratamento desigual dos sujeitos à mesma situação jurídica, pois, com a entrada em vigor da lei mais benigna, sua incidência será imediata, ainda que na fase de execução da pena.

Questão que se coloca no tocante ao princípio da retroatividade da lei penal mais benéfica é se, diante do conflito de proposições de

---

2. *Sucessão das Leis Penais*, p. 145.

duas ou mais leis contendo preceitos mais favoráveis ao acusado, pode o juiz simplesmente combiná-los.

Damásio Evangelista de Jesus[3] e Frederico Marques[4] afirmam que sim, pois, se o juiz pode aplicar o todo de uma ou de outra lei para favorecer o acusado, não há por que não possa escolher parte de uma ou de outra para o mesmo fim, aplicando o mandamento constitucional. Entendimento contrário, segundo estes autores, constituiria formalismo jurídico em contraposição à Constituição, o que é inadmissível.

Em sentido próximo, embora apenas em hipóteses excepcionais, posiciona-se Basileu Garcia.[5]

Entendemos, contudo, que não há como prevalecer o argumento acima exposto.

Isto porque se o juiz, simplesmente, na aplicação da lei penal, combinar os preceitos benéficos de duas ou mais leis (revogadora e revogada) estará extrapolando sua função jurisdicional e interpretativa para transformar-se em legislador, elaborador de uma nova norma. Esta atividade, entretanto, em face do princípio constitucional da divisão de Poderes, pertence ao Poder Legislativo, e não ao Judiciário.

Some-se a isto que – como afirma Nélson Hungria – "não se pode tomar parte do todo, pois os dispositivos de uma lei se completam e se condicionam mutuamente, entrosando-se num sistema orgânico e irrepartível, e é, de todo, incurial que se destaque um deles como ser autônomo, truncando-se tal sistema".[6]

Assim, no conflito de leis deverá o juiz optar pela que for mais benigna em seu conjunto, aplicando, se o caso, a retroatividade da lei mais benéfica ou a irretroatividade da mais gravosa.[7]

---

3. *Direito Penal – Parte Geral*, 19ª ed., p. 82.
4. *Tratado de Direito Penal*, vol. II, p. 256.
5. *Instituições de Direito Penal*, 4ª ed., vol. I, t. I, pp. 148-149.
6. *Comentários ao Código Penal*, 4ª ed., vol. I, t. I, p. 113.
7. O Código Penal Militar Brasileiro (Decreto-lei 1001, de 21.10.1969) disciplinou expressamente a questão no sentido do texto, ao dispor, em seu art. 2º, § 2º: "Para se reconhecer qual a mais favorável, *[das leis]* a lei posterior e a anterior devem ser consideradas separadamente, cada qual no conjunto de suas normas aplicáveis ao fato" (esclarecemos).

3.3 Lei excepcional ou temporária

3.3.1 Conceito

"Lei excepcional", nos termos do art. 3º do Código Penal, é aquela determinada por circunstâncias especiais – isto é, calamidades públicas, guerras, revoluções, epidemias – e que tem o prazo de vigência fixado até a cessação destas condições excepcionais.

A "lei temporária", por outro lado, tem seu prazo de vigência (pré)fixado pelo próprio legislador, que, ao estabelecê-la, determina a data em que será cessada sua eficácia. A razão desta temporariedade também deve ser a existência de determinadas circunstâncias excepcionais, não se admitindo, para tanto, o mero arbítrio do legislador.

Ambas as espécies de leis têm como característica a ultra-atividade, ou seja, mesmo após sua auto-revogação – determinada pelo término de seu prazo ou das circunstâncias que motivaram sua promulgação – continuam a ser aplicáveis aos fatos ocorridos durante sua vigência.

A ultra-atividade destas espécies de leis – ao contrário do que se possa supor a uma primeira análise, superficial – não contrasta e nem constitui exceção aos princípios constitucionais da legalidade e da retroatividade da lei penal mais benéfica. Tanto é assim que, decidindo o legislador pela ab-rogação da lei penal, operam-se a *abolitio criminis* e a impunibilidade do fato.

A ultra-atividade tem suas raízes nos princípios constitucionais da igualdade e da justiça, pois, se não tivessem esta característica, as leis excepcionais ou temporárias, na feliz lição de Frederico Marques, "seriam inócuas para grande número de infratores, porquanto fácil lhes seria evitar as sanções ali cominadas".[8]

Com efeito, as circunstâncias excepcionais ou temporais que fundamentam a edição destas leis integram-se, em verdade, aos respectivos tipos penais, formando um todo indissociável, vigente para as condutas perpetradas durante o período de exceção.

A título de exemplo, basta observarmos os crimes militares em tempo de guerra (arts. 355-408 do CPM), para cujas tipificações

---

8. *Tratado* ..., vol. I, p. 266.

indispensável é a existência de estado de guerra contra Nação estrangeira, declarado nos termos dos arts. 84, XIX, e 137 e ss. da Constituição Federal, que constitui elemento de todos os tipos de delitos desta espécie. Inexistindo este estado não há se falar em crime de guerra; decretado e findo, entretanto, as ações típicas nele praticadas continuarão puníveis, pois dotadas de ultra-atividade.

Logo, as leis excepcionais ou temporárias, na realidade, criam tipos penais que são destinados à proteção de determinados bens jurídicos que, por condutas antes consideradas irrelevantes (ou menos graves), são agora colocados em perigo, exatamente em virtude das circunstâncias de exceção. Ultrapassado o período excepcional, e restabelecida a normalidade das relações sociais, as mesmas condutas deixam de ser potencialmente lesivas aos valores ético-jurídicos fundamentais, o que explica a cessação da incidência da norma proibitiva.

3.3.2 Tipo penal em branco

Questão que tem suscitado vivo debate na doutrina e que ainda não chegou – como ensina Silva Franco[9] – a um equacionamento pacífico é a respeitante à ultra-atividade das normas penais em branco, ou à retroatividade da norma complementar mais favorável.

Pensamos que a matéria, no entanto, apesar das correntes que se formaram a seu respeito, não guarda grandes dificuldades.

Isto porque o tipo penal em branco, como todas as outras normas penais proibitivas, somente será ultra-ativo quando tiver por característica a excepcionalidade ou temporariedade, nos exatos termos do art. 3º do Código Penal. Se não tiver a norma por fundamento a regulação de situações de exceção, a revogação ou modificação mais benéfica de seu complemento atingirá as ações anteriores, cumprindo-se o mandamento constitucional e o preceito do art. 2º do Código Penal.

Exemplo da primeira espécie – ultra-ativa – encontramos no art. 2º, VI, da Lei 1.521/1951 (Lei de Economia Popular), que tipifica a transgressão a tabelas oficiais de gêneros e mercadorias, impostas por atos administrativos próprios (portarias).

---

9. *Código Penal* ..., 5ª ed., 2ª tir., p. 62.

Instituída a tabela de preços pela autoridade competente, a transgressão encontrará subsunção ao tipo penal. Eventual revogação ou modificação do tabelamento, por ato posterior, não tem o condão de excluir o crime, pois – como anota Damásio – "a lei não sanciona o cidadão porque vendeu a mercadoria pelo preço 'x' ou 'y', mas porque o vendeu por preço superior ao tabelado, seja 'x', 'y ou 'z'. A conduta punível é a cobrança de preço abusivo, além dos limites fixados pela autoridade competente, em face de determinada situação econômica",[10] excepcional. A lei em si, portanto, é dotada de ultra-atividade.

O mesmo posicionamento, contudo, não pode ser adotado, por exemplo, com relação à Lei de Tóxicos (Lei 6.368/1976), que delega ao âmbito administrativo a especificação das substâncias consideradas "entorpecentes".

Com efeito, excluída uma substância do rol daquelas consideradas aptas à causação de dependência, opera-se, com referência aos comportamentos anteriores, a *abolitio criminis*, em virtude do reconhecimento, por parte do próprio Estado, da inexistência de lesividade,[11] de risco ao bem jurídico "saúde pública", tutelado pelo tipo penal.

Logo, somente poderá ser considerado ultra-ativo o complemento das normas penais em branco se possuir as características da temporariedade ou excepcionalidade; inexistentes estas, de rigor a aplicação da retroatividade benéfica.

3.4 Tempo do crime

3.4.1 Colocação do problema

O legislador da nova Parte Geral do Código Penal, ao contrário do Código de 1940, preferiu disciplinar a questão do "tempo do crime" – com o quê restaram superadas as divergências até então pendentes na doutrina.

Adotou-se a teoria da atividade, segundo a qual se considera praticado o delito quando da perpetração da conduta humana (positiva

---

10. *Código Penal Anotado*, p. 12.
11. A respeito da lesividade ou ilicitude material, cf. o capítulo referente à tipicidade material, no Título II (Capítulo 6).

ou omissiva), isto é, no momento em que o agente cumpre seu último ato, pois – como ensina Zaffaroni –, se "a norma funciona como imperativo não só no momento inicial, senão também ao largo de todo o desenvolvimento da conduta até o momento em que se cumpre o último ato, a lógica que se encontra na base do regime de sucessão de leis induz a tomar, como tempo do delito, o tempo do último ato da conduta. Somente aqui cessa para a norma a possibilidade de funcionar como imperativo (...)".[12]

Embora a questão, a uma primeira análise, não pareça guardar grande relevância, constitui matéria imprescindível para a solução de uma série de problemas que podem surgir quanto à aplicação da lei penal.

Observe-se que com a opção pela teoria da atividade, e não do resultado – que considera praticado o crime no momento do evento típico –, fixa-se a lei vigente quando da ação como aplicável ao fato, ressalvada, contudo, a retroatividade da lei penal mais benéfica (art. 2º do CP).

Marca-se, ainda, o momento da ação humana como início dos prazos prescricional e decadencial, bem como da eventual inimputabilidade pela menoridade penal.

A adoção da teoria da atividade, assim, é conseqüência do respeito ao princípio fundamental da legalidade dos delitos e das penas, na medida em que é a única que permite ao destinatário da norma penal o pleno conhecimento, quando do comportamento, da valoração negativa de sua conduta e das conseqüências que podem advir da violação da lei penal.

A teoria do resultado, ao contrário, possibilita, por vias transversas, eventualmente, a retroatividade da lei penal mais gravosa – o que é incompatível com a formulação de um direito penal democrático.

3.4.2 Crimes permanentes, habituais e continuados

Adotada a teoria da atividade, por nossa legislação penal, para definir o "tempo do crime", qual seria, na hipótese de sucessão de leis penais, a norma proibitiva aplicável aos delitos permanentes ou habituais?

---

12. *Tratado de Derecho Penal – Parte General*, vol. I, p. 477.

Por "delito habitual" entende-se – como ensina Damásio[13] – a reiteração da mesma conduta reprovável, de forma a constituir um estilo ou hábito de vida; a habitualidade, em si, representa uma elementar do tipo, como por exemplo no crime de curandeirismo (art. 284 do CP), de forma que as ações que o integram, consideradas em separado, não são delitos.

O "crime permanente", por sua vez, é aquele cuja consumação se protrai no tempo, podendo a consumação cessar pela vontade de seu sujeito ativo, como por exemplo o delito de seqüestro (art. 148 do CP).

Tanto no crime permanente como no habitual – na precisa lição de Nélson Hungria –, na eventual sucessão de leis, incide a nova, ainda que mais severa e que iniciado o delito sob a vigência da lei antiga, pois "a cada momento de tal permanência – *ou habitualidade* – está presente e militando, por ação ou omissão, a vontade do agente, nada importando assim que o estado de permanência se haja iniciado no regime da lei antiga, ou que esta incriminasse ou não o fato".[14]

Com efeito, a aplicação da lei nova constitui decorrência da opção valorativa do agente, pois, mesmo advertido da maior desvalorização social de sua conduta e das conseqüências mais gravosas que dela podem advir, opta pela manutenção do comportamento delituoso.

Em relação aos "delitos continuados", em princípio, aplica-se o mesmo raciocínio. Se, entretanto, em virtude da incidência da lei nova, o aumento da pena determinado pelo art. 71 do Código Penal ultrapassar a soma das penas dos delitos considerados isoladamente, deve-se proceder nos termos no art. 70, parágrafo único, do mesmo diploma legal – isto é, aplicar as penas, por cada um dos fatos, cumulativamente, pois do contrário haveria a retroatividade da situação mais gravosa.

---

13. *Direito Penal* – ..., 19ª ed., p. 188.
14. *Comentários* ..., 4ª ed., vol. I, t. I, p. 128.

4
LEI PENAL NO ESPAÇO

4.1 Princípios da lei penal no espaço. 4.2 Territorialidade no Direito Brasileiro. 4.3 Exceções ao princípio da territorialidade: 4.3.1 Princípio da representação – 4.3.2 Imunidades diplomáticas – 4.3.3 Imunidades parlamentares. 4.4 Lugar do crime no direito brasileiro. 4.5 Extraterritorialidade: 4.5.1 Conceito – 4.5.2 Extraterritorialidade incondicionada – 4.5.3 Extraterritorialidade condicionada: 4.5.3.1 Hipóteses – 4.5.3.2 Condições – 4.5.3.3 Extradição. 4.6 Pena cumprida no Estrangeiro. 4.7 Eficácia da sentença estrangeira: 4.7.1 Pressupostos e homologação – 4.7.2 Hipóteses e efeitos.

4.1 Princípios da lei penal no espaço

Para disciplinar a aplicação da lei penal no espaço, cinco são os princípios fundamentais que podem orientar o âmbito de sua incidência, diante do direito penal internacional: (a) da territorialidade; (b) da nacionalidade; (c) da defesa; (d) da justiça universal; (e) da representação.

Pelo princípio da *territorialidade*, a lei penal do país tem incidência no território que a instituiu, independentemente da nacionalidade do sujeito ativo do delito ou do titular do bem jurídico violado.

A vantagem dos sistemas penais que acolhem este princípio como regra consiste no estabelecimento preciso da área de soberania do Estado e de sua jurisdição penal com respeito às soberanias dos demais Estados da comunidade internacional, evitando-se, com isso, conflitos de leis de nacionalidades distintas sobre o mesmo fato.

O princípio da *nacionalidade* engloba, em verdade, duas espécies: princípio da *nacionalidade ativa* e da *nacionalidade* ou *personalidade passiva*.

O princípio da *nacionalidade ativa* impõe a aplicação da lei penal do país ao seu nacional ainda que praticada a infração em território alienígena. A lei penal nacional e, conseqüentemente, a soberania do Estado estendem-se ao seu cidadão em qualquer local do Planeta em que se encontre, pois o indivíduo deve sempre obediência às leis de seu país.

O princípio da *nacionalidade passiva*, por sua vez, implica a aplicação da lei nacional quando o crime atinge bem jurídico do próprio Estado ou outro de seus súditos.[1]

Legislação penal orientada somente pelo princípio da nacionalidade, quer ativa ou passiva, encontraria grandes obstáculos de aplicação, não somente por "agredir" ou "invadir" a soberania de Estados estrangeiros, mas também pelas dificuldades que se colocariam quanto à colheita de provas e à condução do processo.

O princípio da *defesa* tem em vista a nacionalidade do bem jurídico atingido, seja qual for o local da prática do delito. Objetiva defender os interesses nacionais e do Estado, sem levar em conta a nacionalidade do autor ou o país da infração.

Pelo princípio da *justiça universal* o Estado tem o poder de punir qualquer infração às suas leis penais, independentemente do local, do sujeito ativo ou passivo do delito.

O caráter utópico e inviável – pelo menos no momento histórico em que vivemos – de um sistema baseado neste princípio é óbvio, pois a diversidade das várias culturas humanas e, em conseqüência, das mais variadas legislações penais nacionais não permite um direito penal ou internacional uniforme.

Excepcionalmente, contudo, em relação a questões pontuais – como, por exemplo, aos crimes de guerra e contra a Humanidade –, cabível a aplicação da justiça universal para a submissão dos autores destas espécies de delitos a um Tribunal Penal Internacional.[2]

Por fim, o princípio da *representação*, ausente do Código Penal Brasileiro de 1940 e acolhido pela nova Parte Geral, implica a apli-

---

1. Nélson Hungria, *Comentários ao Código Penal*, 4ª ed., vol. I, t. I, p. 147.
2. O Tribunal Penal Internacional foi criado pela assinatura do Tratado de Roma, em 1998, inspirado pelo princípio da justiça universal, e constitui um organismo internacional, supranacional, institucionalizado e independente, destinado a proteger os direitos humanos fundamentais. O Estatuto não admite oposição de reservas, o que implica ratificação incondicional por parte dos Estados-Partes, tendo entrado em vigor em 1º de julho de 2002, com a ratificação de 60 Estados-Partes. Contava, em 31.5.2003, com 90 ratificações, dos 139 Países que já o assinaram.

cação da lei penal do país a delitos perpetrados em aeronaves ou embarcações privadas quando em território estrangeiro, desde que aí não sejam julgados.

4.2 Territorialidade no Direito Brasileiro

A aplicação da lei penal no espaço é disciplinada no Direito Brasileiro pelo princípio da territorialidade, regra constante do art. 5º do

Tem caráter complementar, pois somente será competente para processo e julgamento dos crimes cometidos quando o Estado-Parte não esteja disposto ou em condições de realizar a investigação, processo e julgamento, de forma imparcial e independente, das infrações penais. Apenas terá jurisdição sobre os fatos ocorridos nos Estados-Partes, a bordo de embarcação ou aeronave desses Estados, ou relativos a um seu nacional.

É regido pelos princípios da legalidade dos delitos e das penas, da irretroatividade da lei penal e da presunção de inocência. Quanto ao sistema de penas, estabelece como aplicáveis as sanções de reclusão por período máximo de 30 anos, a prisão perpétua, a multa e a perda de bens.

O Estatuto do Tribunal Penal Internacional acolhe, ainda, o princípio da tipicidade, pois descreve os elementos e circunstâncias dos delitos submetidos à sua competência, quais sejam: genocídio, crimes contra a Humanidade e de guerra e de agressão internacional.

A concretização da sanção penal aplicada fica a critério do Tribunal, a quem cabe designar o Estado em que irá o condenado cumprir a pena, dentre aqueles que tiverem manifestado disposição de receber condenados. Esta decisão, entretanto, levará em conta as garantias que puderem ser oferecidas de aplicação de normas internacionais sobre tratamento de presos, a opinião do condenado e sua nacionalidade. A remoção do preso para outro Estado poderá ser determinada a qualquer tempo, de ofício pelo Tribunal ou a pedido do condenado.

Alguns pontos estabelecidos no Estatuto, a nosso ver, contrariam direitos e garantias fundamentais estabelecidos pela Constituição Federal de 1988 e não comportariam, assim, aplicação ao (e pelo) Estado Brasileiro, por existência de contradição com o sistema estabelecido.

O primeiro ponto é a admissibilidade de imposição de prisão perpétua, pena expressamente excluída das aplicáveis pelo art. 5º, XLVII, da Constituição Federal.

Neste tópico, contudo, a tendência será a de possibilitar a entrega do investigado ao Tribunal Penal Internacional, pois o Supremo Tribunal Federal, na última década, firmou novo posicionamento no sentido de possibilidade de extradição mesmo nas hipóteses de estar o extraditando sujeito a prisão perpétua no país requerente.

O segundo ponto refere-se à não-extradição de nacionais. Embora o Estatuto diferencie os institutos da extradição e da entrega ao Tribunal Penal Internacional, a norma constitucional tem por finalidade garantir ao brasileiro nato a jurisdição brasileira, e, por constituir cláusula pétrea, não pode admitir exceções, ainda que instituídas por tratado.

Código Penal, e temperada pelas exceções previstas pelo art. 7º do mesmo diploma legal. A simples menção ao princípio da territorialidade, no entanto, não resolve todos os problemas da aplicação da lei penal no espaço, pois o legislador penal eximiu-se de oferecer uma definição precisa de "território nacional". Assim, deve-se conhecer o conteúdo do conceito de território nacional para que se possa compreender o âmbito de incidência da lei penal brasileira.

O território nacional físico ou real – como ensina Frederico Marques, lembrando Clóvis Beviláqua – "compreende o território terrestre, o território marítimo e o território fluvial, bem como o espaço aéreo."[3]

Por *território terrestre* entende-se a porção do solo – e do subsolo – ocupada pela Nação, nos limites geográficos ou naturais reconhecidos pelo Direito Internacional.

O *território fluvial* encerra todos os lagos e rios interiores do Estado, denominados *nacionais*, e os fronteiriços ou limítrofes, que servem de fronteira a um ou mais territórios. Em relação a estes últimos, salvo convenção em contrário, a soberania do Estado atinge até a linha média ou eixo do canal principal (rios) ou a parte que fica entre as linhas que ligam as extremidades das respectivas testadas ao centro (lagos).[4]

A questão do *território marítimo* ou *mar territorial*, que ensejou diversas controvérsias no passado, restou pacificada com a Convenção das Nações Unidas sobre o Direito do Mar, de 10 de dezembro de 1982, ratificada pelo Brasil em 22 de dezembro de 1988, cujas diretrizes fundamentais foram acolhidas pela Lei 8.617, de 4.1.1993.

Nos termos do art. 1º da mencionada lei, o mar territorial do Brasil estende-se a uma faixa de 12 milhas marítimas de largura, a partir da linha de baixa-mar, sobre a qual exerce o Estado soberania plena.[5]

O território real é constituído, ainda, pelo *espaço aéreo* do Estado – ou seja, a porção de espaço existente acima de seu território ter-

---

3. Frederico Marques, *Tratado de Direito Penal*, vol. I, p. 292.
4. Idem, vol. I, p. 297.
5. A soberania sobre o mar territorial, que compreende a faixa de 12 milhas, está regulamentada pelos arts. 1º a 3º da Lei 8.617/1993:
"Art. 1º. O mar territorial brasileiro compreende uma faixa de 12 (doze) milhas marítimas de largura, medidas a partir da linha de baixa-mar do litoral continental e

restre e mar territorial, até atingir o limite da atmosfera, pois o espaço ultraterrestre, nos termos do Tratado sobre Exploração e Uso do Espaço Cósmico das Nações Unidas de 19 de dezembro de 1966, aprovado por nosso país pelo Decreto Legislativo de 2 de outubro de 1968, e promulgado pelo Decreto 64.362, de 17.4.1969, é de uso e exploração (pacífica e científica) livres por todos os Estados e Nações.

Ao território físico, cujos elementos acima analisamos, soma-se, para a formação da totalidade do território nacional, o *território fictício*, que preferimos denominar de *jurídico*, disciplinado pelos §§ 1º e 2º do art. 5º do Código Penal.

insular brasileiro, tal como indicada nas cartas náuticas de grande escala, reconhecidas oficialmente pelo Brasil.

"Parágrafo único. Nos locais em que a costa apresente recortes profundos e reentrâncias ou em que exista uma franja de ilhas ao longo da costa na sua proximidade imediata, será adotado o método das linhas de bases retas, ligando pontos apropriados, para o traçado da linha de base, a partir da qual será medida a extensão do mar territorial.

"Art. 2º. A soberania do Brasil estende-se ao mar territorial, ao espaço aéreo sobrejacente, bem como ao seu leito e subsolo.

"Art. 3º. É reconhecido aos navios de todas as nacionalidades o direito de passagem inocente no mar territorial brasileiro.

"§ 1º. A passagem será considerada inocente desde que não seja prejudicial à paz, à boa ordem ou à segurança do Brasil, devendo ser contínua e rápida.

"§ 2º. A passagem inocente poderá compreender o parar e o fundear, mas apenas na medida em que tais procedimentos constituam incidentes comuns de navegação ou sejam impostos por motivos de força maior ou por dificuldade grave, ou tenham por fim prestar auxílio a pessoas, a navios ou aeronaves em perigo ou em dificuldade grave.

"§ 3º. Os navios estrangeiros no mar territorial brasileiro estarão sujeitos aos regulamentos estabelecidos pelo Governo Brasileiro."

O mar territorial – cuja soberania encerra, inclusive, a aplicação da lei penal brasileira – não se confunde com a zona de exploração econômica exclusiva, que se estende por uma faixa de 200 milhas, cuja regulamentação está afeta aos arts. 6º a 10 do mesmo diploma legal:

"Art. 6º. A zona econômica exclusiva brasileira compreende uma faixa que se estende das 12 (doze) às 200 (duzentas) milhas marítimas, contadas a partir das linhas de base que servem para medir a largura do mar territorial.

"Art. 7º. Na zona econômica exclusiva, o Brasil tem direitos de soberania para fins de exploração e aproveitamento, conservação e gestão dos recursos naturais, vivos ou não-vivos, das águas sobrejacentes ao leito do mar, do leito do mar e do subsolo, e no que se refere a outras atividades com vistas à exploração e ao aproveitamento da zona para fins econômicos.

"Art. 8º. Na zona econômica exclusiva, o Brasil, no exercício de sua jurisdição, tem o direito exclusivo de regulamentar a investigação científica marinha, a proteção

O primeiro elemento do território fictício ou jurídico é constituído pelas embarcações e aeronaves públicas[6] ou a serviço do Governo Brasileiro, tais como as militares e as à disposição do chefe do Estado ou de missões diplomáticas.

Em relação a estas a aplicabilidade da lei penal brasileira é absoluta, quer se encontrem no espaço territorial nacional, em alto-mar ou no espaço sobrejacente, quer se encontrem em território alienígena. Representam, portanto, verdadeira extensão do território do Estado.[7]

Idêntica a situação das embarcações e aeronaves mercantes e de propriedade privada enquanto se achem no espaço territorial brasileiro, em alto-mar ou no espaço sobrejacente. Não, contudo, quando se encontrarem em espaço territorial estrangeiro, hipótese em que aplicável será a lei penal do Estado no qual praticado o delito, não havendo a extensão da lei penal brasileira (salvo se presentes as circunstâncias do art. 7º, II, "c", do CP).

Harmoniza-se com estes preceitos a disposição do § 2º do art. 5º do Código Penal, que reza estarem sujeitos à lei penal brasileira os fatos ocorridos a bordo de embarcações ou aeronaves estrangeiras de

e preservação do meio marinho, bem como a construção, operação e uso de todos os tipos de ilhas artificiais, instalações e estruturas.
"Parágrafo único. A investigação científica marinha na zona econômica exclusiva só poderá ser conduzida por outros Estados com o consentimento prévio do Governo Brasileiro, nos termos da legislação em vigor que regula a matéria.
"Art. 9º. A realização por outros Estados, na zona econômica exclusiva, de exercícios ou manobras militares, em particular as que impliquem o uso de armas ou explosivos, somente poderá ocorrer com o consentimento do Governo Brasileiro.
"Art. 10. É reconhecido a todos os Estados o gozo, na zona econômica exclusiva, das liberdades de navegação e sobrevôo, bem como de outros usos do mar internacionalmente lícitos, relacionados com as referidas liberdades, tais como os ligados à operação de navios e aeronaves."
6. Dispõe o art. 65 do novo Código Civil: "São públicos os bens do domínio nacional pertencentes às pessoas jurídicas de direito público interno; todos os outros são particulares, seja qual for a pessoa a que pertencerem". O CC de 1916, dispunha: "Art. 98. São públicos os bens do domínio nacional pertencentes à União, aos Estados, ou aos Municípios. Todos os outros são particulares, seja qual for a pessoa a que pertencerem".
7. O mesmo ocorre com relação às naves espaciais eventualmente enviadas ao espaço cósmico, pois o art. 8º do Tratado das Nações Unidas sobre o tema dispõe que o Estado em cujo registro figure o objeto lançado ao espaço cósmico conservará sob sua jurisdição – inclusive penal, portanto – e controle o referido objeto e todo o seu pessoal enquanto se encontrarem em espaço cósmico ou em um corpo celeste.

propriedade privada quando em território nacional – isto é, em porto ou em pouso no Brasil, ou no mar territorial ou espaço aéreo sobrejacente.

4.3 Exceções ao princípio da territorialidade

4.3.1 Princípio da representação

A primeira exceção no tocante à regra da aplicação da lei penal nacional aos fatos ocorridos em território brasileiro é decorrência da norma contida no art. 5º, § 1º, acima analisado, pois ao considerar a nossa lei aplicável às embarcações e aeronaves públicas, como extensão do território do Estado, reconhece a mesma prerrogativa aos Estados estrangeiros.

Assim, os delitos cometidos a bordo das embarcações e aeronaves públicas alienígenas deverão ser julgados conforme a lei penal do respectivo país, sujeitando-se o agente àquela jurisdição penal.

4.3.2 Imunidades diplomáticas

O segundo ponto de exclusão da jurisdição nacional refere-se às imunidades das autoridades diplomáticas, estabelecidas pela Convenção de Viena sobre Relações Diplomáticas, a qual foi aprovada em nosso país pelo Decreto Legislativo 103, de 18.11. 1964, e promulgada pelo Decreto 56.435, de 8.6.1965.[8]

O "agente diplomático" (chefe da missão e demais membros que tiverem a qualificação de "Diplomata") goza de absoluta imunidade penal no Estado em que exerce a representação (acreditado), sendo a sua pessoa absolutamente inviolável, salvo expressa renúncia do

---

8. As funções essenciais de uma missão diplomática, em rol não-taxativo, estão discriminadas pelo art. 2º da Convenção de Viena: (a) representar o Estado acreditante perante o Estado acreditado; (b) proteger no Estado acreditado os interesses do Estado acreditante e de seus nacionais, dentro dos limites permitidos pelo Direito Internacional; (c) negociar com o governo do Estado acreditado; (d) inteirar-se por todos os meios lícitos das condições existentes e da evolução dos acontecimentos no Estado acreditado e informar a esse respeito o governo do Estado acreditante; (e) promover relações amistosas e desenvolver as relações econômicas, culturais e científicas entre o Estado acreditante e o Estado acreditado.

Estado representado (acreditante). A imunidade, contudo, não o isenta da jurisdição do Estado acreditante.

A inviolabilidade do diplomata é estendida aos locais da respectiva "missão" e à sua residência particular, não podendo os agentes do Estado acreditado neles penetrar sem o consentimento do chefe da missão. Invioláveis, ainda, são seu mobiliário, veículos, bens e documentos, que não podem ser objeto de busca, requisição, embargo ou medida de execução.

Desde que não-nacionais do Estado acreditado, gozam também de imunidade penal os membros da família do agente diplomático que com ele vivem, os membros do pessoal da missão empregados no serviço administrativo e técnico e os membros do pessoal da missão empregados no serviço doméstico; estes últimos, entretanto, apenas quanto aos atos praticados no exercício de suas funções.

A imunidade penal e demais privilégios diplomáticos têm incidência a partir do momento em que a pessoa entra no território brasileiro para assumir seu posto (ou condição), e cessam ao deixar o país ou quando transcorrido prazo razoável que lhe tenha sido conferido para tal fim, perdurando até esta oportunidade, contudo, mesmo em caso de conflito armado.

Praticado por membro do pessoal diplomático da missão um fato considerado ilícito penal pela nossa legislação, cabe ao Governo Brasileiro notificar ao Estado acreditante que se trata o agente de *persona non grata* no país, sob pena de poder haver recusa pelo Estado acreditado a considerar tal pessoa como membro da missão.

Ao contrário dos diplomatas, os cônsules não gozam de imunidade, pois são atingidos pela lei penal e submetem-se à jurisdição brasileira pelos delitos praticados em território nacional.

Em relação a eles vigoram apenas – nos termos da Convenção de Viena sobre Relações Consulares, promulgada no Brasil pelo Decreto 61.078, de 26.7.1967 – alguns privilégios, que impedem sua detenção ou prisão preventiva (exceto em hipóteses de crime grave e em cumprimento a decisão da autoridade judiciária competente) e a limitação às suas liberdades, salvo se em decorrência de sentença definitiva.

Em qualquer hipótese, no entanto, a ocorrência deverá, desde logo, ser comunicada ao Estado que enviou o funcionário consular, seja através do chefe da repartição consular, seja por via diplomática.

4.3.3 Imunidades parlamentares

As imunidades parlamentares constituem, também, exceção ao princípio da aplicação da lei penal brasileira, e estão previstas pelo art. 53 da Constituição Federal.

Há de se distinguir, primeiramente, as duas espécies de imunidades: (a) formal ou processual; (b) material.

A *imunidade formal*, na realidade, não constitui verdadeira imunidade, pois apenas estabelece condição para a persecução criminal enquanto estiver o parlamentar exercendo seu mandato – considerando-se como termo inicial a data da expedição do diploma.

Trata-se da hipótese prevista pelo § 3º do art. 53 da Constituição Federal, com a redação que lhe deu a Emenda Constitucional 35, de 20.12.2001, que faculta à Casa Legislativa a que pertencer o parlamentar a sustação do prosseguimento, contra este, de processo criminal.

A sustação do processo não prejudica a eventual futura persecução criminal, na medida em que se suspende o lapso prescricional.

A segunda hipótese, prevista pelo *caput* do art. 53, constitui exceção ao princípio da aplicação da lei penal, ao prever que os deputados e senadores são invioláveis por suas opiniões, palavras e votos.

Assim, no que se relaciona ao exercício do mandato, eventuais ofensas praticadas por parlamentar contra a honra objetiva ou subjetiva de outrem não poderão caracterizar injúria, difamação ou calúnia; seus discursos, sobre temas relevantes ao interesse nacional, estadual ou local, não configurarão, jamais, o delito de incitação à prática de crime.

Esta garantia, ao contrário do que se possa supor, não é pessoal do parlamentar e nem constitui privilégio desarrazoado, pois visa, tão-somente, ao livre exercício do mandato e, conseqüentemente, da representação popular e democrática.

4.4 Lugar do crime no direito penal brasileiro

Para a fixação da competência penal da jurisdição nacional indispensável é a determinação do "lugar do crime", especialmente nos delitos praticados "à distância", ou naqueles cujos atos ou resultados são verificados em mais de um país.

Para a solução do problema, três opções foram formuladas pela doutrina: (a) teoria da atividade; (b) teoria do resultado; (c) teoria da ubiqüidade.

Segundo a *teoria da atividade* considera-se local do crime tão-somente aquele em que o sujeito pratica os atos executórios.

A *teoria do resultado*, por sua vez, fixa o local do delito a partir da verificação do evento típico – isto é, determina que o local do crime é aquele em que se produz o resultado.

Por fim, a *teoria da ubiqüidade*, ou *unitária*, considera lugar do crime não apenas aquele no qual pratica o agente os atos de execução, como também o local em que se produz – ou se deveria produzir – o resultado. Meros atos preparatórios ou o exaurimento do crime, atípicos, não são aptos à fixação da competência.

Esta foi a teoria adotada, com acerto, pelo legislador penal brasileiro, pois – como sustenta Frederico Marques,[9] lembrando as lições de Costa e Silva – trata-se da única apta a evitar insuperáveis conflitos negativos de competência entre Estados.

De acordo com a teoria da ubiqüidade, expressamente acolhida pelo art. 6º do Código Penal, consideram-se praticados no território brasileiro não somente os delitos nele consumados ou tentados, mas também aqueles em que a ação ou omissão, no todo ou em parte, tenham sido executadas no Brasil e produzido – ou que devessem produzir (tentativa) – resultado em território estrangeiro e os delitos cujos atos executórios tenham sido perpetrados em território alienígena mas que produziram ou deveriam produzir (tentativa) os resultados em nosso país.

Assim, por exemplo, se, na fronteira entre Brasil e Paraguai, "A", do território brasileiro, efetua um disparo de arma de fogo contra "B" em território paraguaio, vindo ali a falecer – ou não – o ofendido, nossa legislação penal considera competente a jurisdição brasileira para o julgamento do fato.

Do mesmo modo, considera-se praticado em território brasileiro o crime ainda que "A" e "B" encontrem-se, ambos, no território paraguaio quando da conduta criminosa se a vítima, em virtude do delito, vier a falecer em território brasileiro, isto é, se aqui se produzir o resultado típico.

9. *Tratado* ..., vol. I, p. 303.

Nos crimes à distância, portanto, a competência será da jurisdição brasileira, quer em nosso país sejam realizados atos de sua execução, quer aqui se verifique o resultado.

Os crimes à distância, contudo – como ensina Aníbal Bruno[10] –, não podem ser confundidos com os crimes em trânsito. Nestes últimos, como no exemplo do envio de uma carta, contendo injúrias, dos Estados Unidos da América à Argentina, que simplesmente, para chegar ao seu destino, atravessa o Brasil, não há qualquer ameaça à ordem jurídico-penal do país no qual o instrumento da injúria passa somente em trânsito, não sendo aplicável, portanto, a lei penal brasileira.

Nas hipóteses de concurso de agentes será considerado praticado no território brasileiro o delito desde que aqui se perpetrem um ou mais atos de execução (incluídos, nestes, os atos de participação) ou ocorra total ou parcialmente o resultado.

Também nos delitos habituais e permanentes, para a fixação da competência brasileira, basta que um dos fatos que compõem a figura jurídica proibitiva ocorra em território nacional, o mesmo se afigurando em relação ao delito continuado, que, por ficção jurídica, recebe o tratamento de um "crime unitário".

Distinta é a solução, no entanto, em relação aos crimes conexos cometidos no Estrangeiro, pois a conexão – matéria de ordem unicamente processual – não tem o poder de ampliar a jurisdição nacional a fatos ocorridos sob a tutela de jurisdição alienígena.

4.5 Extraterritorialidade

4.5.1 Conceito

Como vimos, o direito penal brasileiro, em matéria de aplicação da lei penal, é regido, em regra, pelo princípio da territorialidade.

O princípio, contudo, comporta exceções negativas (imunidades diplomáticas, fatos ocorridos em aeronaves e embarcações públicas estrangeiras) e positivas, estas últimas sob a denominação de "extraterritorialidade da lei penal".

A extraterritorialidade impõe a aplicação da lei penal brasileira a delitos perpetrados em território estrangeiro. Se a lei penal brasileira

---

10. *Direito Penal – Parte Geral*, vol. I, t. I, p. 234.

tiver incidência independentemente de qualquer condição, será a extraterritorialidade incondicionada. Se, por outro lado, a imposição da lei nacional depender do preenchimento de determinadas condições, estaremos diante de um caso de extraterritorialidade condicionada.

4.5.2 Extraterritorialidade incondicionada

O art. 7º, I, do Código Penal estabelece quatro hipóteses de aplicação incondicionada da lei brasileira ainda que cometidos os crimes em território alienígena.

Assim, os delitos praticados contra a vida ou a liberdade do Presidente da República (alínea "a") ficam sempre sujeitos à lei brasileira.

Aplica-se, aqui, como exceção à territorialidade, o princípio da defesa, pois os atentados contra a vida ou a liberdade do chefe de Estado brasileiro colocam em risco não somente sua incolumidade pessoal, mas também a soberania nacional e a integridade das instituições democráticas.

A alínea "b" do inciso I do art. 7º dispõe que se sujeitam à lei brasileira os crimes cometidos contra o patrimônio ou a fé pública da União, do Distrito Federal, de Estado, de Território, de Município, de empresa pública, sociedade de economia mista, autarquia ou fundação instituída pelo Poder Público.

Nestes casos aplica-se, também, o princípio da defesa, pois estas espécies de delitos, ao violarem bens jurídicos de pessoas jurídicas de direito público, ou de direito privado que contam com a participação do Estado, atingem o interesse nacional.

O mesmo princípio tem incidência na questão tratada pela alínea "c", que estabelece a competência da lei e jurisdição nacionais para os crimes praticados contra a Administração Pública por quem está a seu serviço (arts. 312-326 do CP).

Por fim, a alínea "d" reza que se aplica incondicionalmente a lei penal brasileira ao crime de genocídio perpetrado por brasileiro ou por pessoa domiciliada no território nacional.

Trata-se, nesta hipótese, de aplicação integrada dos princípios da justiça universal, da defesa e da personalidade passiva, pois a exceção à territorialidade tem em vista a punição de delito contrário à

Humanidade,[11] que contraria os princípios constitucionais que regem as relações internacionais do Brasil (art. 4º da CF), praticado por nacional ou por pessoa domiciliada no Brasil – sujeita, portanto, à lei nacional.

Em todas estas hipóteses o agente deve ser julgado segundo a lei brasileira, ainda que tenha se sujeitado à jurisdição estrangeira pelo mesmo fato e, inclusive, sofrido punição.

4.5.3 Extraterritorialidade condicionada

4.5.3.1 Hipóteses

O Código Penal Brasileiro prevê quatro hipóteses de extraterritorialidade, que estão dispostas nas alíneas "a" a "c" do inciso II e no § 3º do art. 7º e que se sujeitam ao preenchimento de determinadas condições.

A primeira hipótese, fundada no princípio da justiça universal, trata dos crimes que, por tratado ou convenção internacionais, obrigou-se o Brasil a reprimir, tais como o tráfico ilícito de entorpecentes e o lenocínio.

Os crimes praticados por brasileiro em território estrangeiro, nos termos da alínea "b", também comportam a extraterritorialidade da jurisdição e lei penal brasileiras.

---

11. As modalidades típicas do crime de genocídio encontram definição na Lei 2.889, de 1.10.1956:
"Art. 1º. Quem, com a intenção de destruir, no todo ou em parte, grupo nacional, étnico, racial, religioso, como tal:
"a) matar membros do grupo;
"b) causar lesão grave à integridade física ou mental de membros do grupo;
"c) submeter intencionalmente o grupo a condições de existência capazes de ocasionar-lhe a destruição física total ou parcial;
"d) adotar medidas destinadas a impedir os nascimentos no seio do grupo;
"e) efetuar a transferência forçada de crianças do grupo para outro grupo.
"(...).
"Art. 2º. Associarem-se mais de 3 (três) pessoas para prática dos crimes mencionados no artigo anterior:
"(...).
"Art. 3º. Incitar, direta e publicamente, alguém a cometer qualquer dos crimes de que trata o art. 1º:
"(...)."

Neste ponto o princípio da territorialidade é afastado pelo princípio da nacionalidade ativa, pelo interesse do Estado Brasileiro em punir seu cidadão que infringe a legislação penal no Estrangeiro.

A terceira hipótese de extraterritorialidade condicionada da lei penal brasileira refere-se aos crimes praticados em aeronaves e embarcações brasileiras privadas quando em território estrangeiro e aí não sejam julgados.

Estabeleceu-se, aqui, a maior novidade no âmbito da aplicação da lei penal no espaço em relação ao Código Penal de 1940, com o acolhimento do princípio da representação, preenchendo-se lacuna da lei antes existente.

Por fim, o § 3º do art. 7º, que adota o princípio da personalidade ou nacionalidade passiva, determina a aplicação da lei penal brasileira aos crimes cometidos por estrangeiro contra brasileiro em território alienígena.

4.5.3.2 Condições

A extraterritorialidade da lei penal brasileira, prevista para as hipóteses discriminadas nas alíneas "a" a "c" do inciso II do art. 7º, está sujeita ao preenchimento, cumulativo, das cinco condições expostas no § 2º do mesmo artigo.

Como primeira condição (alínea "a") estabeleceu-se a entrada do agente em território jurídico nacional, de forma provisória, definitiva ou transitória.

O segundo requisito (alínea "b") impõe que o fato, considerado criminoso por nosso ordenamento jurídico, seja também punível no país em que foi praticado, isto é, que represente um tipo penal de injusto, com os mesmos elementos, no país em que foi cometido.

Além disso, exige-se que o agente não tenha sido absolvido ou por qualquer outra forma perdoado no Estrangeiro, que não esteja extinta a punibilidade, seja pela legislação brasileira, seja pela alienígena, tomando-se em conta a mais benigna, e que não tenha cumprido a pena eventualmente imposta, na íntegra, no Exterior (alíneas "d" e "e").

Por fim, o crime deve estar incluído entre aqueles em relação aos quais a lei brasileira autoriza a extradição (alínea "c"). A complexidade desta matéria obriga-nos a analisá-la em item apartado, ao qual remetemos o leitor (item 4.5.3.3.).

Em relação aos crimes praticados em território alienígena (art. 7º, § 3º) por estrangeiro contra brasileiro, além destas condições exige-se a coexistência de mais duas, previstas pelas alíneas "a" e "b" do art. 7º, § 3º, do Código Penal, quais sejam: que não tenha sido pedida ou, se requerida, tenha sido negada a extradição; que haja requisição do Ministro da Justiça para aplicação da lei penal brasileira.

4.5.3.3 Extradição

A extradição – como ensina Rezek[12] – é a entrega por um Estado a outro, e a pedido do segundo, de indivíduo que em seu território deva responder a processo penal ou cumprir pena. O pedido de extradição tem por fundamento jurídico um tratado, em regra bilateral, entre os dois países envolvidos, no qual se estabeleça que, em presença de determinados pressupostos, dar-se-á a entrega da pessoa reclamada, ou, à falta de tratado, a "promessa de reciprocidade".

A extradição não se confunde com a *deportação*, que constitui uma forma de exclusão – sem caráter punitivo, pois com a regularização poderá o deportado retornar ao país – do estrangeiro que se encontre em território nacional após uma entrada irregular, ou por se ter transformado em irregular sua estada; nem com a *expulsão*, que se trata de exclusão do estrangeiro cuja presença, pelos atos por ele praticados, seja nociva à convivência e aos interesses nacionais. A expulsão, pelo seu nítido conteúdo punitivo, impede, em princípio, o retorno do expulso ao Brasil.

A extradição no Brasil é regulada pela Lei 6.815, de 19.8.1980, e informada por nove princípios fundamentais:

(a) *Da não-extradição de nacionais* – Este princípio, acolhido pelo art. 5º, LI, da Constituição Federal e inciso I do art. 77 da Lei 6.815/1980, veda de forma absoluta a extradição do brasileiro nato e permite a extradição do brasileiro naturalizado em apenas duas hipóteses: prática do crime em período anterior à naturalização; envolvimento em tráfico ilícito de entorpecentes e drogas afins, mesmo após

---

12. *Direito Internacional Público*, 2ª ed., p. 200.

a aquisição da nacionalidade brasileira. Esta segunda causa, antes ausente de nosso ordenamento jurídico, foi acolhida pelo novo regime constitucional, e tem por finalidade obstar a que a naturalização seja utilizada para evitar a punição por crimes que se obrigou o Brasil a reprimir.

(b) *Da dupla incriminação* – Nos termos do art. 77, II, da Lei 6.815/1980, para que seja concedida a extradição, indispensável é que o fato seja considerado crime não só no país que a requer, mas também no Brasil, de forma que não será admitida por condutas que se subsumam apenas a ilícitos administrativos ou contravenções penais, em qualquer dos dois países.

Vedada estará a extradição, também, no caso de estar extinta a punibilidade pela prescrição, seja pela lei brasileira ou a do Estado requerente (art. 77, VI, da Lei 6.815/1980).

O princípio da dupla incriminação impede, ainda, a extradição de menores de 18 anos, despidos de capacidade penal, pois, pela legislação nacional, estes agentes não cometem crimes, mas atos infracionais (art. 103 da Lei 8.069, de 13.7.1990 – Estatuto da Criança e do Adolescente).

(c) *Preferência da jurisdição nacional* – A extradição somente poderá ser concedida quando não tiver o Estado Brasileiro, de acordo com os arts. 5º e 7º do Código Penal, competência para julgar o crime imputado ao extraditando (art. 77, III, da Lei 6.815/1980).

A simples ausência da competência do Brasil, contudo, não basta, na medida em que este princípio conjuga-se com o disposto pelo art. 78, I, da Lei 6.815/1980, que impõe como condição para a extradição a competência judicial do Estado requerente, isto é, que o crime tenha sido cometido no território do Estado requerente ou que sejam aplicáveis ao extraditando as suas leis penais.

(d) *Princípio do ne bis in idem* – Este princípio, acolhido pelo art. 77, V, do mencionado diploma legal, reforça o da jurisdição nacional, ao impedir a extradição do agente que estiver sendo processado ou que já houver sido condenado no Brasil pelo mesmo fato em que se fundou o pedido.

A extradição não será vedada, no entanto, em relação a eventuais crimes conexos, desde que o Estado requerente se comprometa a não julgar o extraditando pelo crime que ensejou processo penal no Brasil.

(e) *Gravidade do fato* – O Direito Brasileiro, conforme o disposto no art. 77, IV, da Lei 6.815/1980, acolheu o princípio que veda a extradição pelos crimes de menor gravidade.

Para a aferição desta "menor gravidade", estabeleceu o legislador como parâmetro a pena abstratamente cominada ao delito em nosso ordenamento, isto é, se igual ou inferior a um ano de privação da liberdade.

A sanção cominada é o único critério para a determinação da menor gravidade do delito, de forma que se permite a extradição por delitos culposos ou tentados desde que a pena privativa de liberdade prevista seja superior a um ano.

Em relação às hipóteses de concurso de crimes (concurso material, formal e crime continuado), entendemos que devem ser consideradas, para fins de extradição, por analogia *in bonam partem* ao art. 119 do Código Penal, as penas de cada fato, isoladamente, pois do contrário poder-se-ia, eventualmente, permitir a extradição por delitos que pretendeu o legislador excluir da cooperação penal internacional.

(f) *Especialidade* – Segundo este princípio, o Estado requerente, nos termos do art. 91, I, da Lei 6.815/1980, não pode processar o extraditando ou executar condenação por fatos anteriores e distintos daqueles que motivaram o pedido.

Veda-se, portanto, a extensão da extradição a crimes a ela alheios.

(g) *Jurisdicionalidade* – Este princípio, previsto pelo art. 77, VIII, da Lei 6.815/1980, impõe que o extraditando seja julgado por um tribunal ou juízo da Justiça ordinária.

Trata-se de norma que deflui da garantia constitucional estampada pelo art. 5º, XXXVII, da Constituição Federal, que veda a existência de juízos ou tribunais de exceção.

(h) *Exclusão de delitos políticos e de opinião* – O art. 77, VI, da Lei 6.815/1980 veda a extradição por crimes políticos. Com o advento da Constituição Federal de 1988 a limitação passou a abranger também os delitos de opinião.

A proibição da extradição por crimes políticos – como ensina Rodríguez Mourullo[13] – fundamenta-se em duas razões: a não-ingerência nos conflitos políticos internos do Estado requerente e a cir-

---

13. *Derecho Penal – Parte General*, p. 181. O reconhecimento da condição de refugiado, nos termos do art. 33 da Lei 9.474, de 22.7.1997, também obsta ao segui-

cunstância de que fatos qualificados como delitos políticos em Estados pouco afeitos às liberdades democráticas não passam, em outros, de simples exercício de direitos individuais fundamentais.

A mesma razão impede a extradição pelos delitos de opinião, que muitas vezes constituem apenas a manifestação do pensamento, da convicção religiosa, filosófica ou política, ou o exercício da atividade de comunicação e do direito de crítica.[14]

O caráter político da infração, entretanto, depende de apreciação e fixação pelo Supremo Tribunal Federal, que poderá não o reconhecer nas hipóteses de atentados contra chefes de Estado ou quaisquer autoridades, atos de anarquismo, terrorismo, sabotagem, seqüestro de pessoa, ou que importem propaganda de guerra ou processos violentos para subverter a ordem política e social (art. 77, §§ 2º e 3º, da Lei 6.815/1980).

Em relação aos crimes militares não há em nosso país qualquer vedação legal à extradição, na medida em que não podem ser considerados crimes de orientação política.

(i) *Comutação* – De acordo com este princípio, acolhido pelo art. 91, III, da Lei 6.815/1980, quando para o delito que fundamenta o pedido de extradição há previsão, no Estado requerente, de aplicação de pena corporal ou de morte, seu deferimento fica condicionado à assunção do compromisso de comutação da sanção em pena privativa de liberdade.

Entendemos que às penas previstas por este dispositivo legal devem ser acrescentadas as discriminadas pelo art. 5º, XLVII, da Constituição Federal – de morte, de caráter perpétuo, de trabalhos forçados,

---

mento de qualquer pedido de extradição baseado nos fatos que fundamentam a concessão do refúgio.

Será reconhecido como refugiado o indivíduo que: (a) devido a fundados temores de perseguição por motivos de raça, religião, nacionalidade, grupo social ou opiniões políticas encontre-se fora de seu país de nacionalidade ou não possa ou não queira acolher-se à proteção de tal país; (b) não tendo nacionalidade e estando fora do país onde antes teve residência habitual, não possa ou não queira regressar a ele, em função das circunstâncias acima discriminadas; (c) devido a grave e generalizada violação de direitos humanos, é obrigado a deixar seu país de nacionalidade para buscar refúgio em outro país.

14. Vedada não se encontra, contudo, a extradição pelos crimes cometidos por meio da imprensa, como a injúria, a difamação ou a calúnia contra particulares e a apologia de crimes comuns, que não se confundem com a livre expressão do pensamento ou de opinião.

de banimento e cruéis –, que estão definitivamente proscritas do ordenamento jurídico-penal brasileiro. Em conseqüência, restaria condicionada a extradição à imposição, ao extraditando, de penas não superiores a 30 anos de prisão, limite máximo admitido pela legislação penal brasileira e que concretiza a proibição das penas de caráter perpétuo, preservando-se, assim, a lógica e a racionalidade do sistema, a dignidade da pessoa humana e a prevalência dos direitos humanos – princípio, este, que rege nosso Estado em suas relações internacionais.

O Supremo Tribunal Federal, entretanto, posteriormente, modificou sua orientação, para fixá-la em sentido contrário ao aqui sustentado, ao admitir a possibilidade de extradição mesmo nas hipóteses de estar o extraditando sujeito à prisão perpétua no país requerente, sob o fundamento de que a Lei 6.815/1980 não a prevê como causa condicionante do deferimento do pedido. A título de ilustração:

"Estrangeiro – Extradição – Possibilidade de concessão ainda que esteja o extraditando sujeito à pena de prisão perpétua no país requerente – Inexistência de restrição – Voto vencido.

"É admissível, sem qualquer restrição, a possibilidade de o Governo Brasileiro extraditar o súdito estrangeiro reclamado mesmo nos casos em que esteja ele sujeito a sofrer pena de prisão perpétua no país requerente."[15]

Seguindo a mesma orientação os seguintes processos de extradição: Extr. 426 (Estados Unidos da América, rel. Min. Min. Rafael Mayer, j. 4.9.1986); 429 (Estados Unidos da América, rel. Min. Francisco Rezek, j. 8.6.1988); 472 (Estados Unidos da América, rel. Min. Moreira Alves, j. 16.11.1988); 480 (França, rel. Min. Sydney Sanches, j. 28.6.1989); 486 (Bélgica, rel. Min. Octávio Gallotti, j. 21.9.1991); 507 (Argentina, rel. Min. Ilmar Galvão, j. 21.9.1991); 598 (Itália, rel. Min. Paulo Brossard, j. 18.11.1993); 693 (Alemanha, rel. Min. Maurício Correa, j. 15.8.1997).

4.6 *Pena cumprida no Estrangeiro*

A norma contida no art. 8º do Código Penal tem por finalidade afastar o *bis in idem* no tocante à punição do agente no Brasil, já ope-

---

15. Pleno, Extr. 588-0, República Francesa, rel. para o acórdão Min. Celso de Mello, j. 2.12.1993, *RT* 752/501.

rada no Estrangeiro pelo mesmo fato – atenuando, assim, o rigor do § 1º do at. 7º do Código Penal.

Inicialmente, deve-se observar que, se cumprida integralmente no Estrangeiro a pena imposta, o dispositivo terá incidência, tãosomente, para as hipóteses de extraterritorialidade incondicionada (art. 7º, I, do CP), pois para os casos de extraterritorialidade condicionada a aplicação da lei penal brasileira estará expressamente excluída pela regra da alínea "d" do § 2º do art. 7º. Se, entretanto, houver cumprimento apenas parcial da pena aplicada e o preenchimento dos demais requisitos do § 2º do art. 7º, possível será a extraterritorialidade condicionada da lei brasileira, com a observância, então, do artigo ora em análise.

Sob a rubrica lateral "Pena cumprida no Estrangeiro", cuidou o legislador penal brasileiro de duas hipóteses distintas: (a) cumprimento de pena, em território alienígena, de qualidade diversa da sanção imposta pela jurisdição brasileira; (b) cumprimento de pena, no Exterior, de natureza idêntica à aplicada no Brasil.

Na primeira hipótese a pena cumprida no Estrangeiro servirá somente a atenuar, quando da fixação (concreta), a sanção imposta no Brasil. A atenuação, embora obrigatória, fica ao prudente arbítrio do juiz com relação ao seu *quantum*, devendo a decisão, contudo, em que pese a pertencer ao âmbito da discricionariedade judicial, ser fundamentada, nos termos do art. 93, IX, da Constituição Federal.

Assim, por exemplo, se imposta e cumprida no Exterior, em virtude do mesmo fato, pena restritiva de direitos, no Brasil deverá esta circunstância servir como atenuante à pena privativa de liberdade aplicável.

Na segunda hipótese as penas aplicadas no Exterior e no Brasil têm a mesma natureza, o que implica, para o cálculo final da pena a ser cumprida no Brasil, a realização de simples operação de desconto.

Logo, se maior a pena aplicada no Brasil, cabe ao julgador nela computar o *quantum* cumprido no Estrangeiro, como se aqui tivesse ocorrido o cumprimento. Se a pena aplicada pela jurisdição nacional, entretanto, for igual ou menor que a pena cumprida no Estrangeiro, restará apenas o reconhecimento da inexistência de pena a cumprir – e, conseqüentemente, a declaração da extinção da punibilidade do agente.

4.7 Eficácia da sentença estrangeira

4.7.1 Pressupostos e homologação

As sentenças penais estrangeiras, como regra, em virtude dos princípios da soberania nacional e da territorialidade, não comportam execução no Estado Brasileiro.

Tal regra, contudo, por força do disposto no art. 9º do Código Penal, não é absoluta, pois admite exceções, previstas em seus incisos I e II, de efeitos limitados,[16] se atendidos determinados pressupostos.

Como primeiro pressuposto para a homologação da sentença penal estrangeira apresenta-se, nos termos do art. 781 do Código de Processo Penal, a inexistência na decisão alienígena de ofensa à ordem pública e aos bons costumes nacionais.

A este pressuposto acrescenta-se a identidade de conseqüências em relação à lei brasileira – isto é, que, "aplicada a lei estrangeira ao caso decidido, as suas conseqüências sejam as mesmas suscetíveis de produzir a lei brasileira, se fosse ela invocada para a solução da espécie de fato".[17]

Presentes estes pressupostos, poderá a sentença ser submetida ao juízo de delibação do Supremo Tribunal Federal, competente para a apreciação do pedido – conforme previsão do art. 102, I, "h", da Constituição Federal –, que o apreciará e proferirá decisão homologatória, se preenchidos os requisitos de ordem externa e interna previstos pelo art. 788 do Código de Processo Penal.

Os requisitos de ordem externa, estabelecidos pelos incisos I, V e VI do art. 788 do Código de Processo Penal, consistem em estar a sentença revestida das formalidades externas necessárias à formação do título executivo, segundo a lei do país de origem (inciso I), estar devidamente autenticada por cônsul brasileiro (inciso V) e acompanhada de tradução, feita por tradutor público (inciso VI).

A estes se somam os requisitos internos, discriminados pelos incisos II e III do mesmo artigo do estatuto processual, que exigem

---

16. Paulo José da Costa Júnior, *Comentários ao Código Penal*, 2ª ed., vol. I, p. 23.
17. Eduardo Espínola Filho, *Código de Processo Penal Brasileiro Anotado*, vol. IX, p. 66.

haver sido proferida a sentença por juiz competente, mediante citação regular, segundo a legislação de origem (inciso II), e ter transitado em julgado (inciso III).

A apresentação de carta de sentença – como lembra Espínola Filho[18] – não constitui formalidade indispensável à homologação, pois há legislações em que tal figura processual inexiste.

4.7.2 Hipóteses e efeitos

Como afirmamos, a homologação da sentença penal estrangeira é permitida apenas para duas hipóteses, com finalidades específicas: (a) obrigar o condenado à reparação do dano, a restituições e a outros efeitos civis; (b) sujeitá-lo a medida de segurança.

A primeira hipótese refere-se aos efeitos civis da sentença penal condenatória, que consistem, entre outros, em tornar certa a obrigação de reparar o dano, sujeitando-a, tão-somente, ao processo de liquidação; nas restituições relativas aos instrumentos, vantagens ou produto do crime e demais efeitos, tais como a exclusão do herdeiro ou legatário por indignidade (art. 1.814 do novo CC – art. 1.595 do CC de 1916) e a incapacidade para o exercício do pátrio poder, tutela ou curatela. Visa a atender, portanto, a interesses privados.

O pedido, aqui, deve ser formulado ao Supremo Tribunal Federal pela pessoa interessada, regularmente representada por advogado. No caso de morte ou ausência judicialmente declarada da pessoa legitimada, o direito de pleitear a homologação, nos termos do art. 31 do Código de Processo Penal – aplicável à hipótese por analogia –, caberá ao cônjuge, ascendente, descendente ou irmão. Tratando-se de "pobre", na acepção jurídica do termo, poderá o Ministério Público, a requerimento do interessado, ajuizar a postulação (art. 68 do CPP).

Na segunda hipótese – como sustenta Nélson Hungria – o que prevalece é o interesse público nacional, pois não há "apenas restrita adesão ao princípio de assistência internacional na luta contra o crime, senão também a necessidade de defesa de nossa própria ordem jurídica, pois visa a contribuir para neutralizar a capacidade de delin-

---

18. Idem, ibidem.

qüir ou a periculosidade do indivíduo julgado, que veio a ter ingresso no território brasileiro".[19]

Por ser indispensável que haja identidade de conseqüências entre a lei estrangeira e a brasileira, passíveis de homologação são somente as decisões alienígenas que aplicam medidas de segurança aos inimputáveis, pois aos imputáveis a legislação brasileira não admite esta espécie de reação penal.

Tratando-se de sentença proferida por país que mantenha tratado de extradição com o Brasil poderá o Procurador-Geral da República, nos termos do art. 789, *caput*, do Código de Processo Penal, desde logo, requerer a homologação. Não havendo, contudo, tratado de extradição com o Estado do qual emanou a sentença, a iniciativa do Procurador-Geral ficará sujeita à requisição do Ministro da Justiça, que constitui, portanto, verdadeira condição de procedibilidade do pedido.

A competência – nos termos do art. 109, X, da Constituição Federal, c/c o art. 789 § 7º, do Código de Processo Penal – para a execução das sentenças estrangeiras homologadas pelo Supremo Tribunal Federal cabe ao juiz federal do lugar de residência de seu sujeito passivo.

Além destes efeitos, admite a legislação nacional, para a sentença penal estrangeira, outros, que independem de homologação.

Assim, pode impedir a extraterritorialidade condicionada, como vimos nos comentários ao art. 7º do Código Penal (§ 2º, "d" e "e"). Por outro lado, a condenação por crime em território alienígena, nos termos do art. 63 do Código Penal, pode gerar reincidência; nesta hipótese impede, nos termos do art. 77, I, do mesmo diploma legal, a concessão de suspensão condicional da pena e, nos termos do art. 83, II, condiciona a concessão de livramento condicional ao cumprimento de metade da sanção privativa de liberdade imposta.

---

19. *Comentários* ..., 4ª ed., vol. I, t. I, p. 201.

5
PRAZOS PENAIS E FRAÇÕES DE PENA

5.1 Prazos penais. 5.2 Frações não computáveis da pena.

5.1 Prazos penais

Ao contrário dos prazos processuais,[1] na contagem dos prazos penais (de cumprimento de pena, prescricional, decadencial, do livramento condicional etc.) computa-se o dia do começo, não havendo prorrogação automática por eventualmente ocorrer seu término em domingos ou feriados.

Nos termos do art. 10 do Código Penal, iniciado o prazo, este será contado pelo calendário comum, ou gregoriano, no qual o dia encerra o lapso temporal compreendido entre a meia-noite (0:00h) e meia-noite (24:00h), e o mês é contado não pelo efetivo número de dias que possuir (28, 29, 30 ou 31), mas de determinado dia à véspera do mesmo dia do mês subseqüente. O mesmo ocorre, por conseqüência, em relação aos anos, que podem ter 365 ou 366 dias.

Assim, a título de exemplo, incluído o dia do começo em um prazo penal de 15 dias, iniciado às 23h do dia 12, findar-se-á à meia-noite do dia 26 do mesmo mês.

De igual modo, se uma pena de um ano de detenção tiver como início de cumprimento o dia 3 de janeiro, seu término será verificado

---

1. Estabelece o art. 798, §§ 1º e 3º, do Código de Processo Penal que não se inclui no prazo o dia do começo, computando-se o do vencimento, que será prorrogado até o dia útil imediato, caso termine em domingo ou feriado. Os prazos processuais e penais são perfeitamente conciliáveis, pois enquanto os primeiros visam a facilitar o exercício da ampla defesa, os segundos objetivam dispensar ao réu o tratamento mais benéfico da lei penal.

em 2 de janeiro do ano seguinte, ainda que o prazo penal tenha decorrido em ano bissexto.

Por força deste dispositivo, vedada está ao julgador a fixação de penas, ou demais prazos penais, iguais ou superiores a 1 mês em dias – por exemplo, 65 dias de detenção, ao invés de 2 meses e 5 dias de detenção –, ou iguais ou superiores a 1 ano em meses ou dias – em substituição a 1 ano e 1 mês de detenção, 395 dias ou 13 meses de detenção.

5.2 Frações não computáveis da pena

Com redação praticamente idêntica à do Código Penal de 1940, o legislador da nova Parte Geral do Código Penal (art. 11) manteve a opção – benéfica ao réu – de desprezo às frações da pena quando de sua aplicação.

Assim, na fixação das penas privativas de liberdade desprezam-se as frações de dia, que são as horas.

Logo, tendo o julgador, hipoteticamente, de aumentar de um terço a pena de 20 dias de detenção, a fixará em 26 dias, e não em 26 dias e 8 horas, como imporia o cálculo meramente aritmético. As horas insuficientes a completar um dia são desprezadas no momento da aplicação da sanção.

O mesmo critério foi adotado quanto às penas restritivas de direitos, o que se apresenta, contudo, de todo desnecessário, pois, sendo estas sanções substitutivas da pena privativa de liberdade, a operação de desprezo das frações já será exigida – e realizada – quando da fixação da pena substituída.

Em relação à pena de multa desprezam-se as frações da unidade monetária, que são os centavos, na oportunidade de sua liquidação. Ao referir-se o artigo em questão a Cruzeiro, pretendeu indicar, tão-somente, o padrão monetário então em vigor, não influindo no campo penal a adoção de nova moeda.

Com referência ao dia-multa apresentam-se duas situações: (a) aplicação como medida substitutiva à pena privativa de liberdade; (b) aplicação isolada ou cumulativa com outra espécie de pena.

A primeira hipótese não encerra qualquer dificuldade, pois – conforme já ressaltamos no tocante às penas restritivas de direitos – o desconto da fração será efetivado no momento da fixação da pena substituída, não havendo espaço, desse modo, para a existência de fração de dia-multa.

Dúvida poderá surgir, todavia, na hipótese de aplicação, para a infração, de pena de multa, cominada isolada ou cumulativamente, pois a ela não houve referência por parte do legislador.

Cremos que, neste caso, deve-se seguir o princípio geral de desprezo pelas frações.

Em primeiro lugar porque a legislação penal não conhece a fração de dia-multa, constituindo este a menor unidade, portanto indivisível, desta espécie de pena.

Além disso, não admitindo a legislação penal frações das demais espécies de sanções penais, não haveria sentido em computá-las apenas na pena pecuniária, especialmente se considerarmos que na multa substitutiva, que dela não possui qualquer distinção ontológica, opera-se o desprezo. Tal procedimento constituiria verdadeira contradição, que infringiria a lógica do sistema.

Em regra, portanto, as frações de dia, da unidade monetária em vigor e dos dias-multa, quando da fixação da pena, devem ser excluídas pelo julgador, salvo expressa disposição em contrário em lei especial.

Título II
TEORIA DO DELITO

1. Conceito de delito. 2. Ação. 3. Nexo causal. 4. Tipo e tipicidade. 5. A parte objetiva do tipo. 6. Tipicidade material. 7. Imputação subjetiva. 8. Tipicidade axiológica: o sentido e alcance (anti)normativo do tipo. 9. Concurso de tipos. 10. Causas de exclusão da tipicidade. 11. Do erro acidental. 12. O injusto. 13. Tipo de justo. 14. Estado de necessidade. 15. Legítima defesa. 16. Outros tipos de justo. 17. Culpabilidade. 18. Causas exculpantes. 19. Imputabilidade. 20. Tentativa. 21. Concurso de pessoas.

1
CONCEITO DE DELITO

1.1 O crime na Teoria Geral do Direito. 1.2 Conceito formal. 1.3 Conceito material. 1.4 Conceito analítico.

1.1 O crime na Teoria Geral do Direito

A apresentação de um conceito de "crime" deve ser precedida, necessariamente, pela análise de em qual campo da Teoria Geral do Direito é estudado esse fenômeno jurídico.

Denominamos "fatos" todos os acontecimentos, pertencentes à realidade,[1] produzidos pelas coisas ou pelos homens, estes últimos os denominados "atos".

Da enorme gama de fatos, contudo, somente uma pequena parcela, que produz conseqüências no mundo do Direito, recebe a qualificação de "fatos jurídicos" em sentido amplo. Isto porque – como sustenta Pontes de Miranda – "o fato jurídico provém do mundo fático, porém nem tudo que o compunha entra, sempre, no mundo jurídico. À entrada no mundo do Direito, selecionam-se os fatos que entram".[2]

Como primeira espécie deste gênero, há os "fatos jurídicos em sentido estrito", os acontecimentos naturais que produzem efeitos no mundo jurídico.

---

1. Pode-se definir o *fato* como "uma possibilidade objetiva de verificação, constatação ou averiguação, portanto também de descrição ou previsão – objetiva no sentido de que todos podem fazê-la nas condições adequadas" (Nicola Abbagnano, *Dicionário de Filosofia*, 3ª ed., p. 429).
2. *Tratado de Direito Privado*, t. II, p. 221.

A queda de uma árvore, por causa natural, sobre uma casa habitada, que provoca a morte de um de seus moradores; o incêndio de uma fábrica causado por relâmpago; uma enchente que destrói a safra de determinada cultura, em uma região, são exemplos de fatos jurídicos, pois, em regra, produzem múltiplos efeitos jurídicos (abertura da sucessão; incidência de contrato de seguro; descumprimento de contrato de compra e venda mercantil etc.).

Os comportamentos humanos, por sua vez, quando relevantes para o Direito, podem constituir, em primeiro lugar, "atos" ou "negócios jurídicos".

"Atos jurídicos" são aqueles expressamente permitidos cujos efeitos são estritamente previstos, predeterminados pelo ordenamento jurídico. Já os "negócios jurídicos" são destinados à produção de múltiplos efeitos, e encerram uma composição de interesses cuja finalidade, em geral, é criar, adquirir, transferir, modificar ou extinguir direitos.[3]

Além dos atos permitidos pelo ordenamento jurídico, entretanto, há os que lhe são contrários, os denominados "atos ilícitos".

"Atos ilícitos" são aqueles que, embora previstos pelo ordenamento jurídico, são contrários ao Direito. A diferença entre fatos lícitos e ilícitos é axiológica, valorativa, nunca ontológica, substantiva.

Observadas as espécies de fatos jurídicos, conclui-se que o delito, por ser um fato que possui relevância jurídica, pertence ao gênero dos fatos jurídicos em sentido amplo; por não ser permitido pelo Direito, não pode constituir ato ou negócio jurídico; em face da sua contrariedade ao Direito, somente podendo estar situado no campo dos atos ilícitos.

Assim, podemos afirmar que o crime, na Teoria Geral do Direito, é um fato jurídico que produz conseqüências no mundo do Direito e que está inserido na espécie dos atos ilícitos, constituindo uma sua categoria específica, em virtude de determinadas peculiaridades que apresenta.

Diante desta conclusão, devemos lembrar o reparo que faz Francisco de Assis Toledo a grande parte de nossa doutrina, que se refere ao crime como ato antijurídico. Como afirma o eminente penalista, se o

---

3. Carlos Roberto Gonçalves, *Direito Civil – Parte Geral*, 6ª ed., p. 87.

crime é um fenômeno jurídico por excelência, não se lhe pode atribuir um caráter de antijurídico – o que constituiria evidente contradição.[4]

O crime, como afirmamos, constitui um fato jurídico, pertence ao mundo jurídico, embora seja revestido de ilicitude. Logo, não poderá, ao mesmo tempo, ser um fato jurídico e um ato antijurídico, pois se trata de conceito inserido e estudado na Teoria Geral do Direito.

Como sustenta Marcos Bernardes de Mello: "Jurídico tem um sentido que abrange tudo aquilo, e somente aquilo, que por força de norma jurídica entra no mundo jurídico. Para ser jurídico é preciso que o fato esteja previsto como suporte fático de uma norma jurídica e receba a sua incidência".[5]

Embora a contradição apontada não implique sérios efeitos na teoria geral da tipicidade, por questão de melhor técnica terminológica, e também de acordo com a nova Parte Geral do Código Penal, evitaremos neste trabalho a expressão "antijuridicidade", preferindo, sempre, a utilização de "ilicitude" para a caracterização das infrações penais.

1.2 Conceito formal

O Código Criminal do Império de 1830, em seu art. 2º, definia o crime ou delito como "toda ação ou omissão contrária às leis penais". Em termos semelhantes posicionou-se o legislador do Código Penal de 1890, que definiu o crime como "a violação culposa da lei penal".

O legislador do Código Penal atualmente vigente eximiu-se de apresentar uma definição, um conceito formal de crime[6] – no que andou bem, pois a elaboração de conceitos puros é matéria que deve permanecer reservada à pesquisa científica.

A formulação de um conceito formal de "delito" não conta com grandes divergências na doutrina, que o apresenta, em regra, como

---

4. *Princípios Básicos de Direito Penal*, 4ª ed., pp. 159-160.
5. *Teoria do Fato Jurídico*, 6ª ed., p. 95.
6. A única definição oferecida pelo legislador encontra-se no art. 1º da Lei de Introdução ao Código Penal e à Lei das Contravenções Penais, ainda em vigor, que dispõe ser *crime* a infração penal a que a lei comina pena de detenção ou de reclusão, quer isoladamente, quer alternativa ou cumulativamente com a pena de multa, e *contravenção* a infração a que a lei comina, isoladamente, pena de prisão simples ou multa, ou ambas, alternativa ou cumulativamente.

toda ação ou omissão proibida pela lei penal,⁷ ou como todo comportamento humano punível segundo o direito criminal.⁸

Assim, sob o aspecto formal, mediante a combinação dos preceitos dos arts. 1º e 18 do Código Penal, podemos afirmar que o *crime* é: *a ação dolosa ou culposa proibida pela lei penal, passível de imposição de pena.*

Delitivas são, portanto, sob um conceito formal, não as condutas imorais, as pouco éticas, as que se desviam das expectativas da sociedade, mas as tipificadas pela lei penal, as castigadas por uma pena.⁹

Tais conceitos formais, entretanto – sejam os fornecidos pela doutrina, sejam os prescritos pela lei –, são imprestáveis à verdadeira observação do evento criminoso.

Com efeito, afirmar-se que o crime é o previsto pela lei como tal equivale a dizer que o crime é o crime¹⁰ – raciocínio tautológico que a nada serve.

A simples adequação do fato aos conceitos formais apresentados não leva à lógica conseqüência de o mesmo constituir um crime, pois para tanto deverão ser observados aspectos materiais e seqüenciais analíticos, que a seguir apresentaremos, de modo sucinto.

1.3 Conceito material

A conceituação material do delito também não encerra grandes divergências, pois o apresenta a doutrina como um desvalor da vida social, um comportamento humano perigoso ou lesivo a bens juridicamente protegidos.¹¹

A simples colocação em perigo ou a ofensa a bens protegidos pela lei penal, todavia, não constitui substrato suficiente à configuração de um delito. Não basta a violação aos bens de alguém para que se possa

---

7. Heleno Cláudio Fragoso, *Lições de Direito Penal – Parte Geral*, p. 114.
8. Hermann Mannhein, *Criminologia Comparada*, vol. I, p. 49.
9. Antonio García-Pablos, *Derecho Penal – Introducción*, p. 13.
10. Luiz Alberto Machado, *Direito Criminal – Parte Geral*, p. 78.
11. Neste sentido, entre outros, posicionam-se Damásio E. de Jesus (*Direito Penal – Parte Geral*, 19ª ed., p. 133), Heleno Cláudio Fragoso (*Lições ...*, pp. 144-145), José Frederico Marques (*Tratado de Direito Penal*, vol. II, p. 18) e Francisco de Assis Toledo (*Princípios ...*, 4ª ed., p. 80).

afirmar a existência de um crime contra o patrimônio. De igual modo, a morte de uma pessoa provocada por outrem não significa, por si só, a existência de um crime de homicídio (art. 121 do CP).

Outros fatores, como a adequação típico-ilícita da conduta, sua danosidade social, representada pela lesão ou perigo significativo ao bem jurídico, bem como a culpabilidade do agente, a reprovabilidade ético-jurídica da ação, deverão ser observados para a caracterização do ato como criminoso.

Desta forma, como apontado em relação ao conceito formal de delito, não serve um puro conceito material como critério de certeza para a aplicação da lei penal a uma conduta humana. Para tanto, a nosso ver, deve ser utilizado um método científico de interpretação, sintetizado pelo conceito analítico de crime.

1.4 Conceito analítico

Como já tivemos oportunidade de expor, os aspectos meramente formais e materiais da conceituação do delito não oferecem bases seguras à sua caracterização. Para que seja atingido este objetivo – como ressalta Juarez Tavares – deve-se proceder a uma "investigação lógica e sistemática das leis penais".[12]

Através deste processo seqüencial lógico de análise das normas penais, tanto as da Parte Geral como as da Parte Especial do Código Penal, formula-se o conceito analítico de delito, estrutura abstrata indispensável à interpretação das condutas humanas concretamente consideradas.

Predomina na doutrina, especialmente a nacional, o conceito tripartido de delito: ação humana típica, ilícita e culpável.[13]

---

12. *Teorias do Delito*, p. 5.
13. Damásio E. de Jesus sustenta que a culpabilidade não pertence à caracterização do crime, não constitui seu elemento ou requisito, mas apenas condição ou pressuposto de pena. Para a existência do crime bastaria a prática de um fato típico e ilícito pelo agente (*Direito Penal* – ..., 19ª ed., p. 397). No mesmo sentido posicionam-se René Ariel Dotti (*Bases e Alternativas para o Sistema de Penas*, p. 147) e Luiz Flávio Gomes (*Erro de Tipo e Erro de Proibição*, 2ª ed., p. 72, nota 223).
  Não podemos concordar com a posição acima apontada, pois, se a culpabilidade representa um juízo de reprovação sobre o comportamento do agente, traz ela uma

Esta formulação, todavia, não encontra unanimidade. Alguns autores – como Basileu Garcia, Bataglini e Muñoz Conde – incluem ainda neste conceito a noção de *punibilidade*. Outros, adeptos da teoria dos elementos negativos do tipo – entre os quais poderíamos destacar Karl Engisch, Arthur Kaufmann, Claus Roxin e Miguel Reale Júnior –, incluem a ilicitude no tipo, conceituando o delito como ação típica e culpável.

Entendemos que a punibilidade, ao contrário da culpabilidade, não deve ser tratada como característica do delito, mas sim como sua conseqüência.[14]

das notas características e imprescindíveis do delito, isto é, sua reprovabilidade social.

Um fato típico delitivo que não implica qualquer reprovabilidade não pode ser considerado criminoso, pois não há como se admitir que aquele que age de forma incensurável tenha sua conduta qualificada como delito.

É verdadeira a afirmação de que a culpabilidade constitui um pressuposto para a atribuição de pena. Tal colocação, contudo, não a diferencia da tipicidade ou da ilicitude, sem as quais impossível é a aplicação da sanção penal, constituindo, portanto, também seus pressupostos.

14. Juarez Tavares, *Teorias do Delito*, p. 1. A prática de um injusto culpável, em regra, traz como conseqüência a possibilidade de o Estado exercer seu poder punitivo contra o agente do comportamento. Esta capacidade de imposição de pena decorrente da conduta delituosa denomina-se *punibilidade*, que representa, portanto, o poder-dever que surge ao Estado de, diante de um delito, impor a seu autor a respectiva sanção.

Como sustenta Luiz Régis Prado: "Com a realização de um ilícito penal, o direito de punir do Estado – antes abstrato – torna-se concreto, surgindo assim a punibilidade, como aplicabilidade de pena, ou seja, como possibilidade jurídica de impor-se a sanção penal" ("Apontamentos sobre a punibilidade e suas condicionantes positiva e negativa", *RT* 776/441).

A punibilidade não integra a teoria do delito, pois não tem o condão de afetar o caráter criminoso da conduta, mas apenas de condicionar a aplicação de sua conseqüência (pena), funcionando como seu pressuposto.

O estudo da punibilidade tem relevância para as hipóteses nas quais, mesmo configurado o injusto culpável, carece o Estado-juiz de capacidade para impor a pena ao agente, exatamente por estar ausente este requisito, em virtude de circunstâncias impeditivas ou extintivas.

Estas causas impeditivas, excludentes ou extintivas da punibilidade podem assumir feições estritamente objetivas ou caráter eminentemente pessoal, o que dificulta sua sistematização para análise. Em virtude dessa dificuldade, optou o legislador penal por elencar, sob a rubrica lateral "Causas de extinção da punibilidade", as circunstâncias mais relevantes que impedem o aperfeiçoamento da atividade punitiva do Estado em relação ao fato.

Com efeito, em nosso direito penal, causas como a morte do agente, o indulto, a prescrição da pretensão executória e a decadência do oferecimento de queixa crime, qualificadas como causas de extinção da punibilidade, não servem a excluir o crime, mas apenas a possibilidade de efetivação da sanção penal.

Quanto aos elementos que compõem o crime, tendo em vista a interpretação da tipicidade penal nesta obra formulada – que coloca em relevo o sentido do elemento subjetivo do agente, o aspecto axiológico da seleção de comportamentos elaborada pelo legislador e, conseqüentemente, o caráter valorativo dos tipos –, não consideramos ser a mais adequada a concepção tripartida do conceito analítico do delito.

Para nós, sendo os tipos categorias axiológicas, podem encerrar uma valoração negativa (tipos delitivos ou de injusto) ou positiva (causas de justificação, que preferimos denominar *tipos de justo*).

Todas as condutas típicas delitivas possuem como sua característica indissociável a ilicitude,[15] de forma que são realizados em um mesmo momento os juízos de tipicidade e de contrariedade ao Direito.

O conceito tripartido de delito, como se tentará demonstrar no decorrer do trabalho, é ilusório e não se sustenta, pois contraria não somente a realidade, como também a própria lógica do ordenamento jurídico.

Logo, conceituamos analiticamente o *delito* como: *ação humana típica, delitiva e culpável.*

O rol estabelecido no art. 107 do Código Penal, entretanto, não é taxativo, na medida em que a legislação penal prevê outros casos de extinção da punibilidade, tais como o cumprimento das condições da suspensão condicional da pena e as transações civil e penal nos Juizados Especiais Criminais.

15. Miguel Reale Júnior, *Antijuridicidade Concreta*, p. 53.

2
AÇÃO

2.1 *Princípio do ato.* 2.2 *Teoria causal.* 2.3 *Teoria finalista.* 2.4 *Teoria social.* 2.5 *Conceito jurídico-penal.*

2.1 Princípio do ato

O aspecto objetivo da responsabilidade pessoal – ou, como preferimos, *princípio do ato* – impõe que responda o indivíduo, perante a lei penal, não pelo que é, mas pelo que fez – ações ou omissões.

O fundamento constitucional deste princípio encontra-se, por um lado, no próprio princípio da legalidade geral, que dispõe como objeto da lei a regulação de ações ou omissões, o fazer ou deixar de fazer alguma coisa (CF, art. 5º, II).

A lei, para o indivíduo, somente pode obrigar à realização ou não de certo ato, a fazer (no sentido amplo) algo, e não a ser de algum modo.

Tanto é assim que a Constituição Federal, entre os direitos individuais, garante a inviolabilidade da liberdade de consciência e de crença (art. 5º, VI), de convicção filosófica (art. 5º, VIII), da intimidade e da vida privada das pessoas (art. 5º, X) – com o quê afasta, por completo, a possibilidade de incriminação ou apenamento pela conduta de vida ou por determinada manifestação da personalidade.

A responsabilidade penal, portanto, pressupõe uma ação ou omissão do indivíduo, e não um simples estado de perigosidade social.

Além do princípio da legalidade, o princípio do ato é informado, ainda, pelo princípio da pessoalidade, que encontra positivação constitucional no art. 5º, XLV, da Constituição Federal: "nenhuma pena passará da pessoa do condenado, podendo ser a obrigação de reparar o dano e a decretação do perdimento de bens, nos termos da lei, estendidos aos sucessores e contra eles executados, até o limite do valor do patrimônio transferido".

Com o princípio da pessoalidade veda-se por completo a odiosa prática – tão presente no direito penal das ordenações – de extensão dos efeitos das sanções penais aos descendentes e familiares do condenado, a responsabilidade penal por fato de terceiro.

A ação humana é o primeiro elemento do conceito analítico de delito, pois todo crime, como sustentamos, pressupõe um comportamento humano contrário ao Direito (ilícito), na medida em que a sensibilidade do direito penal a lesões fisicamente derivadas de animais ou de coisas (fatos jurídicos em sentido estrito) é nula.[1] O objeto das normas penais é, efetivamente – como sustenta Welzel[2] –, o comportamento humano.

Inexiste crime sem conduta – como resta claro da leitura do art. 13, *caput*, do Código Penal –, o que implica a necessidade de sua conceituação.

Três são as principais teorias que se plantaram na tentativa de formulação de um conceito pré-jurídico de ação: a causalista ou naturalista, a finalista e a social, cujos fundamentos, a seguir, exporemos de modo sucinto.

2.2 *Teoria causal*

Para os causalistas, ligados especialmente à Escola Clássica, a ação constitui "todo comportamento humano apto a causar uma modificação no mundo exterior".

A conduta humana, assim, é dotada de um processo causal mecanicista, verificável sensorialmente.

A primeira objeção que se coloca a este conceito é a de explicar tão-somente os crimes de resultado material, na medida em que os delitos de mera conduta – como, por exemplo, o de injúria – não "causam" modificação no mundo físico.

---

1. M. Cobo Del Rosal e T. S. Vives Antón, *Derecho Penal – Parte General*, 3ª ed., p. 285.
2. *Derecho Penal Alemán*, 4ª ed., p. 38.

Mas, além disso, o conceito causal puro não compreende de forma satisfatória a omissão – e, por conseqüência, os crimes omissivos.

Isto porque a omissão e sua relevância penal fundam-se em critérios unicamente normativos (art. 13, § 2º, do CP), pois, sob o aspecto naturalístico, a omissão jamais poderia ser considerada causa de um evento; do ponto de vista puramente físico, realmente, a omissão não causa resultado algum, já que, do nada, nada resulta.

A teoria causalista, portanto, não é apta a oferecer um conceito geral de ação humana, pois não comporta várias de suas modalidades.

2.3 Teoria finalista

Para tentar corrigir o equívoco da teoria causal, elaborou Welzel a teoria finalista, para a qual: "Ação humana é o exercício da atividade final. A ação é, por isso, acontecer final, e não somente causal".[3]

A ação, portanto, para a teoria finalista pode ser sinteticamente conceituada como "todo comportamento humano dirigido a um fim".

Embora sob o prisma filosófico seja correta a assertiva, na medida em que os comportamentos voluntários invariavelmente visam a alguma finalidade, o fim almejado nem sempre guarda relevância para o direito penal.

Assim é que nos delitos culposos, nos quais a finalidade da conduta não tem relação direta com o resultado jurídico-penalmente previsto, o fim da ação não mantém congruência com o tipo penal.

Com efeito, especialmente na culpa inconsciente, em que o agente não prevê a possibilidade de ocorrência do resultado típico, embora lhe fosse possível prevê-la, a finalidade da conduta em nada importa ao direito penal.

A finalidade daquele que coloca um vaso de flores no beiral de sua janela, com o objetivo de tornar mais agradável o ambiente, nada de significativo traz para o fato de, posteriormente, vir o objeto a cair e provocar lesões em um transeunte.

O fim da conduta, aqui, pouco revela para a aferição da sua tipicidade – lesão corporal culposa.

---

3. *Derecho Penal Alemán*, 4ª ed., p. 39.

Logo, o finalismo, embora represente evolução em relação ao causalismo, também não oferece um conceito seguro de ação, portador de elemento que demonstre – ou não – sua relevância em matéria penal.

2.4 Teoria social

No intuito de suplantar as deficiências constatadas nas teorias acima expostas, surgiu a teoria "social" da ação, para a qual, além das circunstâncias causais e finalísticas do comportamento, deve-se ter em vista outra sua característica essencial, que implica, desde logo, a aferição da eventual importância para o direito penal. Este "filtro" de condutas consiste na relevância social do comportamento.

Assim, Jescheck conceitua a ação como "o comportamento humano socialmente relevante".[4]

Embora este conceito tenha o mérito de englobar, em princípio, todas as condutas delitivas, na medida em que o delito caracteriza, sempre, um fenômeno social, não cumpre ele qualquer função delimitadora do direito penal, pois atos puramente reflexos ou incontroláveis, por exemplo, também estariam nele compreendidos.

Também a teoria social, portanto, não está isenta de sérias críticas, que impedem sua admissão como critério para a formulação de um conceito geral de ação.

2.5 Conceito jurídico-penal

Diante das falhas presentes nas teorias analisadas, cremos que a conceituação pré-jurídica da ação não resolve o principal problema a que se propõe: distinguir, desde logo, os comportamentos que podem ter relevância para o direito penal daqueles considerados, *prima facie*, indiferentes penais.

Mister, portanto – como sustentam Francisco de Assis Toledo[5] e Everardo Cunha Luna[6] –, a elaboração de um conceito jurídico-penal

---

4. *Apud* Francisco de Assis Toledo, *Princípios Básicos de Direito Penal*, 4ª ed., p. 104.
5. *Princípios* ..., 4ª ed., p. 109.
6. *Estrutura Jurídica do Crime*, 4ª ed., p. 76.

de ação, que, partindo de proposições jurídicas, constitua um auxiliar interpretativo útil para a solução de casos e problemas penais.

"Isto vale por dizer, de forma conclusiva, que a doutrina da ação deve, na construção do conceito de fato punível, ceder a primazia à doutrina da ação típica ou da realização do tipo, passando a caber no conceito de ação apenas a função de integrar, na teoria do tipo, o meio adequado de prospecção da espécie de atuação, ou, dentro das expressões funcionais de Jescheck que vêm sendo utilizadas, passando a caber-lhe apenas uma certa (e restrita) função de delimitação (...). O conceito de ação não é – não pode, nem deve ser – algo de previamente dado ao tipo, mas apenas um elemento, a par de outros, integrante do cerne dos tipos-de-ilícito."[7]

Com efeito, a relevância de uma conduta para o direito penal tem sempre como referência um modelo jurídico; o juízo de relevância é formulado em vista e em função de um tipo penal – o que demonstra, ao menos para o operador ou estudioso do direito criminal, a desnecessidade da elaboração de um conceito pré-jurídico de ação.

Logo, sem pretensões dogmáticas, formulamos o seguinte conceito jurídico-penal de *ação humana*: *ação é o comportamento ético-jurídico relevante, dominado ou dominável pela vontade, apto a provocar um dano social.*

Neste conceito estão compreendidas as notas essenciais da ação humana, sob o prisma da tipicidade penal.

Na figura do "comportamento humano" estão previstos tanto o fazer positivo, a ação, como a omissão.

Somente isto, entretanto, não basta; o comportamento deve ser "eticamente (socialmente) relevante", isto é, apto a ensejar modificações nas relações sociais e guardar previsão pelo ordenamento (relevância jurídica).

A vontade é o que diferencia e caracteriza o ser humano como ser racional e dotado de individualidade. Assim, o fato jurídico, para configurar-se como ação, deve estar no âmbito do domínio do agente.

---

7. Jorge de Figueiredo Dias, *Questões Fundamentais de Direito Penal Revisitadas*, p. 215.

Por fim, para que um comportamento guarde relevância para o direito penal indispensável é que seja apto a provocar um dano social, ou seja, um perigo ou lesão significativos a bem jurídico de outrem.

Se, a um primeiro exame de uma conduta, qualquer destes elementos revelar-se absolutamente ausente, a irrelevância do comportamento – e, em conseqüência, sua atipicidade – será inquestionável.

Assim, na coação física irresistível já se exclui de pronto a possibilidade de incriminação, em face da inexistência de ação, pois aquele que é utilizado materialmente para a realização de um delito não tem qualquer domínio sobre o evento, não passa de um "instrumento" nas mãos do verdadeiro autor do fato punível.

De igual modo, ausente restará a ação nas hipóteses de movimentos reflexos e em estado de completa inconsciência (crises de sonambulismo, epilepsia), na medida em que, nestes casos, carece o sujeito por completo de qualquer vontade (livre, viciada, ou informada por anomalias psíquicas).

3
NEXO CAUSAL

3.1 Colocação do problema. 3.2 Equivalência dos antecedentes. 3.3 Causalidade adequada. 3.4 Teoria da imputação objetiva. 3.5 Causalidade tipicamente relevante. 3.6 Relevância penal da omissão.

3.1 Colocação do problema

Todo crime, além de uma ação, pressupõe um "resultado jurídico", que consiste na violação ao bem jurídico protegido pelo tipo penal.

Assim, no crime de furto (art. 155 do CP) o resultado é representado pela ofensa ao bem jurídico *patrimônio*; no homicídio (art. 121 do CP) constitui a lesão ao valor jurídico *vida humana*; no constrangimento ilegal (art. 146 do CP) trata-se da violação à *liberdade de ação* do indivíduo.

Ao resultado jurídico pode-se somar, como elemento acidental do delito, o naturalístico, isto é, o efeito material da conduta; ou, como bem explica Paulo José da Costa Júnior, "a mutação do mundo fenomênico – *perceptível, portanto, pelos sentidos* –, que tem significação para o Direito".[1]

É com relação a estas espécies de delitos, que possuem um resultado material, ligado à ação humana, que se faz relevante o estudo – e disciplina – do nexo causal, o qual constitui a "ponte" entre a conduta e o evento juridicamente relevante.

À responsabilidade pessoal não basta a existência de uma ação (observância do princípio do ato). Indispensável é que entre esta e a

---

1. *Comentários ao Código Penal*, 2ª ed., vol. I, p. 53.

modificação do mundo, juridicamente relevante, ocorra um elo de ligação, de modo que se possa atribuir ao agente, como obra sua, o resultado penalmente significante.

Para a imputação do resultado ao agente destacaremos, neste capítulo, os três métodos de trabalho principais – que comportam variantes internas – utilizados pela doutrina, para, ao final, expormos a nossa posição.

3.2 Equivalência dos antecedentes

Segundo a teoria da equivalência dos antecedentes, ou da *conditio sine qua non*, reputam-se causa de um resultado todas as condições necessárias para sua produção.

A aferição da qualidade de "causa" de um comportamento, em relação a um evento, é realizada mediante o método ou processo hipotético de eliminação.

Assim, se, mentalmente, com a exclusão da conduta não se verificar o resultado, aquela (conduta) reputar-se-á causa do evento; se, ao contrário, a supressão da conduta não implicar o desaparecimento do resultado é porque não constitui sua causa.

A principal crítica que se dirige à teoria da equivalência dos antecedentes é a de ampliar demasiadamente o campo da responsabilização criminal, por se basear em uma cadeia causal de proporções quase infinitas.

Com efeito, em um crime de homicídio praticado com o emprego de arma de fogo a aplicação do método hipotético de eliminação conduziria à conclusão de que foram "causadores" do evento não apenas o sujeito que efetuou o disparo, mas também o vendedor da arma, e até mesmo seu fabricante.

Os defensores desta teoria rebatem a crítica, sob o fundamento de que, na hipótese, a imputação do resultado às causas antecedentes sofreria limitação pela ausência de dolo – o que se afigura aceitável se considerarmos que o dolo pertence à estrutura do tipo;[2] a imputa-

---

2. Inaceitável, contudo, o pretendido corretivo para aqueles que entendem situar-se o dolo como elemento da culpabilidade, pois para a análise da tipicidade haveria a necessidade de se antecipar o juízo de culpabilidade – procedimento que, além de anti-sistemático e metodologicamente incorreto, acarretaria dificuldades na aplicação prática da lei penal.

ção típica, efetivamente, não se limita aos aspectos descritivos, meramente objetivos, mas tem um substrato subjetivo inafastável.

Em uma série de outros casos, entretanto, o "corretivo" do dolo não é eficiente para a exclusão da imputação indevida.

Tomemos como exemplo a ação de "A" que, com a vontade de matar "B" – com dolo, portanto, de homicídio –, contra este efetua um disparo de arma de fogo, que lhe produz, no entanto, apenas um ferimento de natureza leve.

O veículo que socorre o ofendido, então, no caminho para o hospital, envolve-se em violenta colisão, fruto da qual advém o falecimento de "B".

Diante da teoria da equivalência, o resultado "morte de 'B'" deverá ser imputado a "A", pois o ferimento leve, provocado com ânimo homicida, causou o ingresso de "B" no veículo e, conseqüentemente, sua morte; se "B" não tivesse sido ferido por "A", não teria morrido.

O corretivo do dolo, aqui, não serve a excluir a imputação, pois tinha o agente a vontade consciente de realização do resultado típico.

Por força das deficiências desta doutrina, e com o intuito de superá-las, passou a doutrina a formular duas outras teorias de imputação do resultado: a da causalidade adequada e a da imputação objetiva – cujos postulados essenciais, de forma sintética, a seguir apresentaremos.

3.3 Causalidade adequada

Segundo a teoria da causalidade adequada um resultado somente poderá ser considerado causado por um comportamento humano quando este tiver sido idôneo à sua produção.[3]

A ação, portanto, apenas terá a qualidade de "causa" quando adequada à produção do evento. As demais condições – ainda que, sob o aspecto meramente naturalístico, pertençam ao desdobramento causal que leva ao resultado – não poderão ser qualificadas como causa se não portarem, na concreção das relações sociais, a idoneidade necessária à sua realização.

---

3. Miguel Reale Júnior, *Parte Geral do Código Penal – Nova Interpretação*, p. 31.

A aferição da adequação causal da ação é formulada mediante um juízo *ex ante* póstumo, o denominado "prognóstico objetivo posterior".

O juiz, terceiro imparcial, após conhecer o evento concreto no processo, deve elaborar o juízo de adequação, objetivo, observando o fato como se estivesse presente no momento anterior à sua realização.

Logo, no exemplo acima fornecido (em que "A", com dolo homicida, produz apenas lesões leves em "B", que, ao ser socorrido, morre, vítima de acidente de trânsito) o falecimento da vítima não pode ser imputado a "A", pois lesões de natureza leve, segundo a experiência social, não são aptas – ou, melhor, adequadas – à produção do resultado *morte*.

Critica-se a teoria da causalidade adequada por valer-se, muitas vezes, para limitar a cadeia causal, do elemento subjetivo do agente e por não oferecer, sob o ponto de vista normativo, critérios seguros para a fixação do adequado e do inadequado.

A primeira crítica – como já ressaltamos na exposição da teoria da equivalência – não comporta acolhimento, pois a tipicidade representa um todo indivisível, composto por subjetivo e objetivo, que são interdependentes e se inter-relacionam.[4]

A segunda crítica, a nosso ver, pelo menos no direito penal brasileiro, também não tem razão de ser, pois o legislador, mediante o § 1º do art. 13 do Código Penal, ofereceu ao intérprete critérios com um mínimo de segurança para que sejam individualizadas, no campo causal, as condições adequadas à produção do resultado.

Num ponto, contudo, merece reparos a teoria da causalidade adequada: o de construir para o direito penal um conceito de causa completamente apartado do válido para as demais ciências.

Com efeito, ao desconsiderar como "causa" as condições não adequadas, nega esta teoria um dado da realidade que pode ser verificado por simples percepção sensorial, confundindo, portanto, o axiológico e o ontológico. A ação humana, no campo jurídico-penal, poderá não ter o atributo do "valer", mas nem por isso deixará de "ser".

Cremos que o problema, todavia, é convenientemente resolvido pela teoria da causalidade relevante – que preferimos denominar de

---

4. Miguel Reale Júnior, *Parte Geral* .., p. 29.

causalidade tipicamente relevante –, que segue, em linhas gerais, os postulados da causalidade adequada, e sobre a qual nos deteremos no item 3.5.

3.4 Teoria da imputação objetiva

Com a finalidade de superar os defeitos atribuídos às diversas teorias da causalidade, passou a doutrina – especialmente na então República Federal da Alemanha –, a partir da década de 70 do século passado, retomando antigas posições de Richard Honig e Karl Larenz, a formular uma teoria de imputação objetiva do resultado ao agente baseada em critérios unicamente normativos, e em substituição ao "dogma causal".[5]

Deve-se, sem dúvida, a Claus Roxin a sistematização de seus postulados modernos, a partir da exposição de hipóteses casuísticas em que, segundo o eminente penalista germânico, nem a equivalência das condições, nem a causalidade adequada, seriam aptas à solução do juízo de imputação – em verdade, como veremos, de não-imputação.

O resultado – nos termos da teoria de Roxin – somente pode ser imputado objetivamente ao agente quando tiver incrementado, indevidamente, um risco para o bem jurídico tutelado pelo tipo penal, e somente se este "incremento do risco" implicar o resultado típico.

Assim, não poderá, ao reverso, ser objetivamente imputado o resultado (a) quando o agente tiver diminuído o risco para o bem jurídico; (b) quando o risco estiver nos limites do socialmente permitido; (c) se o incremento do risco for insignificante; (d) se não hou-

---

5. A teoria da imputação objetiva é dominante também na Espanha. Ao contrário das proposições alemãs, contudo, é tomada como um auxiliar delimitador, e não como substituta do nexo causal. No Brasil esta teoria não tem, ainda, qualquer influência na jurisprudência, e somente a partir do final da década de 90 do século XX passou a ser discutida por parcela ainda minoritária da doutrina, podendo ser destacadas as monografias de Damásio E. de Jesus (*Imputação Objetiva*, 2000), Fernando Galvão (*Imputação Objetiva*, 2000) e Juarez Tavares (*Teoria do Injusto Penal*, 2000, pp. 222-238) como precursoras no desenvolvimento do tema. Ainda em língua portuguesa, não podem deixar de ser citadas a tradução da obra de Günther Jakobs (*A Imputação Objetiva no Direito Penal*, 2000), levada a cabo por André Luís Callegari, e a excelente coletânea de artigos publicada pela Escola Superior do Ministé-

ver a materialização do risco no resultado típico; (e) se a finalidade da norma proibitiva (tipo) não alcançar o resultado do modo como ocorrido.[6]

Exclui-se a imputação, portanto, do resultado *lesão corporal* em relação à conduta daquele que, apercebendo-se de que uma pedra cairá sobre a cabeça de outrem, desvia a trajetória do objeto ao ombro daquele indivíduo, região menos perigosa. Nesta hipótese o resultado *lesão*, embora "causado" pelo agente, seja pelo prisma da teoria da equivalência, seja pela teoria da adequação, não lhe pode ser imputado objetivamente, pois seria absurdo proibir uma conduta que melhora a situação do bem jurídico.[7]

Também não se dá a imputação objetiva do resultado quando o risco criado é juridicamente permitido, como a ação daquele que aconselha outrem a escalar uma montanha. Embora situações como esta criem um risco de acidente com resultado *morte*, tal risco é socialmente permitido e impede a imputação do tipo de homicídio.[8]

O mesmo ocorre quando o risco já existente é aumentado de forma insignificante, como o exemplo daquele que derrama uma bacia d'água em uma represa que está prestes a romper. Aqui, o tipo penal de inundação não pode ser imputado ao agente, pois quantidade tão escassa de água não é suficiente à causação do perigo juridicamente prevenido pela norma penal.[9]

A imputação do tipo objetivo deve ainda ser afastada se a realização do resultado não for conseqüência direta do perigo provocado pela conduta, mas de simples desdobramento causal desta. Esta é a hipótese do exemplo fornecido ao analisarmos a teoria da equivalência: daquele que, ferido levemente por um disparo de arma de fogo, vem a falecer em acidente de trânsito em que se envolve o veículo que o socorre ao hospital, ou em um incêndio posteriormente ocorrido no nosocômio.

---

rio Público do Estado de São Paulo (*Teoria da Imputação Objetiva e Teoria do Domínio do Fato*, 2001), coordenada por Ricardo Barbosa Alves.
    6. Sobre a teoria da imputação objetiva de Claus Roxin, cf. seu *Derecho Penal – Parte General*, t. I, pp. 362 e ss.
    7. Claus Roxin, *Derecho Penal – ...*, t. I, pp. 365-366.
    8. Idem, t. I, p. 366.
    9. Idem, t. I, p. 367.

Por fim, não se imputará objetivamente o resultado quando inexistir o nexo entre o risco criado e o evento, mas simplesmente um reflexo da extrapolação do risco permitido no resultado. Assim – como exemplifica Roxin –, se dois veículos trafegam em uma via, à noite, com os faróis apagados, um acidente envolvendo o veículo que trafega à frente, por falta de iluminação, não pode ser imputado objetivamente ao condutor do segundo veículo.[10]

Estes, em brevíssima síntese, os postulados essenciais de que se vale a teoria da imputação objetiva.

A teoria da imputação objetiva, embora tenha os méritos de ter trazido para o seio do direito penal a discussão a respeito da relevância da criação de riscos ao bem jurídico tutelado pelo tipo, não é suficiente a substituir o conceito de causalidade, e muito menos a englobar toda a problemática referente à parte objetiva da tipicidade.

Em primeiro lugar porque também se vale do nexo causal, do liame objetivo entre conduta e resultado, pois se assim não fosse estaria pregando verdadeira responsabilização criminal pela conduta de vida – o que não parece ser o objetivo de seus defensores.

Observe-se que o nexo causal – um dado sem dúvida pertencente à realidade – é o que serve de base ou substrato para a edificação das proposições jurídicas desta teoria. Sem o juízo de causalidade a imputação objetiva não tem no que se apoiar.

Tanto é assim que seus adeptos mais recentes a têm tomado não como critério para a imputação do resultado, mas como uma teoria para restringir a incidência da proibição ou determinação típica sobre determinado sujeito[11] – com base, portanto, na causalidade –, o que, em princípio, constitui verdadeira contradição, na medida em que a teoria da imputação transforma-se em uma teoria da não-imputação.

Além disso – como ressalta Zaffaroni –,"a circunstância de que uma conduta descrita em um tipo e adequada ao mesmo seja ou não efetivamente proibida é um problema de alcance da norma interpretada dentro do total contexto da ordem normativa (conglobada), e que nada tem a ver com a tipicidade legal objetiva".[12]

10. Idem, t. I, p. 378.
11. Juarez Tavares, *Teoria do Injusto Penal*, p. 222.
12. *Tratado de Derecho Penal – Parte General*, vol. III, p. 281.

Com efeito, a imputação do resultado, por si só, não implica a tipicidade da conduta; apenas o preenchimento, pela ação, das características objetivas do tipo não acarreta a valoração da conduta como típica – o que exclui, para nós, a necessidade de criação de uma teoria que busque solucionar, *prima facie*, o problema da subsunção não-subjetiva.

O tipo de injusto, como temos sustentado, é um todo, dotado não apenas de elementos objetivos, subjetivos e/ou normativos, mas, principalmente, representa estrutura que encerra um desvalor, precisamente delimitado, da vida social.

Ao formular o tipo de lesão corporal dolosa, por exemplo, não pretende o legislador incriminar todas as condutas humanas que causem danos à integridade corporal de outro indivíduo, mas apenas aquelas em que a causação do resultado pelo agente seja fruto de uma opção valorativa negativa, de menosprezo ao bem jurídico (valor) tutelado pela norma penal.

Assim, se a conduta for ao encontro de um valor de significação social positiva – como no exemplo da pedra desviada ao ombro –, e não de encontro ao bem jurídico protegido, o caráter axiológico negativo do tipo de injusto restará ausente, o que implicará a atipicidade da conduta.

Também nos tipos culposos o que se faz premente não é só a imputação do resultado – questão meramente objetiva, vazia de coloração e conteúdo –, mas, como veremos, o estabelecimento de um liame, sem dúvida normativo, e por isso também axiológico, entre o evento típico e a violação do dever de cautela do agente.

Uma conduta ajustada à normalidade da vida social – ou, como prefere Roxin, nos limites do risco permitido – pode ser causa determinante e relevante de um resultado sem que isso, entretanto, acarrete sua tipicidade, ou ampliação indevida da responsabilização criminal.

O "causar" é elemento do todo – fato típico – que não pode ser negado ou excluído como problema jurídico-penal, como pretende a teoria da imputação objetiva, por ser verificável sensorialmente; não se confunde, no entanto, com esse todo.

Para nós – que adotamos uma teoria axiológica tridimensional da tipicidade –, a imputação objetiva resolve-se no plano da causalidade relevante; a imputação de antinormatividade da conduta, por sua vez, encontra solução no campo da tipicidade axiológica.

Em conclusão, a tipicidade não se esgota na questão da imputação objetiva, e esta não pode ser confundida com a imputação de antinormatividade – o que nos impede de aderir à teoria ora em análise, em que pese a serem seus critérios por vezes úteis, especialmente para os delitos culposos, na fixação da culpa em sentido estrito.

3.5 Causalidade tipicamente relevante

A problemática do nexo causal consiste no estabelecimento de um liame entre a ação e o resultado, entendido este como a lesão tipicamente relevante de um bem jurídico-penal, de forma que seja possível a imputação do fato ao agente.

A "causalidade jurídica", assim, não pode ser confundida, ou, melhor, não se esgota na mera causalidade física, devendo esta, para configurar aquela, se apresentar como causa juridicamente relevante.

O que importa, portanto, na questão do nexo causal é saber se possui relevância jurídico-penal – e não apenas relevância físicomecanicista –, o que somente pode ser aferido a partir do campo da tipicidade.

Com efeito, como sustenta Rodríguez Mourullo: "A exigência da tipicidade requer não só que a ação do sujeito, que operou como *conditio sine qua non*, e o resultado sejam típicos, senão também que o curso causal que intercede entre uma e outro seja relevante, conforme o sentido do correspondente tipo".[13]

Isto não significa apartar a "causalidade jurídica" da causalidade física, como pretendem a teoria da causalidade adequada e, em maior grau, a teoria da imputação objetiva. Mas acrescentar a esta, para fins de imputação típica, dados normativos que traduzam a relevância jurídico-penal sob a perspectiva do bem jurídico lesionado.

A só presença, entretanto, da causa no sentido naturalístico não é suficiente à sua relevância para efeito de imputação típica do resultado.[14]

---

13. *Derecho Penal – Parte General*, p. 300.
14. Mourullo, *Derecho Penal – ...*, p. 301.

Suponhamos que "A", com dolo de homicídio, pratique agressões físicas contra "B", em virtude das quais o segundo é internado em um nosocômio, para tratamento curativo. Pela ocorrência de um curto-circuito, todavia, espalha-se um incêndio pelo hospital, e "B", tragado pelas chamas, vem a falecer por queimaduras múltiplas.

Pela teoria da equivalência dos antecedentes a agressão de "A" constitui condição essencial para a morte de "B", pois, eliminada, pelo processo hipotético, o resultado *morte* não se verificaria.

Para a teoria da causa tipicamente relevante, contudo, esta não é a solução adequada, pois o desencadeamento causal de uma série de acontecimentos que leva à morte de um indivíduo não se equipara ao elemento típico "matar", que descreve a conduta típica de homicídio.

"Matar alguém", para o direito penal, é somente aquela conduta apta, capaz, no momento de sua realização, para produzir o resultado lesivo ao bem jurídico; a relação causal deve ser direta entre o ato e resultado, de modo que se possa atribuir ao agente – e somente a ele – a causa preponderante e, por isso, juridicamente relevante pelo evento, dentro da normalidade das relações sociais. "Causa", neste sentido, é aquela possível e idônea a produzir o resultado, e, por esse motivo, relevante.

No exemplo em questão o resultado *morte de "B"* não pode ser imputado à ação de "A", pois a agressão física não tem aptidão para causar a morte por queimaduras.

Esta parece ser a teoria mais adequada à posição tomada pelo legislador da Parte Geral de 1984, pois, embora no *caput* do art. 13 do Código Penal tenha definido como *causa* todo comportamento que, se suprimido, implicaria a inexistência do resultado – definição própria da teoria da equivalência –, trouxe para esta, mediante o § 1º do mesmo artigo, o critério da relevância jurídica do elemento causal, ao dispor que a superveniência de causa relativamente independente exclui a imputação típica quando, por si só, produz o resultado, imputando-se somente os fatos anteriores a quem os praticou. O exemplo acima constitui hipótese típica de causa superveniente relativamente independente, que exclui o curso causal.

Mais do que isto, com relação à omissão, como adiante veremos (art. 13, § 2º, do CP), limitou, sob critérios unicamente normativos, o campo da relevância jurídico-penal destas espécies de comportamentos e, conseqüentemente, a possibilidade de imputação típica do resultado.

Por "causa relativamente independente" entende-se aquela que não pertence ao desdobramento causal normal da atividade empreendida, embora guarde nexo meramente físico. Conquanto o texto legal refira-se apenas às causas *supervenientes*, entendemos, de acordo com as lições de Paulo José da Costa Júnior e por interpretação analógica do § 1º do art. 13 do Código Penal, que as causas antecedentes ou intercorrentes que tenham sido, por si sós – como afirma o citado autor, em sentido relativo –, suficientes para produzir o evento excluem o vínculo causal penalmente relevante. "Aquilo que importa é que a conduta, no complexo do processo causal, consiga manter sua posição *determinante* na produção do resultado típico."[15]

Elaboremos um exemplo para aclarar a questão: "C", acometido de grave doença cardíaca, trafega com seu veículo por uma rodovia; "D", conduzindo outro veículo, ultrapassa o veículo de "C" de forma imprudente, com grande proximidade entre as laterais dos carros. Em virtude do temor por um acidente, que não chega a ocorrer, "C" sofre um ataque cardíaco e morre.

O resultado *morte*, aqui, não pode ser imputado à conduta imprudente de "D", que poderá responder, no máximo, pelo delito de direção perigosa, pois a doença cardíaca de "C", preexistente e independente, foi, em sentido relativo, por si só suficiente a produzir o resultado.

Em conclusão, podemos afirmar que a teoria da causalidade típica relevante, ainda que eventualmente sujeita a críticas, é apta a resolver no plano concreto, e com fundamento na legislação penal brasileira, os problemas de imputação do resultado à ação sem incorrer, por um lado, nos excessos da teoria da equivalência dos antecedentes e, por outro, respeitando as dimensões subjetiva e antinormativa da tipicidade penal, que devem sujeitar-se a juízos distintos da mera imputação objetiva.

---

15. *Comentários* ..., 2ª ed., vol. I, pp. 113-115.

3.6 Relevância penal da omissão

A omissão constitui um elemento normativo do tipo penal, para cuja tipificação há a necessidade de um juízo de valor, de subsunção do fato concreto às hipóteses abstratamente previstas em lei.

A relevância penal da omissão depende de um substrato puramente normativo, pois, pelo aspecto somente naturalístico, como tivemos oportunidade de ressaltar na análise do conceito de ação, jamais poderia ser considerada causa de um evento; do ponto de vista puramente físico, realmente, a omissão não causa resultado algum, já que, do nada, nada resulta.

Como sustenta Juarez Tavares, a omissão "não possui existência real, por si mesma, senão quando associada a outro elemento, representado por um dever. Quando nos referimos à omissão, portanto, estamos no âmbito de um mundo axiológico, de um mundo onde valoramos as diversas modalidades de comportamentos, e não apenas de um mundo puramente naturalístico, onde o importante é unicamente assinalar as suas características reais (...). Haverá omissão toda vez que a existência da conduta como tal se vincule a um dever de agir, que assinale sua relevância, seja ele um dever geral de assistência, seja um dever especial de impedir o resultado".[16]

A omissão pode ser de duas espécies: (a) simples, ou própria; b) qualificada, ou imprópria.

A *omissão simples* é expressamente prevista pelo tipo penal da Parte Especial do Código Penal – como, por exemplo, o crime de omissão de socorro (art. 135 do CP).

A *omissão qualificada*, por sua vez, é prevista pela Parte Geral do Código Penal (art. 13, § 2º) e integra-se – se presentes os requisitos legais – aos tipos penais delitivos, formando os tipos penais delitivos omissivos.

Nesta hipótese o agente deve possuir uma qualidade específica, uma vinculação com o ofendido e seus bens jurídicos, que lhe imponha a condição de garantidor desses bens. A posição de "garante" é o que caracteriza os delitos omissivos impróprios.[17]

---

16. *As Controvérsias em Torno dos Crimes Omissivos*, pp. 29 e 60.
17. Juarez Tavares, *As Controvérsias ...*, p. 65.

O aspecto normativo da omissão traz dois requisitos para sua configuração: o dever e a possibilidade de agir para evitar o resultado.

Nos crimes omissivos próprios os dois requisitos são expressamente previstos pelo tipo penal, o qual impõe ao sujeito determinada ação, um fazer positivo. Sendo possível ao agente atuar de acordo com a imposição, e omitindo-se desse fazer, o resultado restará imputado à conduta omissiva.[18]

Voltemos ao crime de omissão de socorro: "Art. 135. Deixar de prestar assistência, quando possível fazê-lo sem risco pessoal, à criança abandonada ou extraviada, ou à pessoa inválida ou ferida, ao desamparo ou em grave e iminente perigo; ou não pedir, nesses casos, o socorro da autoridade pública: (...)."

O dever de agir é imposto na conduta "prestar assistência"; já a possibilidade de agir é prevista pela expressão "sem risco pessoal". Omitindo-se o agente do dever de agir – ou seja, deixando de prestar assistência – e havendo possibilidade de fazê-lo, isto é, sem risco pessoal, estará a conduta omissiva adequada ao tipo penal.

Quanto aos crimes omissivos impróprios o dever e o poder de agir são disciplinados pela Parte Geral do Código Penal, cujas disposições, para a adequação típica da conduta omissiva, integram-se aos tipos penais da Parte Especial.

Dispõe o § 2º do art. 13 do Código Penal: "A omissão é penalmente relevante quando o omitente devia e podia agir para evitar o resultado".

O dever de agir, entretanto, para que não haja demasiada amplitude da relevância das condutas omissivas, é limitado e disciplinado também pelo § 2º do art. 13 do Código Penal.

Incumbe o dever de agir:

("a") *A quem tenha por lei obrigação de cuidado, proteção ou vigilância* – Nesta hipótese o dever de agir, a posição de garantidor, é imposta pela lei, que pode tanto ser a penal como a extrapenal.

O conceito de "lei" tem, aqui, um sentido amplo, incluindo os decretos regularmente expedidos pelo Poder Executivo e as decisões judiciais mandamentais.[19]

---

18. Jescheck, *Tratado de Derecho Penal*, vol. II, p. 828.
19. Paulo José da Costa Júnior, *Comentários* ..., 2ª ed., vol. I, p. 13.

Exemplos de situações previstas pelo dispositivo são as dos deveres de agir dos pais em relação aos filhos e dos agentes policiais para a proteção dos membros da comunidade social.

("b") *A quem, de outra forma, assumiu a responsabilidade de impedir o resultado* – Aqui, o agente coloca-se voluntariamente na posição de garantidor. Pode ser conseqüência de um contrato, mas não há a necessidade de existência do negócio jurídico, bastando a atuação voluntária do sujeito-garante.

Hipóteses da incidência deste critério de relevância da omissão são a do salva-vidas em relação aos banhistas e do enfermeiro ou médico para com seus pacientes.

("c") *A quem, com seu comportamento anterior, criou o risco de ocorrência do resultado* – Nesta última hipótese torna-se relevante a omissão daquele que por comportamento anterior altera a situação fática existente, criando um contexto de perigo.

Por ter provocado o risco, impõe-se ao sujeito o dever de agir para evitar o resultado.

Como limite aos deveres de agir indicados nas alíneas "a" a "c", *supra*, o art. 13 do Código Penal traz a possibilidade de atuação.

Esta possibilidade, a nosso ver, não se refere apenas ao aspecto físico, mas também à expectativa de atuação na situação em concreto.[20] E esta expectativa não se confunde com os elementos do tipo de justo de estado de necessidade.

Com efeito, ao policial é imposto o dever de evitar crimes e reprimi-los. Se, entretanto, verificar-se na situação concreta que, embora havendo possibilidade física de agir, a eficácia desta atuação seria inexistente, e com grande possibilidade de dano a bem jurídico do agente, deve-se considerar irrelevante a conduta omissiva para fins penais.

O mesmo raciocínio deve ser aplicado às hipóteses previstas pelas alíneas "b" e "c" do art. 13, § 2º, do Código Penal.

---

20. Em sentido contrário, Miguel Reale Júnior. Para este autor: "É mister eliminar a referência ao poder de agir, como dado indicativo da relevância da omissão" (*Parte Geral do Código Penal* – ..., p. 50).

A impossibilidade de agir somente não poderá ser invocada na hipótese de o agente ter provocado, voluntariamente, a ocorrência do risco do resultado. Isto porque, nesta situação, no comportamento anterior do sujeito haveria o dolo eventual,[21] sendo, portanto, típica, já, sua conduta comissiva.

---

21. Sobre *dolo eventual*, cf., neste Título, o capítulo que versa sobre a imputação subjetiva do resultado (Capítulo 7).

4
TIPO E TIPICIDADE

4.1 Conceito de tipo. 4.2 Elementos do tipo e tipicidade.

4.1 Conceito de tipo

A palavra "tipo", em seu sentido etimológico, traz o significado de modelo ideal que reúne determinadas características principais, algo que serve de medida ou padrão para outros, exemplar.[1]

Esta noção não fica muito distante da empregada para a conceituação do tipo para as ciências.

Nicola Abbagnano ensina que: "No sentido de modelo, forma, esquema ou conjunto interligado de características que pode ser repetido por um número indefinido de exemplares, essa palavra já é usada por Platão e por Aristóteles (...) é a palavra ou o signo que não sejam uma coisa única ou evento único, mas uma forma definidamente significante que, para ser usada, deve ganhar corpo numa ocorrência; esta deve ser o signo de um tipo, portanto do objeto que o tipo significa".[2]

A tipicidade penal é decorrência da admissão, entre nós, do princípio da legalidade como fundamental em nosso direito penal, o qual estabelece que "não há crime sem lei anterior que o defina".

No direito penal, como afirmamos, o princípio da tipicidade exige que, para ser atendido o princípio da legalidade, não basta a existência de uma lei incriminadora em sentido vago, devendo o legisla-

---

1. Francisco da Silveira Bueno, *Grande Dicionário Etimológico-Prosódico da Língua Portuguesa*, vol. VIII, p. 3.979.
2. *Dicionário de Filosofia*, 3ª ed., p. 959.

dor, na previsão de delitos, determiná-los por meio de tipos penais,[3] descrevendo-os de modo certo e inconfundível.

Adotada a tipicidade como implicação da legalidade penal, conclui-se que em matéria criminal não pode o legislador utilizar-se de fórmulas genéricas, que não permitam ao destinatário da lei o pleno conhecimento da matéria de proibição.

No direito penal os tipos referem-se sempre a condutas humanas, pois constituem estas o seu objeto. Constituem modelos abstratos de comportamentos, os quais, em virtude de sua desvaloração (tipos de injusto) ou valoração social (tipos de justo), recebem o tratamento legislativo adequado e necessário.

Partindo do real, do concreto, o legislador, na criação de tipos delitivos, seleciona os comportamentos lesivos aos bens jurídicos mais relevantes – isto é, aos valores indispensáveis à organização social –, ameaçando-os com uma sanção penal.[4] O direito penal não cria condutas humanas, mas apenas as seleciona, atribuindo-lhes determinado valor.[5]

Para a elaboração destes modelos, portanto, o legislador não age, em princípio, de modo arbitrário, mas sim tendo em vista um valor,[6] em função do qual cria uma limitação ao princípio fundamental do Estado Democrático de Direito: o da liberdade.

Logo, podemos conceituar o *tipo penal* como: *o modelo legal de comportamento, no qual estão inseridas determinadas características, que tornam a conduta relevante em matéria penal.*

Para o direito penal as ações que não encontram adequação a tipos delitivos ou de justo configuram irrelevantes penais,[7] embora possam constituir fatos ilícitos ou causadores de conseqüências jurídicas em outros ramos do Direito.

---

3. Antonio Carlos Santoro Filho, *Bases Críticas do Direito Criminal*, p. 80.
4. Francisco Muñoz Conde, *Teoria Geral do Delito*, p. 42.
5. Antonio Luís Chaves Camargo, *Tipo Penal e Linguagem*, p. 11. Como ensina Miguel Reale: "Os modelos jurídicos, objeto de estudo por parte dos juristas, e por eles aplicados, são antes modelagens práticas da experiência, formas de viver concreto dos homens, podendo ser vistos como estruturas normativas de fatos segundo valores, instauradas em virtude de um ato concomitante de escolha e prescrição" (*Teoria Tridimensional do Direito*, 5ª ed., p. 112).
6. Reale Júnior, *Parte Geral do Código Penal – Nova Interpretação*, p. 22.
7. Everardo Cunha Luna, *Estrutura Jurídica do Crime*, 4ª ed., p. 56.

4.2 Elementos do tipo e tipicidade

Os modelos de comportamento são sempre elaborados em função de um valor – o que lhes confere a característica de institutos jurídicos axiológicos. Nos tipos delitivos este valor é determinado aprioristicamente, pois cada qual se destina à proteção de um bem jurídico certo. Já nos tipos de justo o valor protegido é apenas determinável; destinam-se, em abstrato, à tutela de todos os bens jurídicos, verificando-se apenas diante do caso concreto em função de qual valor realizou-se a conduta.

O tipo penal compõe-se de uma parte objetiva, que integra os elementos propriamente objetivos, puramente descritivos, e elementos normativos, cuja interpretação depende de um juízo de valor; elementos subjetivos, reveladores da vontade do agente e do sentido da conduta; elemento material, representado pela ofensa (violação ou perigo) ao bem jurídico nos tipos de injusto, e pela sua proteção nos tipos de justo.

O tipo e a tipicidade penal não se confundem. Enquanto o tipo constitui o modelo legal de comportamento, a tipicidade representa a adequação da ação humana (positiva ou negativa) a esta previsão legal.

O tipo é abstrato; a tipicidade, concreta. O tipo é previsão; a tipicidade, realização, subsunção – isto é, "uma operação mental consistente em vincular um fato a um pensamento e comprovar que os elementos do pensamento reproduzem-se no fato".[8]

A distinção entre tipo e tipicidade – como bem observa Huerta – é similar à verificada "entre a peça musical, escrita pelo compositor, na qual os sinais gráficos das notas musicais fixadas no papel constituem os motivos temáticos que iluminam a criação musical, e a execução por um concertista da própria peça musical, pois este não somente se limita a executar as notas do pentagrama, mas inspira a sua interpretação nos motivos líricos, épicos, descritivos ou dramáticos que presidem o tema da composição".[9]

A tipicidade penal, para nós, encerra uma figura tridimensional, na medida em que comporta três ângulos de observação.

---

8. Enrique Bacigalupo, *La Técnica de Resolución de Casos Penales*, 2ª ed., p. 76.
9. *La Tipicidad*, p. 76.

O primeiro ângulo ou dimensão trata-se da *tipicidade formal*, composta pela subsunção da conduta à sua descrição legal, tanto no aspecto exterior (elementos objetivos e normativos) como no interior (dolo ou culpa, elementos subjetivos no sentido amplo).

A segunda dimensão consiste na *tipicidade material*, isto é, a lesão significativa ao bem jurídico tutelado pelo tipo penal.

A tipicidade, por fim, guarda um *caráter, sentido ou dimensão axiológica*, representado pela inadequação social da ação, por se dirigir contra o fim de proteção da norma penal.

Para que uma conduta seja considerada um injusto típico, portanto, necessário é verificar se todos os elementos do tipo realizam-se na hipótese em questão.

Além disso, deve-se observar se a conduta, no contexto social em que foi praticada, encontra-se no âmbito da proibição que motivou o legislador a elaborar o instrumento de proteção do bem jurídico-penal.

Se houver correspondência entre a previsão legal e o fato, se forem substancialmente iguais, tanto no aspecto formal como no material e no axiológico, pode-se afirmar que a conduta guarda a característica da tipicidade.

A tipicidade, deste modo, pode ser conceituada como a correspondência, a subsunção, do comportamento humano (fato) ao tipo (previsão da lei penal), em todos os seus elementos e características. Não ocorrendo esta adequação a conduta humana será considerada atípica, e, conseqüentemente, indiferente para o direito penal.

5
A PARTE OBJETIVA DO TIPO

5.1 Elementos objetivos do tipo. 5.2 Elementos normativos do tipo: 5.2.1 Conceito – 5.2.2 Espécies.

5.1 Elementos objetivos do tipo

São elementos objetivos do tipo os destinados à pura descrição da conduta juridicamente relevante. Como afirma Fragoso, são descritivos "aqueles cujo conhecimento se opera através da simples verificação sensorial" – isto é, os elementos constatáveis faticamente, sem necessidade de um juízo de valoração jurídico-penal profundo, na medida em que reproduzem determinados dados, ou processos causais ou anímicos, e que são verificados de modo cognitivo pelo juiz.[1]

Karl Engisch ensina que são conceitos descritivos aqueles que designam descritivamente objetos reais ou que de certa forma participam da realidade – isto é, objetos que são fundamentalmente perceptíveis pelos sentidos ou de qualquer outra forma percepcionáveis.[2]

O núcleo dos elementos objetivos do tipo é o *verbo*, em regra transitivo (incompleto em sua significação), que necessita de complemento (objeto direto ou indireto) para a perfeita expressão de sua atividade.

Como muito bem esclarece Rogério Felipeto: "O verbo é o elemento lingüístico de que se vale o elemento legislador para expressar a ação *lato sensu*, por abranger não só a ação propriamente dita, o *facere*, como também a omissão, o *non facere* (...). Quer seja uma ação, quer seja uma omissão, ambas se fazem descrever pela lei atra-

---
1. Heleno Cláudio Fragoso, *Lições de Direito Penal – Parte Geral*, p. 159.
2. *Introdução ao Pensamento Jurídico*, 6ª ed., p. 210.

vés de um verbo, que é a forma encontrada pela língua para expressar as condutas humanas ou a sua falta, que passam a ser importantes quando o agir é juridicamente exigível".[3] Exemplificativamente, os verbos "matar", no homicídio (art. 121 do CP), "ameaçar", no crime de ameaça (art. 147 do CP), e "subtrair", no furto (art. 155 do CP), constituem os núcleos de seus respectivos tipos penais.

Elege o legislador, contudo, além do verbo, outras características também sensorialmente verificáveis, que a ele se agregam, formando o impropriamente denominado "tipo objetivo".[4]

Estas circunstâncias podem referir-se, primeiramente, aos sujeitos ativo e passivo do crime. Como exemplo podemos citar o crime de infanticídio (art. 123 do CP), cujo sujeito ativo somente pode ser a mãe, e a vítima o filho, recém-nascido.

Agregam-se ainda ao verbo circunstâncias de tempo, lugar, meio ou modo de execução.

Temos como exemplo de circunstância temporal o chamado "homicídio privilegiado" (art. 121, § 1º, segunda parte, do CP), cometido "logo em seguida a injusta provocação da vítima"; também o furto praticado durante o "repouso noturno" (art. 155, § 1º, do CP).

O lugar em que se pratica a ação muitas vezes é essencial à integração do tipo penal. Assim, a conduta de disparar arma de fogo somente encontrará subsunção ao tipo penal (art. 10, § 1º, III, da Lei 9.437, de 20.2.1997) se praticada "em lugar habitado ou suas adjacências, em via pública ou em direção a ela"; o ato obsceno (art. 233 do CP) terá relevância penal quando cometido em "lugar público, aberto ou exposto ao público".

Por fim, quanto ao meio ou modo de execução (elementos modais) podemos trazer os exemplos do homicídio praticado com emprego de veneno, fogo ou explosivo (art. 121, § 2º, III, do CP); o furto cometido mediante o concurso de duas ou mais pessoas (art. 155, § 4º, IV, do CP); o roubo praticado com o emprego de arma (art. 157, § 2º, I, do CP).

---

3. "O verbo na Parte Especial do Código Penal", *RT* 712/362.
4. Ao contrário do que afirma grande parte da doutrina, não há um tipo objetivo e um tipo subjetivo.
Em verdade, o tipo é uma estrutura única, que pode possuir elementos objetivos, normativos, subjetivos e materiais. O objetivo e o subjetivo são elementos do tipo, que o integram, e não constituem tipos autônomos.

Conclui-se, portanto, que entre os elementos objetivos do tipo há sempre o verbo, elemento nuclear, que representa a conduta humana, compreendidas nesta tanto a ação propriamente dita, o fazer positivo, como a omissão. Ao verbo podem ainda somar-se circunstâncias de tempo, lugar, meio e modo de execução, bem como características especiais dos sujeitos do delito.

5.2 Elementos normativos do tipo

5.2.1 Conceito

Os tipos que contêm em sua parte objetiva apenas elementos descritivos – e que permitem, por isso, uma adequação típica direta – são conhecidos como tipos penais "cerrados" ou "fechados".

O tipo penal, entretanto, além de elementos objetivos, de pura verificação pelos sentidos, pode ser constituído também por elementos denominados "normativos".

Deve-se a Mezger e principalmente a Mayer a observação, pela primeira vez, dos elementos normativos do tipo penal.[5]

Diferenciam-se os elementos normativos dos objetivos do tipo por necessitarem, para sua compreensão, de um profundo juízo de valoração jurídico-penal.[6]

A pura descrição do fato ou da ação é função reservada aos elementos objetivos do tipo. Os elementos normativos são aqueles que atribuem um sentido, um valor, à ação, aos sujeitos do delito ou às circunstâncias de tempo, lugar, modo ou meio de execução.

5.2.2 Espécies

Basicamente, dividem-se os elementos normativos do tipo penal em elementos jurídicos ou legais,[7] culturais e reveladores da ilicitude da conduta.

---

5. Luis Jiménez de Asúa, *Princípios de Derecho Penal*, p. 257.
6. Em sentido bastante próximo, Jiménez Huerta, *La Tipicidad*, p. 73.
7. Preferimos o termo "legal", pois *jurídicos*, a partir do momento em que são inseridos no ordenamento, são todos os elementos do tipo. A expressão "legal", a nosso ver, melhor expressa o sentido de conceituação do elemento normativo pela lei em seu sentido amplo.

Os elementos *legais* são aqueles cuja conceituação é fornecida pelo próprio ordenamento jurídico. O legislador remete o intérprete, para a adequada compreensão do tipo penal e formulação do juízo de tipicidade, a outro diploma legal em sentido lato.

Podem ser *legais penais*, quando a valoração é realizada pelo próprio direito penal. Assim, por exemplo, os conceitos de "casa" e "funcionário público", fornecidos, respectivamente, pelos arts. 150, § 4º, e 327, ambos do Código Penal.

Quando a formulação conceitual é operada por outros ramos do Direito denominam-se *extrapenais* os elementos normativos legais. A compreensão do tipo penal previsto pelo art. 171, § 2º, VI, do Código Penal (fraude no pagamento por meio de cheque) depende do conhecimento da definição jurídica de "cheque", fornecida pela Lei 7.357, de 2.9.1985 (art. 1º); o juízo de subsunção ao art. 172 do Código Penal (duplicata simulada) exige o conhecimento do conceito de "duplicata", constante do art. 2º da Lei 5.474, de 18.7.1968.

Os elementos *culturais* são os que exigem uma real valoração por parte do intérprete, que deve conferir-lhes o próprio e adequado sentido à análise do tipo penal.

A respeito destes elementos remetemos o leitor aos comentários formulados ao princípio da legalidade, quando nos dedicamos à legalidade escrita e aos costumes como critério de integração do sistema normativo e de interpretação.

Àquelas afirmações basta, agora, acrescentarmos que os tipos que contêm elementos normativos culturais são os denominados "abertos" ou "judiciais", pois cabe ao julgador, ao realizar a interpretação, "cerrá-los", a fim de que não percam sua função de garantia.

Logo, devem ser apenas "aparentemente abertos", sob pena de violação ao princípio da legalidade.

Última espécie dos elementos normativos é a dos que *revelam, de forma expressa, a ilicitude*, a contrariedade ao Direito, do comportamento típico.

Assim, por exemplo, as expressões "indevidamente" (art. 151 do CP) e "sem justa causa" (arts. 153 e 244 do CP). Estas expressões demonstram que a tipicidade já traz, em si, o juízo de ilicitude do comportamento. Uma conduta típica delitiva, que encontra subsunção a um tipo de injusto, carregará, sempre, a qualidade da ilicitude.

O tipo, pois, não é indício, mas sim o próprio meio revelador da ilicitude – questão que será tratada com maior profundidade nos comentários ao art. 23 do Código Penal.

6
TIPICIDADE MATERIAL

6.1 O princípio da lesividade. 6.2 Conceito de bem jurídico. 6.3 Funções do bem jurídico: 6.3.1 Função sistematizadora – 6.3.2 Função de individualização da pena — 6.3.3 Limitação pré-legislativa – 6.3.4 Função de núcleo material do injusto.

6.1 O princípio da lesividade

A Escola Clássica, cujos postulados gerais predominaram em nosso direito penal pelo menos até a reforma da Parte Geral, de 1984, concebia o delito como "ente jurídico". Desta formulação derivava a visão do crime como contrariedade à lei formal, à proibição legal, absolutamente separado da realidade empírica – o que excluía a necessidade de análise do conteúdo da conduta ou da norma aplicável.[1]

Esta construção formalista do delito, fundamentada no método dedutivo – como sustenta Juarez Tavares –, "mascara o verdadeiro substrato das normas penais, voltado à proteção dos bens jurídicos, fazendo do conceito de delito exclusivamente uma conseqüência dedutível do sistema jurídico positivo, independentemente de seu conteúdo ou substrato social, o que impede qualquer indagação acerca da validade do próprio sistema".[2]

Mediante o método lógico-abstrato, assim, excluem-se quaisquer discussões a respeito do conteúdo do direito penal, em seu aspecto valorativo, material, procurando-se – como afirma Reale Jú-

---
1. Juarez Tavares, *Teorias do Delito*, p. 8.
2. Idem, p. 11.

nior[3] – a elaboração da ciência jurídica absoluta e verdadeira, com leis imutáveis.

A elaboração do princípio da lesividade decorreu do abandono desta posição meramente formalista do direito penal, que se satisfazia com a apresentação do conceito de delito como infração à lei formal do Estado, a prática da conduta prevista em lei como delito.

Este conceito formal de crime, sintetizado pelo princípio da legalidade, embora seja imprescindível à segurança jurídica, não é suficiente, no moderno direito criminal, à caracterização do evento criminoso.

Como já sustentamos, o crime não constitui apenas uma infração formal, mas, especialmente, uma violação da esfera jurídica alheia, uma lesão a bem jurídico de outro sujeito.

Logo, a norma jurídica somente deve conter uma ameaça de sanção penal em sua estrutura quando tiver por finalidade a proteção de bens jurídicos.

Neste sentido a profícua lição de Juarez Tavares: "A norma delimitadora não vale por si mesma. Para valer, além da exigência quanto ao procedimento democrático de sua elaboração – *princípio da legalidade* –, será preciso que justifique a incriminação sob o ponto de vista de seus efeitos sociais (...) essa incriminação deve, por sua vez, ter por referência um determinado efeito, que não será o efeito de sua infração, como quer a teoria sistêmica, mas o efeito de lesão, que pode ser produzido pela conduta proibida ou mandada".[4]

Esta é a essência do princípio da lesividade: a conduta humana só pode caracterizar delito se representar uma ofensa (lesão efetiva ou colocação em perigo) a um bem jurídico de outrem; não havendo esta ofensa o legislador não está legitimado a intervir nas relações humanas através do direito penal.

A nosso ver, o princípio da lesividade tem como suas raízes constitucionais os incisos II, III e V do art. 1º da Constituição Federal.

Com efeito, a cidadania (inciso II), acolhida como fundamento do Estado Democrático de Direito, possui um sentido político mais amplo que seu mero conceito técnico-jurídico, pois representa o

---

3. *Antijuridicidade Concreta*, p. 8.
4. *Teoria do Injusto Penal*, p. 124.

poder do indivíduo de opor-se à interferência indevida do Estado em seu âmbito de autonomia e relações; e indevida é a interferência quando não embasada na proteção de um bem jurídico.

O pluralismo político (inciso V), por sua vez, estreitamente ligado às liberdades individuais (de expressão, de opinião, de convicção religiosa, filosófica ou política), constitui o reconhecimento por parte do Estado não só da legitimidade como, também, da necessidade de existência de posicionamentos, opiniões e ações divergentes (síntese da Democracia). Garante o direito à diferença e preserva as minorias (aspecto positivo) e veda a incriminação ou intervenção do Estado contra simples atitudes internas ou morais do homem (aspecto negativo).

Representa o pluralismo político, em suma, a expressão do "caráter não-monista da sociedade brasileira, onde coexistem, em permanente relação mútua, classes e grupos sociais, econômicos, financeiros, culturais e ideológicos de variadas nuanças e gradações contínuas. O pluralismo político propicia a existência de uma sociedade plural".[5]

Por fim, a dignidade a pessoa humana (inciso III) implica a eleição do ser humano como ponto de partida de toda atividade estatal; o Poder transforma-se em instrumento para sua garantia e plena realização, e não um fim em si mesmo. Não havendo riscos de lesão a bens jurídicos do ser humano, assim, não há legitimidade do Estado para agir através do direito penal.

O princípio da lesividade, assim, integra-se ao princípio da legalidade, completa-o como critério para a formulação de hipóteses delitivas.

Para que estas colocações alcancem seu real significado e conteúdo, no entanto, deve ser formulado um conceito de "bem jurídico" e devem ser esclarecidas suas funções – ao que, a seguir, nos dedicaremos.

6.2 Conceito de bem jurídico

Ao apresentarmos o conceito material de "delito" afirmamos que a norma jurídica somente deve conter uma ameaça de sanção penal

---

5. Tadeu Antônio Dix Silva, *Liberdade de Expressão e Direito Penal*, p. 54.

em sua estrutura quando tiver por finalidade a proteção de bens jurídicos. O crime, sob o aspecto material, representa violação significativa de um bem juridicamente protegido.

Se esta assertiva não encontra grandes divergências na doutrina, o mesmo não ocorre com a elaboração de um conceito de "bem jurídico", apto a garanti-la, pois muitas são as definições oferecidas.

Para Muñoz Conde o bem jurídico é um valor que a lei quer proteger de ações que possam lesá-lo, "uma qualidade positiva que o legislador atribui a determinados interesses. A qualidade de bem jurídico, portanto, é algo que a lei cria e não alguma coisa que lhe seja preexistente".[6]

Welzel sustenta que: "Bem jurídico é um bem vital da comunidade ou do indivíduo, que por sua significação social é protegido juridicamente".[7]

Em sentido próximo posiciona-se García-Pablos: "Bens jurídicos são bens vitais, fundamentais, para o indivíduo ou a comunidade, que, precisamente ao serem tutelados pelo Direito, convertem-se em bens jurídicos".[8]

Cobo del Rosal e Vives Antón,[9] apoiando-se em Rocco, definem o bem jurídico como todo valor da vida humana protegido pelo Direito.

Roxin, por sua vez, após sustentar que um conceito de "bem jurídico" vinculante sob o aspecto político-criminal somente pode derivar dos valores contidos na Lei Fundamental, acaba por formular o seguinte conceito: "Os bens jurídicos são circunstâncias dadas ou finalidades que são úteis para o indivíduo e seu livre desenvolvimento, no marco de um sistema social global, estruturado sobre a base dessa concepção dos fins, ou para o funcionamento do próprio sistema".[10]

Para nós, a elaboração de um conceito material de bem jurídico deve ter por finalidade principal vincular as escolhas de criminalização do legislador ordinário a algum critério de aferição, um mínimo objetivo.

6. *Teria Geral do Delito*, pp. 50-51.
7. *Derecho Penal Alemán*, 4ª ed., p. 5.
8. *Derecho Penal – Introducción*, p. 40.
9. *Derecho Penal – Parte General*, 3ª ed., p. 249.
10. *Derecho Penal – Parte General*, t. I, p. 55.

Desta finalidade mais se aproximam as teorias constitucionais do bem jurídico, para as quais o conjunto de valores constitucionais deve funcionar como limite instransponível ao legislador ordinário, no sentido de que jamais deve haver contraste entre sistema constitucional de valores e sistema penal.[11]

Com efeito, o bem jurídico não pode ser interpretado apenas como interesse juridicamente protegido, pois qualquer lei – mesmo as não-penais – protege múltiplos interesses.

Admitindo-se este conceito, permite-se que uma lei penal venha a ser elaborada pela simples existência de um interesse, ainda que este ou sua violação não possuam qualquer relevância social.

Do ponto de vista de um direito penal como *ultima ratio*, de modo diverso deve ser conceituado o bem jurídico. Somente poderão ser suscetíveis de proteção pelo direito penal as funções socialmente relevantes, necessárias à estruturação da sociedade e do Estado, sem as quais estes organismos não seriam capazes de existir ou subsistir.

Mas onde se encontra a seleção destes valores?

Certamente não pode ser na lei ordinária – como pretende Muñoz Conde –, pois se a lei "criasse" o bem jurídico não haveria qualquer critério limitador da atuação legislativa em matéria penal.

Além disso, estaríamos diante de um impasse: somente devem ser criminalizadas as ações lesivas a bem jurídicos; os bens jurídicos, no entanto, apenas surgem quando tutelados pela norma penal. Confundir-se-iam a fonte e seu produto.

Por serem estes valores imprescindíveis à estruturação da sociedade e do Estado, só podem estar contidos, discriminados, na Constituição Federal,[12] de forma que o ilícito penal há sempre de configurar "uma significativa lesão de um valor constitucionalmente relevante".[13]

A Constituição, ao instituir o Estado Democrático de Direito, estabeleceu seus valores fundamentais; o direito penal ocupar-se-á da proteção destes valores e dos que deles forem decorrentes.

---

11. Giovanni Findaca, "O bem jurídico como problema teórico e como critério de política criminal", *RT* 776/412.

12. Hans Joaquim Rudolphi, "Los diferentes aspectos del concepto de bien jurídico", in *Nuevo Pensamento Penal – Revista de Derecho y Ciencias Penales* 5-8/338.

13. Franco Bricola, *Teoria Generale del Reato*, pp. 15-16.

Surgem, portanto, como bens jurídicos principais a vida, a liberdade, a igualdade, a segurança e a propriedade (CF, art. 5º, *caput*); e como secundários, já que derivados e compreendidos pelos principais, mas também protegidos pela Constituição, valores como, por exemplo, a saúde, a intimidade e a honra.

O *bem jurídico*, assim, sob uma perspectiva constitucional, pode ser conceituado como: *a função relevante da vida social, constitucionalmente positivada, sem a qual a sociedade e o Estado teriam prejuízos às suas estruturas.*

Isto não significa que a criação dos "valores" sociais relevantes seja decorrente da atuação legislativa. Em verdade, eles preexistem na sociedade, são frutos do momento histórico, da experiência do ser humano e da vivência ética do povo. Não são postos, "dados" aprioristicamente à sociedade para serem descobertos, mas forjados nas relações sociais.

O legislador, contudo, que representa a sociedade por força da divisão de Poderes, inerente à Democracia, "transforma" estes valores, conferindo-lhes relevância jurídica, e "cria", assim, os bens jurídico-penais através do processo de elaboração das normas constitucionais. Nem todo valor constitui um bem jurídico, mas todo bem jurídico traz em si um valor de significação social positiva.

6.3 Funções do bem jurídico

Dentre as funções que exerce o bem jurídico no direito penal, há quatro que reputamos essenciais e, por isso, dignas de maiores considerações. São estas: (a) sistematizadora; (b) de individualização da pena; (c) limitadora pré-legislativa; (d) delimitadora da incidência da tipicidade (núcleo material do injusto típico).

6.3.1 Função sistematizadora

A função sistematizadora ou sistemática consiste em representar o bem jurídico o "elemento classificatório decisivo na formação dos grupos de tipos da Parte Especial do Código Penal"[14] e das leis penais especiais.

---

14. Luiz Régis Prado, *Bem Jurídico-Penal e Constituição*, 2ª ed., p. 49.

Assim, são agrupados e elencados, de forma clara, os crimes contra a vida (Título I, Capítulo I, do Código Penal), contra a liberdade individual (Título I, Capítulo IV, do Código Penal), contra o patrimônio (Título II do Código Penal) etc., de modo a observar-se o princípio da fragmentariedade do direito penal.

A função sistemática facilita o conhecimento do injusto pelos destinatários da lei penal e o mister de interpretação pelos operadores do Direito.

6.3.2 Função de individualização da pena

A função auxiliar de individualização da pena está prevista pelo art. 59 do Código Penal, ao dispor que o juiz, no estabelecimento da sanção, observará, entre outras circunstâncias, as conseqüências do crime.

Compreende-se, aqui, que a fixação da pena-base tem por um de seus fundamentos a gravidade da ofensa irrogada ao bem jurídico protegido pela lei penal.

6.3.3 Limitação pré-legislativa

Admitindo-se o conceito de bem jurídico aqui sustentado, excluem-se, desde logo, do direito penal quaisquer tipos de injusto que não contenham como seus núcleos materiais a ofensa a valores constitucionalmente relevantes.

Com efeito, o direito penal não pode servir como instrumento de imposição da moral dominante; vedado está ao legislador formular hipóteses delitivas de conteúdo puramente moral, pois não representam o dano social necessário para a drástica intervenção estatal nas relações sociais.

Inexistindo possibilidade de lesão a bem jurídico, não pode haver atuação do direito penal, pois este "nem está legitimado nem é adequado para a educação moral dos cidadãos".[15]

Evita-se, deste modo, que o direito penal sirva de instrumento de repressão ao livre desenvolvimento das personalidades dos cidadãos,

---

15. Claus Roxin, *Iniciación al Derecho Penal de Hoy*, p. 28.

de interferência na sua intimidade e vida privada. Por outro lado, preservam-se as finalidades do Estado Democrático de Direito, pois "o exercício, pelos cidadãos, do direito de livre escolha deve ser protegido como um valor em si, contra o qual não pode, *prima facie*, ser oposta interferência".[16]

Veda-se, assim, a possibilidade de aplicação do direito penal a simples atitudes internas do homem, a suas idéias, sentimentos e aspirações, bem como a comportamentos que, embora em um aspecto moral sejam desaprovados pela maioria, não implicam qualquer lesão à esfera jurídica de outrem.

Isto porque a moralidade – como sustenta Bustos Ramírez – "está na cabeça de um ou mais indivíduos, e o bem jurídico na realidade social, no conflito social, no desenvolvimento da pessoa através da satisfação de suas múltiplas necessidades".[17]

É certo que os valores intrínsecos aos bens jurídicos têm uma fonte subjetiva, consistente na busca do espírito humano pela felicidade (cuja forma varia de acordo com o tempo e o espaço) – ou, como preferimos, da realização de sua dignidade.

Nem por isso, entretanto, os valores são forjados apenas pelas atitudes internas do homem, exteriorizadas pelas condutas. Ao contrário, na formação histórica dos valores há, também, uma fonte objetiva, representada pelas relações sociais e pela busca da coletividade pelo aprimoramento da vida em comum.

Deste "justo meio-termo", como dizia Aristóteles, embora em outro sentido, da tensão e ao mesmo tempo conciliação entre o querer individual e o social, nascem a cultura e seus valores, e dentre estes últimos são selecionados os bens jurídicos pelo processo legislativo constitucional.

A função vinculante do bem jurídico, portanto, obsta a que o legislador, por exemplo, incrimine condutas como o suicídio e sua tentativa, o homossexualismo entre adultos ou a autolesão, pois estes comportamentos não representam ofensa a valores constitucionais de terceiros.

---

16. Hart, *Direito, Liberdade e Moralidade*, pp. 47-48.
17. *Introducción al Derecho Penal*, 2ª ed., p. 28.

Neste sentido, preserva o bem jurídico – como ensina Nilo Batista – o "direito à diferença" de práticas e hábitos das minorias, que não podem ser criminalizados.[18]

6.3.4 Função de núcleo material do injusto

A quarta função exercida pelo bem jurídico é a de exigir para a caracterização de um delito a efetiva lesão ao valor constitucional protegido, que constitui, portanto, o elemento material do tipo penal.

Indispensável é a verificação da ofensa (lesão ou perigo) ao bem jurídico protegido para que o comportamento, além de formalmente, seja também materialmente típico. E isto porque "a conduta humana somente poderá ser um injusto punível se lesionar um bem jurídico".[19]

Com efeito, se o tipo penal, como afirmamos, é elaborado em função de um valor e tem por finalidade principal protegê-lo, não se poderia compreender a interpretação de uma conduta como típica quando o valor, o bem jurídico protegido, não foi sequer colocado em perigo por essa conduta.

Ora, se não houver ofensa ao valor tutelado pela norma penal, a conduta, ainda que em seus aspectos objetivos esteja adequada ao modelo legal, nenhuma relevância terá para o direito penal, sendo sua atipicidade a única conclusão possível.

Desta forma, para que haja subsunção ao tipo penal de falsificação de documento público (art. 297 do CP) não basta a simples adulteração do documento. Imprescindível é que a falsificação seja capaz de iludir terceiros, tenha potencialidade lesiva.

Em hipótese de adulteração grosseira, sem idoneidade moral, ou se o documento jamais vier a ser utilizado, inexistirá a tipicidade da conduta, por ausência de dano à fé pública. Embora o comportamento seja formalmente típico, a ausência de lesão ao bem jurídico protegido tem por conseqüência sua atipicidade material.

De igual modo, para que reste tipificado o crime de furto a coisa subtraída deve possuir algum valor econômico e sua retirada da esfe-

---

18. *Introdução Crítica ao Direito Penal Brasileiro*, p. 92.
19. Winfried Hassemer, *Fundamentos del Derecho Penal*, p. 37.

ra de disponibilidade da vítima representar um prejuízo, um dano patrimonial.

Inocorrendo o dano patrimonial não se tipifica o crime de furto, por ausência do elemento material do tipo penal, de ofensa ao bem jurídico constitucionalmente protegido.

Como auxiliar interpretativo desta função do bem jurídico, elaborou Claus Roxin o "princípio da insignificância",[20] com o objetivo de excluir, desde logo, do âmbito penal as lesões de importância mínima.

O acerto da proposição vem sendo cada vez mais admitido pela doutrina e pela jurisprudência, pois o direito penal, por sua natureza subsidiária, de *ultima ratio*, somente deve ir até onde seja necessário à real proteção dos bens jurídicos,[21] não podendo ocupar-se de ofensas inexpressivas aos valores tutelados.

Logo, não podem ser consideradas típicas as condutas que provocam insignificantes lesões a bens jurídicos, sem qualquer danosidade ou relevância social.

Pela aplicação deste auxiliar interpretativo, o furto (art. 155 do CP) não será qualquer subtração de coisa alheia móvel, mas apenas aquela capaz de provocar um dano patrimonial de certa expressividade social ao ofendido; a lesão corporal deve representar uma ofensa significativa à integridade física ou à saúde de outrem; o porte de entorpecentes não será qualquer posse, guarda ou detenção de tóxicos, mas apenas aquela em que, pela quantidade da substância, veja-se a saúde pública colocada em perigo.

Esta é a melhor interpretação do tipo penal, pois nessas ações com resultados mínimos o tipo, em verdade, não se integra, não há uma real ofensa ao bem jurídico tutelado.

A subtração de um alfinete em loja de armarinhos não representa qualquer alteração sensível no patrimônio do ofendido. E, não havendo dano patrimonial, não há que se falar em tipicidade do crime de furto, pois ausente a ofensa ao bem jurídico, o elemento material do tipo penal.

---

20. *Política Criminal y Sistema del Derecho Penal*, p. 53.
21. Francisco de Assis Toledo, *Princípios Básicos de Direito Penal*, 4ª ed., p. 133.

Para a tipificação do delito de lesões corporais exige-se que haja efetivo prejuízo à integridade física ou à saúde da vítima. Lesões eritematosas ou levíssimas escoriações não têm o condão de integrar o tipo penal quanto ao seu elemento material, pois inexistente o comprometimento fisiológico, anatômico ou mental do corpo humano.

Também para a formação dos tipos referentes à posse de entorpecentes imprescindível será a existência de perigo à saúde pública, ao bem jurídico protegido pela norma penal.

Quantidade ínfima de substância entorpecente não serve a colocar em perigo o valor tutelado, pois incapaz de provocar a dependência, sofrendo a conduta, portanto, de atipia material.

O mesmo critério pode e deve ser utilizado na interpretação da maioria dos tipos penais, não se limitando às hipóteses aqui apresentadas. Sendo insignificante a ofensa ao bem jurídico não se forma o tipo, por ausência de seu elemento material.[22]

---

22. A respeito da posição da jurisprudência, cf. Carlos Vico Mañaz, *O Princípio da Insignificância como Excludente da Tipicidade Penal*, pp. 70 e ss.
A título de ilustração, trazemos à colação as ementas a seguir, favoráveis à adoção do princípio da insignificância em nosso Direito, pelos fundamentos acima expostos:
"Delito de bagatela – Consideração de fato atípico – Princípio da insignificância – Aplicação.
"O princípio da insignificância pertine aos delitos de bagatela, permitindo sua consideração pela jurisdição penal como fatos atípicos, posto que destituídos de qualquer valoração a merecer tutela e, portanto, irrelevantes. São os que pertinem a ações aparentemente típicas, mas de tal modo inexpressivas e insignificantes que não merecem a reprovabilidade penal" (rel. Juiz Walter Swensson, *RDJTACrimSP* I/216, janeiro-março/1989).
"Dano – Estrago ao patrimônio público de pequena monta – Prejuízo não significativo – Atipicidade – Aplicação do princípio da insignificância.
"O dano não deve restringir-se tão-somente à mera lesão de coisa alheia, mas sim àquela que representa realmente significado para o seu proprietário. Assim, no caso do prisioneiro que serra a grade do xadrez numa tentativa frustrada de fuga não há lesão significativa ao bem alheio, devendo ser excluída a tipicidade penal" (rel. Juiz Saraiva de Medeiros, *RDJTACrimSP* 9/76, janeiro-março/1991).
"Princípio da insignificância – Furto – Pequeno valor da coisa furtada – Atipicidade do fato ante a ausência de lesividade ou danosidade social.
"A lei penal jamais deve ser invocada para atuar em casos menores, de pouca ou escassa gravidade. E o princípio da insignificância surge justamente para evitar situações desta espécie, atuando como instrumento de interpretação restritiva do tipo penal, com o significado sistemático e político-criminal de expressão da regra constitucional do *nullum crimen sine lege*, que nada mais faz do que revelar a natureza

subsidiária e fragmentária do direito penal" (TACrimSP, rel. Juiz Márcio Bártoli, *RT* 733/579).

"Ação penal – Justa causa – Inexistência – Lesão corporal culposa – Acidente de trânsito – Delito atribuído à mãe da vítima – Inexpressividade da lesão – Aplicação do princípio da insignificância – Trancamento determinado – Recurso de *habeas corpus* provido" (STJ, *RT* 705/381).

"Princípio da insignificância – Crimes contra a fauna – Abatimento de animal silvestre – Conduta que não afetou potencialmente o meio ambiente e não colocou em risco a função ecológica da fauna.

"O abatimento de animal silvestre que não afete potencialmente o meio ambiente e não coloque em risco a função ecológica da fauna impõe a aplicação do princípio da insignificância, uma vez que a conduta dos agentes não alcançou relevância jurídica" (TRF-3ª Região, 2ª T., rel. Juiz Aricê Amaral, *RT* 747/778).

7
IMPUTAÇÃO SUBJETIVA

7.1 Princípio da responsabilidade subjetiva. 7.2 Crime doloso: 7.2.1 Dolo no tipo – 7.2.2 Conceito – 7.2.3 Elementos – 7.2.4 Espécies de dolo. 7.3 Culpa: 7.3.1 Conceito – 7.3.2 Elementos do fato típico culposo – 7.3.3 Espécies de culpa. 7.4 Crime preterdoloso. 7.5 Responsabilidade penal da pessoa jurídica.

7.1 Princípio da responsabilidade subjetiva

O princípio da responsabilidade pessoal subjetiva, que também pode ser denominado de primeira acepção do princípio da culpabilidade, significa a impossibilidade de recepção, pelo direito criminal, da responsabilidade objetiva – isto é, a aplicação de uma pena ao sujeito ativo de uma conduta apenas em virtude do resultado lesivo a um bem jurídico, pela mera existência de uma relação causal entre o comportamento e o dano.

Adotado o princípio da responsabilidade subjetiva, mais do que isto é exigido: não basta o nexo causal tipicamente relevante, devendo existir, também, um liame psicológico, consistente na vontade consciente de realização da conduta proibida (dolo), ou ao menos uma tal negligência (culpa), que seja determinante para a ocorrência do dano social previsto como crime.

Este princípio encontra-se positivado no Código Penal, primeiramente, em seu art. 18, que dispõe haver unicamente duas espécies de crime: doloso, quando o agente quis o resultado ou assumiu o risco de produzi-lo; culposo, quando o agente deu causa ao resultado por imprudência, negligência ou imperícia, devendo, contudo, estar expressamente prevista a modalidade culposa para o apenamento da conduta a este título.

Deste dispositivo, portanto, já é possível depreender que inexiste delito sem dolo ou culpa.

Esta conclusão é reforçada pelo art. 19, ora em análise, o qual reza que pelo resultado que agrava especialmente a pena só responde o agente que o houver causado ao menos culposamente. Logo, não havendo dolo ou culpa na ação, não responderá por ela seu sujeito ativo.

A finalidade do legislador de exclusão da responsabilidade objetiva de nosso direito penal foi ressaltada pelo então Ministro da Justiça Ibrahim Abi-Ackel na Exposição de Motivos da Nova Parte Geral do Código Penal,[1] em seus itens 16 e 18: "Retoma o Projeto, no art. 19, o princípio da culpabilidade, nos denominados crimes qualificados pelo resultado que o Código vigente submeteu a injustificada responsabilidade objetiva. A regra se estende a todas as causas de aumento situadas no desdobramento causal da ação. (...). O princípio da culpabilidade estende-se, assim, a todo o projeto. (...). Eliminaram-se os resíduos de responsabilidade objetiva, principalmente os denominados crimes qualificados pelo resultado".

Uma questão, entretanto, não pode deixar de ser colocada: se o princípio da responsabilidade subjetiva é previsto tão-somente pela legislação ordinária, pode ser considerado um princípio sistematizador e geral do direito penal? Não poderia outra lei, de igual ou superior hierarquia, abolir para determinadas hipóteses, ou mesmo totalmente, o princípio em questão?

Pensamos que as respostas a essas questões devem ser negativas, pois o princípio da culpabilidade é inerente ao Estado Democrático de Direito e a valores constitucionais como a Democracia, a cidadania e a liberdade, não podendo ser desprezado sem que também estes valores fundamentais sejam atacados e violados. A exigência da culpabilidade, portanto, deflui do espírito liberal e democrático da ordem constitucional estabelecida, pois garantidora de seus princípios fundamentais.

Mas, além disso, a nosso ver, o princípio da culpabilidade encontra sua raiz constitucional no princípio fundamental da presunção de inocência, que não tem uma função meramente processual, pois compreende também a presunção de não-culpabilidade.

---

1. Publicada no *Diário do Congresso* de 29.3.1984, Seção II.

Com efeito, ao dispor o legislador constituinte que "ninguém será considerado culpado até o trânsito em julgado da sentença penal condenatória" (CF, art. 5º, LVII), deixou claro que a imputação de fato penalmente relevante a um sujeito não pode prescindir da culpa em sentido lato, do nexo subjetivo entre o agente e o resultado lesivo, pois a responsabilidade objetiva é inconciliável com a declaração de culpa, exigida pela Constituição.

Assim, como ensinam Cobo del Rosal e Vives Antón,[2] no plano do direito penal a presunção de inocência representa um limite ao legislador, em virtude do qual – e dada sua natureza constitucional – serão nulos todos os preceitos penais que estabeleçam uma responsabilidade baseada em fatos presumidos ou em presunção de culpabilidade.

Concretiza o art. 19, desse modo, uma garantia fundamental pertencente ao núcleo irreformável da Constituição, consubstanciada, em sede penal, no princípio da responsabilidade pessoal subjetiva.

7.2 Crime doloso

7.2.1 Dolo no tipo

Para a configuração dos tipos penais nos delitos dolosos não basta a verificação dos elementos objetivos e normativos, sendo indispensável a observação da intenção com que atuou o agente, o sentido empreendido ao comportamento.

O elemento subjetivo "dolo" realmente pertence ao tipo penal, e não à culpabilidade.

Deve-se a Welzel[3] esta colocação, após observar que nos crimes tentados o elemento subjetivo do agente é o ponto de partida para a tipificação das condutas. Se na tentativa o dolo está no tipo penal, não há motivo para que não ocorra o mesmo nos crimes consumados.

Com efeito, considerando-se apenas sob o aspecto objetivo o comportamento daquele que efetua um disparo de arma de fogo na direção de outro indivíduo, sem atingi-lo, impossível a aferição de ter ocorrido uma tentativa de homicídio (art. 121 do CP), uma tentativa

2. Derecho Penal – Parte General, 3ª ed., p. 78.
3. Derecho Penal Alemán, 4ª ed., pp. 68-69.

de lesão corporal (art. 129 do CP) ou um crime de perigo a vida ou a saúde de outrem (art. 132 do CP). O juízo de subsunção, de tipicidade, na hipótese, somente será possível com o conhecimento do dolo, do elemento subjetivo com que atuou o agente.

Esta posição de Welzel e da teoria finalista da ação é correta, e não apenas para os delitos em sua forma tentada, tanto que algumas condutas objetivamente idênticas subsumem-se a tipos penais distintos, por serem diferentes os elementos subjetivos dos comportamentos.

Assim é que os tipos penais de homicídio e de lesão corporal seguida de morte, embora em seus aspectos descritivos não possuam distinções, estão capitulados em moldes legais diversos. Para a tipificação da conduta do agente deve-se analisar se agiu com dolo de homicídio ou de lesão corporal.

Some-se a isso – como bem observa Francisco de Assis Toledo – que, "em um sistema como o nosso, marcado por tipos dolosos e por tipos culposos, o que distingue os primeiros dos segundos é a presença do dolo nos tipos dolosos e da negligência, imprudência ou imperícia nos tipos culposos, já que são esses os únicos elementos internos ao tipo que lhe dão essa especial fisionomia".[4]

A verificação do dolo, assim, já se faz no momento de subsunção do comportamento ao modelo legal, no juízo de tipicidade – sendo, portanto, de rigor sua inserção no tipo penal.

7.2.2 Conceito

"Dolo" é a vontade consciente do agente de realização dos elementos objetivos do tipo e do dano social causado pelo fato; é o querer a realização do evento e do desvalor que este representa. Na conduta dolosa dirige-se o comportamento em sentido contrário à função socialmente relevante protegida pela lei penal.

O dolo, ao contrário do que afirma Welzel,[5] não é apenas o dolo natural, a pura vontade de realização, desprovida de qualquer conteúdo valorativo, mas sim a vontade de realização dos elementos objeti-

---

4. *Princípios Básicos de Direito Penal*, 4ª ed., p. 154.
5. *Derecho Penal Alemán*, 4ª ed., pp. 73 e ss.

vos do tipo aliada a um sentimento, à intenção no sentido de diminuição, de contrariedade ao valor (bem jurídico) tutelado pelo tipo penal.[6]

Isto porque a conduta humana tem por essência um caráter valorativo. Ao agir, o ser humano opta por um sentido à sua ação, não querendo apenas o resultado, mas especialmente o valor ou desvalor que este representa. A ação dolosa, portanto, é aquela orientada em função de um desvalor social, isto é, no sentido de diminuição de um valor penalmente tutelado. Se a ação não for motivada por este menosprezo, mas em função de um valor socialmente relevante, estará excluído o dolo da conduta.

Assim, para que esteja configurado o dolo de dano (art. 163 do CP), ao destruir, inutilizar ou deteriorar coisa alheia é indispensável que atue o agente em função de diminuição do valor tutelado pelo tipo, com menosprezo ao bem jurídico *patrimônio*.

Se a destruição, por exemplo, se der em prestação de serviço de demolição, contratado pelo dono da coisa, não haverá de se falar em dolo, pois orientada a ação no sentido de um resultado socialmente relevante e positivo.

Da mesma forma, no delito de lesão corporal a verificação do dolo depende de um sentido de negação, na conduta do agente, da integridade física do ofendido como um valor. Realiza-se o comportamento em função desse desvalor.

Este conceito de dolo não pode ser confundido com o denominado *dolus malus*, em que a consciência da ilicitude, da proibição, pertence à estrutura do elemento subjetivo.[7]

Com efeito, a mulher estrangeira que, pela aparência de liberalidade dos costumes de nosso país, crê na legalidade do aborto, e o pratica, age sem a consciência da ilicitude de seu ato. Não obstante, em seu comportamento está presente o dolo, pois age com a vontade livre e consciente de provocar o aborto, com menosprezo à vida fetal como um valor a ser socialmente preservado. O conteúdo valorativo de sua conduta, em relação ao bem jurídico protegido, não se altera em virtude de sua consciência ou não do ilícito.

---

6. Neste sentido: Reale Júnior, *Antijuridicidade Concreta*, pp. 40 e ss.
7. Sobre *dolus malus*, cf. Aníbal Bruno, *Direito Penal – Parte Geral*, vol. II, p. 68.

Por outro lado, a mulher que tem a consciência da ilicitude da provocação do aborto mas que, grávida, ingere medicamento para problemas estomacais apto à causação do aborto, desconhecendo, contudo, tal propriedade da substância, comporta-se sem dolo, pois não dirige seu comportamento em sentido contrário ao valor tutelado pela norma penal.

A intenção de contrariar o valor tutelado pela norma penal não corresponde à consciência da ilicitude. Esta integra a culpabilidade, referindo-se ao conhecimento atual ou potencial da proibição da ação, não afetando a tipicidade. Já aquela relaciona-se ao conteúdo negativo da conduta do sujeito, e sua ausência exclui a tipicidade delitiva do comportamento.

A concepção de dolo aqui sustentada abrange toda a parte subjetiva do crime, motivo pelo qual rechaçamos os imprecisos conceitos de "elementos subjetivos do tipo" e "elementos subjetivos do injusto".[8]

Os fins do agir contidos nos tipos penais, efetivamente, não são elementos subjetivos especiais, mas dados que integram o dolo, pois demonstram a intenção do agente e, por vezes, são indispensáveis à revelação de qual o valor tutelado pela norma penal.

O crime de quadrilha ou bando tipifica a associação de mais de três pessoas para o fim de cometer crimes. O dolo, nesta hipótese, não pode ser cortado, devendo abranger o fim de cometer crimes, pois esta finalidade da conduta é que revela o desvalor da ação, o menosprezo do comportamento ao bem jurídico *paz pública*.

Se assim não fosse deveríamos admitir que age com dolo de quadrilha ou bando todo aquele que se associa a três ou mais pessoas independentemente da finalidade da associação, ainda que para fins filantrópicos.

Neste contexto, fica evidente o equívoco cometido ao se conferir ao dolo um puro sentido natural, desprovido de qualquer valoração. A paz pública somente será violada se a associação tiver por finalidade a prática de crimes, podendo-se falar em dolo de quadrilha

---

8. As diferenças, aliás, entre elementos subjetivos do tipo e do injusto jamais ficaram bem delineadas pela doutrina, pois fundamentadas em critérios não-metodológicos, conceitualmente equivocados.

apenas quando a intenção do sujeito for o cometimento de crimes, dando-se para isso a associação de mais de três pessoas.

O mesmo ocorre no crime de rapto, no qual a finalidade libidinosa revela como bens jurídicos protegidos pelo tipo a liberdade sexual e a organização familiar. O dolo abrange esta finalidade, na medida em que só aquele que tem a intenção de retirar a mulher honesta de seu lar *para a prática de atos libidinosos* possui a vontade consciente de raptar. Se esta finalidade não estiver presente poderá até mesmo estar configurado o dolo de seqüestro, mas jamais o do crime de rapto.

A finalidade típica pertence ao dolo e dele não pode ser dissociada, ou tratada como elemento subjetivo especial, sob pena de transformá-lo em elemento incapaz de revelar a vontade típica do agente.

De acordo com o entendimento aqui exposto, podemos formular o seguinte conceito de *dolo: a vontade consciente de realização da parte objetiva do tipo penal, no intuito de menosprezo, diminuição, de um valor socialmente relevante, de um bem jurídico-penal, na qual se inclui todo o aspecto subjetivo do tipo.*

7.2.3 Elementos

Conceituado o aspecto subjetivo do ilícito penal, passemos à análise dos elementos que o constituem.

Compõe-se o dolo por dois elementos, quais sejam, o intelectivo e o volitivo.

Por *elemento intelectivo* entende-se o conhecimento do agente das circunstâncias caracterizadoras do tipo penal e, em conseqüência, do valor tutelado pela norma. O reconhecimento do valor intrínseco ao tipo, portanto, integra este elemento.

Assim, no crime de apropriação indébita (art. 168 do CP) deve representar o sujeito que se apropria de coisa alheia móvel de que tem a posse ou a detenção, e reconhecer a existência do valor *patrimônio*; no homicídio (art. 121 do CP), reconhece que mata outra pessoa, e que a *vida humana* representa socialmente um valor.

Desconhecendo o agente que a coisa pertence a outrem – ou o conceito profano de patrimônio –, ou que a vítima é um ser humano

– ou a caracterização da humanidade –, o dolo não estará presente na conduta.

Para a configuração do dolo, entretanto, não é suficiente apenas o aspecto intelectivo, o conhecimento da conduta; indispensável também o *elemento volitivo*, o querer realizá-la em contrariedade ao valor tutelado pela norma penal, no sentido de negação, como um valor, do bem jurídico protegido.

O elemento volitivo significa, desse modo, a *vontade* de realizar, que pressupõe a mínima capacidade de optar entre valores, em função de um desvalor social, com intenção contraposta à norma penal.

Se não houver a vontade de agir, se estiver o indivíduo totalmente privado da capacidade de optar, ou se for a conduta motivada por uma função socialmente relevante – isto é, de valorização ou de preservação de um bem jurídico protegido, como nos tipos de justo, dos quais trataremos nos comentários ao art. 23 –, não estará configurado o dolo, inexistindo, conseqüentemente, subsunção ao tipo delitivo.

7.2.4 Espécies de dolo

O dolo, para o moderno direito penal, possui apenas duas espécies, previstas pelo art. 18, I, do Código Penal: dolo direto e dolo eventual.

No *dolo direto* o agente quer o resultado e o desvalor que este representa, agindo no sentido do fato socialmente danoso. O menosprezo ao bem jurídico protegido é o que motiva a prática da conduta.

No *dolo eventual*, por sua vez, o agente, embora não queira o resultado, tem a consciência da possibilidade de seu acontecimento, e ainda assim continua agindo, assumindo o risco de sua produção.

O sujeito, aqui, também atua com menosprezo ao bem jurídico tutelado pela norma penal, pois a possibilidade de ocorrência do evento danoso não interfere na sua vontade de atuar. O agente aceita o resultado, com ele se conforma, e concorda com sua produção.[9]

Não há que se confundir *dolo eventual* e *culpa consciente*. No primeiro o agente tem presente o risco de sua ação, mas, com despre-

---

9. Wessels, *Direito Penal – Parte Geral*, p. 53.

zo ao bem jurídico tutelado, pratica o comportamento. Na segunda o sujeito também tem a consciência da probabilidade do dano; levianamente, no entanto, crê na sua não-ocorrência.

Como sustenta Roxin: "A realização do plano constitui a essência do dolo: um resultado há de considerar-se dolosamente produzido quando e porque corresponde ao plano do sujeito numa valoração objetiva. Esta afirmação, evidente no dolo direto, pode servir na delimitação entre dolo eventual e imprudência (culpa) consciente".[10]

Inclui o sujeito, no dolo eventual, o cálculo do resultado, ainda que desagradável a conseqüência. O sujeito quer realizar seu projeto, inclusive "ao preço da realização do tipo".[11]

A diferença entre *dolo eventual* e *culpa consciente* está, portanto, na assunção do risco. Enquanto no dolo eventual o agente comportar-se-ia da mesma forma ainda que fosse certo o resultado, na culpa consciente o mesmo não aconteceria, isto é, o sujeito deixaria de atuar se tivesse certeza do evento danoso.

7.3 Culpa

7.3.1 Conceito

A análise dos elementos normativos do tipo – a que nos referimos no Capítulo 6 deste Título – encontra especial relevância para a interpretação dos tipos penais dos delitos culposos, na medida em que para sua verificação não basta a simples observação fática, cabendo ao intérprete a realização de um juízo de valoração profundo.

Isto porque a estrutura do tipo culposo é formada pelo elemento normativo *culpa* em sentido estrito e o resultado provocado por esta ação culposa. Constitui, portanto, a integração do resultado previsto pela Parte Especial do Código Penal e a modalidade de ação culposa, cujas espécies encontram-se na Parte Geral do Código.

Omitiu-se o legislador em fornecer um conceito ou definição de *culpa*, tendo-se limitado a discriminar, como suas espécies, a imprudência, a negligência e a imperícia.

---

10. *Derecho Penal – Parte General*, t. I, pp. 416-417.
11. Roxin, idem, t. I, p. 426.

A doutrina, no intuito de diferenciar estas três modalidades, acabou por assentar tratar-se a imprudência da forma positiva (comissiva) de culpa, consistente em atuar o agente sem a cautela necessária; a negligência, falta de atividade (omissiva) em momento oportuno; a imperícia, por fim, incapacidade, falta de conhecimento ou habilitação para o exercício de determinada arte ou profissão.[12]

Temos que as três formas de culpa apontadas pelo legislador poderiam ser englobadas na referência à negligência[13] ou à inobservância, por parte do agente, do dever de cuidado objetivo que lhe é imposto na situação concreta.

Com efeito, o motorista que atropela um transeunte ao conduzir seu veículo a 120km/h em estreita estrada de terra – em velocidade excessiva, portanto, para as condições do lugar – teria seu comportamento qualificado de imprudente. O que se apresenta relevante na sua conduta, no entanto, e constitui elemento decisivo para a configuração de sua culpa, é o fato de, na realidade apresentada, não ter observado o dever de cuidado exigível – ou seja, a caracterização da infração ao dever de cautela imposto nas circunstâncias.

Também o engenheiro que, por não observar as regras relativas à construção, projeta uma casa que posteriormente vem a desabar, provocando a morte de seus moradores, seria taxado de imperito. Na sua conduta, todavia, o que importa para a aferição da culpa é a inobservância, nas condições e circunstâncias do caso, do cuidado objetivo exigível.

Logo, podemos conceituar a *culpa em sentido estrito* como: *um elemento normativo do tipo penal, consistente na inobservância, por parte do agente, do dever objetivo de cuidado imposto na situação concreta, adequada à causação do resultado tipicamente relevante.*

7.3.2 Elementos do fato típico culposo

No que toca ao princípio do ato em nada diferem os delitos culposos dos dolosos, de forma que, para sua tipificação, indispensável

---

12. Magalhães Noronha, *Do Crime Culposo*, pp. 109-111.
13. Basileu Garcia, *Instituições de Direito Penal*, 4ª ed., vol. I, t. I, p. 259. Afirma este autor: "O que faz com que o agente não preveja aquilo que é previsível é a sua negligência, a sua falta de cautela. Em rigor, a palavra *negligência* seria suficiente para ministrar todo o substrato da culpa".

é a existência de um comportamento humano voluntário (comissivo ou omissivo) que constitua causa determinante e adequada à produção do resultado (jurídico) reprovável.

A simples existência de um ato no antecedente e de um resultado no conseqüente, no entanto, não basta à configuração do delito culposo, pois este se consubstancia pela infração, por parte do agente, do dever de cuidado objetivo.

A aferição do cuidado objetivo decorre da apreciação, no momento do fato, das condições concretas de não-realização da conduta ofensiva ao bem jurídico, sob o enfoque de um observador imparcial e sem a consideração das características e defeitos pessoais do agente.

Para tanto, utiliza-se o julgador das regras de experiência,[14] conferindo, no cotidiano das relações sociais, qual o comportamento cuidadoso que deveria ser tomado pelo agente.[15]

Relevantes, neste aspecto, são as normas regulamentares, pois, em regra, decorrem da experiência comum e traçam os limites do risco permitido da atividade.

O legislador brasileiro, entretanto, não acolheu a culpa por inobservância de leis e regulamentos[16] – verdadeira modalidade de responsabilidade objetiva –, de forma que a infração a estas normas constitui apenas indício de lesão ao dever de cuidado objetivo.

Como ressalta Juarez Tavares: "O importante é, assim, o que deveria ser concretamente realizado para se evitar o perigo e não a infração abstrata da norma de trânsito ou do regulamento destinado a traçar técnicas de profissão, arte ou ofício"[17] – os quais, por si sós, retratam meros ilícitos administrativos.

A previsibilidade do evento, por sua vez, insere-se no dever objetivo de cuidado, constitui seu cerne.[18]

---

14. A avaliação do comportamento cuidadoso exigível é formulada mediante critérios de interpretação como o da *confiança*, segundo o qual não se pode exigir do indivíduo a previsão de ações descuidadas de terceiros. Aquele que age dentro da normalidade das relações sociais, nos limites do *risco permitido*, tem o direito de esperar que os demais também assim atuem, não podendo a ele ser imputada a previsibilidade de comportamento contrário ao dever de cautela praticado por outrem.
15. Juarez Tavares, *Direito Penal da Negligência*, p. 137.
16. Magalhães Noronha, *Do Crime Culposo*, p. 118.
17. *Direito Penal da Negligência*, p. 147.
18. Hans Welzel, *El Nuevo Sistema del Derecho Penal*, 4ª ed., p. 71.

"Previsibilidade" – como ensina Magalhães Noronha[19] – é a possibilidade de prever um fato, de representar o indivíduo a conseqüência de sua ação.

Por constituir o aspecto central do dever de cuidado objetivo, deve também a previsibilidade ser considerada objetivamente, isto é, "não do ponto de vista individual do agente, mas do ponto de vista do homem comum, em face da lição da experiência relativa ao que freqüentemente acontece (...) deve ser punido todo indivíduo que, ocasionando um evento lesivo a outrem, por grosseira desatenção, revele, por isso mesmo, um desajustamento com as normas jurídicas de disciplina e coordenação sociais".[20]

Sendo imprevisível o resultado, não há para o agente a imposição de abstenção do comportamento ou de prática de conduta diversa, uma vez que não lhe é conferida a possibilidade de representar o efeito de sua ação. Assim não fosse e estaria afastado o princípio fundamental da culpabilidade, do qual tratamos no item 7.1 deste capítulo, com o restabelecimento da responsabilidade objetiva, a aplicação de pena pela simples causação de um fato.

O quarto elemento do fato típico culposo, decorrente do princípio da lesividade, é a existência de um resultado, material ou de perigo, mas que constitua ofensa a um bem jurídico constitucionalmente relevante. Aqui também não há qualquer distinção entre os tipos dolosos e os culposos, pois todos pressupõem a existência de um resultado jurídico.

Entre a ação e o resultado, contudo, como já afirmamos, deve existir uma relação de causalidade tipicamente relevante, de modo que se possa atribuir à conduta, por força da infração ao dever objetivo de cuidado, o fator determinante à ofensa ao valor tutelado pelo tipo.

O fato típico culposo, por fim, em decorrência do princípio da legalidade e da excepcionalidade desta modalidade típica, imposta pelo parágrafo único do art. 18 do Código Penal, pressupõe a expressa previsão do crime negligente na Parte Especial do Código ou em legislação especial.

---

19. *Do Crime Culposo*, p. 86.
20. Nélson Hungria, *Comentários ao Código Penal*, 4ª ed., vol. I, t. II, p. 191.

7.3.3 Espécies de culpa

No que se refere à previsibilidade do evento, divide-se a culpa em consciente e inconsciente.

Denomina-se *consciente* a culpa quando o agente, prevendo a possibilidade do resultado, levianamente crê na sua não-ocorrência e, por isso, infringe o dever de cautela.

Quem ultrapassa com seu carro sinalização semafórica desfavorável durante a madrugada, por presumir que, pelo menor fluxo de veículos, não haverá colisão, e acaba por atingir carro de terceiro, provocando lesões em seus ocupantes, age com culpa consciente, pois a previsão do resultado estava no âmbito de suas possibilidades de ação.

Na culpa *inconsciente*, por outro lado, o autor não representa a possibilidade do evento, embora lhe fosse possível fazê-lo.

Assim a conduta daquele que coloca um vaso de flores no beiral da janela de seu apartamento, sem a consciência de que o objeto pode cair e provocar lesões em pessoas que andam pela calçada.

Ocorrendo o resultado, embora não previsto, será imputável ao agente a título de culpa inconsciente, pois possível a previsão se tivesse observado o cuidado exigível, o dever de cautela imposto a todos os que vivem em sociedade.

Quanto ao grau, a culpa pode ser lata ou grave, leve e levíssima.

Reputa-se *grave* a culpa quando o resultado do comportamento poderia ser previsto por qualquer pessoa, independentemente de especial ponderação e reflexão. Na culpa *leve*, ao contrário, o efeito da ação somente pode ser previsto por pessoas diligentes, enquanto que na culpa *levíssima*, que se aproxima do caso fortuito, a previsão do resultado demanda atenção excepcional.

Embora a fixação do grau da culpa não afete o juízo de tipicidade penal, constitui importante elemento para a graduação da pena, pois, nos termos do art. 59 do Código Penal, representa circunstância relevante do crime, que deverá ser levada em conta pelo juiz para a apuração da reprovabilidade social da conduta.

7.4 Crime preterdoloso

Por "crime preterdoloso", específica matéria tratada no art. 19 do Código Penal, compreende-se o comportamento típico doloso que, em seu desenvolvimento causal, provoca um resultado mais grave do que aquele inserido no plano – âmbito da vontade do risco assumido – do agente, a este imputável a título de culpa, em virtude da previsibilidade de sua conduta.

No crime preterdoloso – como ensina Magalhães Noronha[21] – há dolo no antecedente (*minus delictum*) e culpa no conseqüente (*majus delictum*), porque há previsibilidade do efeito mais grave, e é disso que resulta a responsabilidade do agente.

Por força do princípio da responsabilidade subjetiva, não basta que o resultado mais grave guarde nexo causal material com a ação; imprescindível será que entre a ação dolosa e o efeito agravante exista uma causalidade tipicamente relevante; e mais, que represente o comportamento, no cotidiano das relações sociais, a inobservância de um dever de cautela previsivelmente apta à operação do resultado.

Se a partir da ação dolosa não for possível a formulação de um juízo de previsibilidade em relação ao resultado mais grave não poderá este ser subjetivamente imputado ao agente, e, em conseqüência, inviável será o agravamento de sua pena, respondendo tão-somente pelo tipo básico.

Tomemos como exemplo o crime de lesão corporal seguida de morte, previsto pelo art. 129, § 3º, do Código Penal. O resultado *morte da vítima*, nesta hipótese, deve ser fruto da ação do agente dirigida contra a saúde ou a integridade corporal do ofendido.

O só desencadeamento causal, contudo, não é suficiente à imputação (completa) da violação ao valor *vida humana* ao sujeito ativo. Para tanto, mister que a conduta dolosa, no contexto de sua prática, pudesse ser interpretada como apta à causação desse resultado mais grave, de forma a tornar possível ao agente a previsão do efeito de sua ação. Se nas condições da realização do comportamento apresentar-se objetivamente inviável a formulação do juízo de previsibilidade, o resultado mais grave será excluído do processo de subsunção à norma penal.

Nos tipos preterdolosos, portanto, impõe-se sempre a existência da vontade consciente em relação ao tipo básico (dolo no antecedente) e da inobservância do dever objetivo de cautela com referência ao

---

21. *Do Crime Culposo*, p. 139.

resultado mais grave (culpa no conseqüente). Havendo dolo, direto ou eventual, também no tocante ao efeito agravante, afasta-se o tipo agravado, mediante a aplicação das regras do concurso efetivo de tipos (concurso formal, previsto pelo art. 70 do CP).

Nem todas as figuras qualificadas, no entanto – como observa Damásio[22] –, são preterdolosas, tanto que o art. 19 traz a expressão "*ao menos* culposamente", o que leva à conclusão de que é possível, em determinadas hipóteses, a existência de dolo não só com relação à conduta, mas também ao resultado.

Tal ocorre, por exemplo, nas quatro primeiras hipóteses de lesão corporal gravíssima (art. 129, § 2º, I-IV, do CP) e no crime de latrocínio (art. 157, § 3º, parte final, do CP).

Podemos afirmar, assim, que todos os delitos preterdolosos são qualificados, embora a recíproca não seja absoluta.

7.5 Responsabilidade penal da pessoa jurídica

Durante os dois últimos séculos prevaleceu no Direito Europeu Continental, sem maiores contestações, o princípio que estabelece a incapacidade penal das pessoas jurídicas, sintetizado pela fórmula latina *societas delinquere non potest*.

O direito penal brasileiro, muito influenciado pelas doutrinas germânica e italiana, sempre se filiou a este princípio, não admitindo, em conseqüência, a responsabilidade penal das pessoas jurídicas.

Com a expansão da economia mundial, o aumento da criminalidade financeira e econômica e a violação cada vez em maiores proporções do meio ambiente e dos demais direitos difusos mediante a utilização de entes coletivos, parte da doutrina passou a sustentar que o princípio em questão deveria, em determinadas hipóteses, comportar exceções, para que, além das sanções civis e administrativas, pudesse também a pessoa jurídica sujeitar-se a sanções penais pelas lesões praticadas, em seu nome e benefício, contra os bens jurídicos fundamentais.

Argumenta-se em favor desta posição político-criminal que o direito penal deve evoluir e estar de acordo com as circunstâncias do

---

22. *Direito Penal – Parte Geral*, 19ª ed., p. 264.

momento histórico de sua vigência, sob pena de tornar-se imprestável à preservação dos valores relevantes.

Além disso, sendo a pessoa jurídica uma realidade social, presente nos mais diversos setores, capaz de praticar atos ilícitos comerciais, civis e administrativos – dos quais não se distingue ontologicamente o ilícito penal –, a admissão absoluta do princípio *societas delinquere non potest* torna-se instrumento de impunidade daqueles que se valem do ente coletivo para o cometimento de crimes.[23]

Por fim, o princípio constitucional da isonomia impõe que às pessoas jurídicas também seja atribuído tratamento penal, uma vez que lhes confere o ordenamento – como às pessoas físicas – direitos e obrigações, inexistindo motivo justo para que fiquem imunes ao direito criminal.[24]

A controvérsia ganhou novos contornos com a promulgação, entre nós, da Lei 9.605, de 12.2.1998 (Lei Ambiental), que prevê o ente coletivo como agente apto à perpetração dos delitos por ela tipificados, sujeito às sanções penais ali estabelecidas.

Vários são os argumentos contrários à responsabilidade penal da pessoa jurídica – alguns deles, a nosso ver, procedentes.

Recorre-se, em primeiro lugar, à teoria de Savigny, segundo a qual as pessoas jurídicas não existem na realidade, e não passam de uma ficção do Direito.

Este entendimento, entretanto, não pode prevalecer, pois as pessoas jurídicas têm existência, patrimônio, direitos e obrigações distintos dos de seus membros (arts. 45 e 52 do novo CC – art. 20 do CC de 1916), constituindo, hoje, uma realidade presente nas mais diversas relações sociais, sem a qual inviável seria a organização do mundo moderno.

Aponta-se, em segundo lugar, que a ordem constitucional brasileira, interpretada de forma sistemática e teleológica, afasta qualquer possibilidade de responsabilização penal dos entes coletivos.

O constituinte, assim, ao formular o § 3º do art. 225 da Constituição Federal – o qual dispõe que "as condutas e atividades conside-

---

23. Fausto Martin de Sanctis, *Responsabilidade Penal da Pessoa Jurídica*, pp. 40-41.
24. Idem, p. 42.

radas lesivas ao meio ambiente sujeitarão os infratores, pessoas físicas ou jurídicas, a sanções penais e administrativas" –, teria pretendido atribuir às pessoas físicas a responsabilidade penal, e às pessoas jurídicas a administrativa.

A ratificar este posicionamento encontrar-se-ia o disposto no § 5º do art. 173 da Constituição Federal, que reza: "A lei, sem prejuízo da responsabilidade individual dos dirigentes da pessoa jurídica, estabelecerá as responsabilidades desta, sujeitando-a às punições *compatíveis com a sua natureza*, nos atos praticados contra a ordem econômica e financeira e contra a economia popular" (grifamos). Logo, ao afirmar o constituinte que às pessoas jurídicas podem ser aplicadas tão-somente as sanções compatíveis com sua natureza, teria reconhecido, ainda que de forma implícita, que a pena criminal não se compatibiliza com esta espécie de ente.

René Ariel Dotti, em brilhante estudo sobre a matéria, afirma que a interpretação conglobada do ordenamento "leva à conclusão de que tanto a pessoa física como a jurídica podem responder nas ordens civil, administrativa e tributária por seus atos; mas a responsabilidade penal continua sendo de caráter e natureza estritamente humanos".[25]

Embora esta interpretação constitucional não possa ser de plano rejeitada, não se pode deixar de considerar que a redação do § 3º do art. 225 da Constituição Federal enseja o entendimento de que pretendeu o constituinte submeter as pessoas jurídicas também ao poder punitivo estatal; e a norma do art. 173, § 5º, da Constituição Federal, neste aspecto, não afasta de pronto esta conclusão, pois por "sanções compatíveis com a sua natureza" se poderia compreender as penas não-detentivas.

No mínimo duvidosa, portanto, a consideração de que a ordem constitucional obsta por completo à incriminação de atos da pessoa jurídica.

Afirma-se, ainda, contra a responsabilização penal das pessoas jurídicas que a pena, nesta hipótese, violaria o princípio da pessoalidade, pois atingiria inocentes,[26] tais como os sócios minoritários ou

---

25. "A incapacidade penal da pessoa jurídica", *Revista Brasileira de Ciências Criminais* 11/187.
26. Everardo Cunha Luna, *Estrutura Jurídica do Crime*, 4ª ed., p. 20.

aqueles sem direito a voto nas deliberações sociais, que teriam seu patrimônio (cotas ou ações) diminuído.

O argumento, contudo, não procede, pois o que o princípio da pessoalidade veda é que os efeitos primários da pena passem da pessoa do condenado. Além disso, os efeitos da pena criminal, neste aspecto, não guardam qualquer distinção com referência às sanções civis, tributárias ou administrativas, que também atingem, de forma reflexa, o patrimônio integralizado do cotista sem poderes de gerência e dos sócios minoritários ou sem direito a voto.

A irresponsabilidade penal da pessoa jurídica, a nosso ver, encontra seus fundamentos em razão da distinção ontológica que guarda em relação à pessoa humana e à sua incapacidade psicológica de atuar com vontade consciente e livre ao optar entre valores postos, que é exatamente o que caracteriza a pessoa natural.

Como ensina Muñoz Conde,[27] do ponto de vista penal, a capacidade de ação, de culpabilidade e de pena exige a presença de uma vontade, a faculdade psíquica da pessoa individual, que não existe na pessoa jurídica, ente fictício ao qual o Direito atribui capacidade para outros efeitos, distintos do penal.

No mesmo sentido posiciona-se Rodríguez Mourullo,[28] para quem as corporações e associações possuem, como sujeitos de direito, capacidade de agir, mas carecem de vontade no sentido psicológico que requer o conceito jurídico-penal de ação. A incapacidade de ação, de culpabilidade e de pena das pessoas jurídicas não está em contradição com a capacidade que se lhes reconhece para outros efeitos. No sentido jurídico-penal a capacidade de ação, de culpabilidade e de pena pressupõe a existência de uma vontade em termos psicológico-naturalísticos que, por definição, é patrimônio exclusivo das pessoas individuais.

Cobo del Rosal e Vives Antón[29] partilham deste entendimento ao sustentarem que as pessoas jurídicas *não têm um querer próprio, absolutamente independente* de seus componentes, e muito menos podem exteriorizá-lo senão mediante os atos destes. O certo é que as

---

27. *Teoria Geral do Delito*, p. 15.
28. *Derecho Penal – Parte General*, p. 226.
29. *Derecho Penal – ...*, 3ª ed., p. 276.

pessoas jurídicas carecem de valoração, e, em conseqüência, de uma autônoma e singularizada capacidade de sofrimento e de motivação pela norma.

Inviável pretender-se a equiparação absoluta entre as pessoas humanas e as jurídicas, pois suas finalidades são em muito distintas.

De fato, a pessoa jurídica tem seu fim estabelecido em seu estatuto ou contrato social, previamente escolhido por seus sócios. Não goza, por isso, de liberdade e não tem personalidade substancial, tanto que em determinadas hipóteses admitem a doutrina, a jurisprudência e a legislação (art. 28 do Código de Defesa do Consumidor) a desconsideração de sua personalidade jurídica.

A pessoa humana, por outro lado, tem como fim do seu "existir" a busca pela felicidade, ou, como preferimos, a realização de sua dignidade no desenvolvimento de sua pessoa, de sua personalidade.

A personalidade, assim, no sentido material de capacidade para delinqüir e de sentir os efeitos intimidantes da pena, não se confunde com a mera personalidade jurídica formal, que capacita à titularidade de direitos e obrigações – uma qualidade.

Com efeito, não se pode confundir um ente concreto, pleno de sentimentos, alegrias, angústias e aspirações (pessoa humana), com um ente abstrato, de objetivos predeterminados (pessoa jurídica).

O direito criminal, embora em sua forma seja repressor, *não é só repressor*, mas representa um substrato de garantia da pessoa humana contra a ingerência do Estado em sua vida privada e no desenvolvimento de sua personalidade, o que não se compatibiliza – e nem é necessário – com o substrato da pessoa jurídica.

A criminalização de atos da pessoa jurídica, portanto, além de não ser imperativo do princípio da igualdade – pois não há de se falar em isonomia entre desiguais –, traz em si o risco de desumanização do Direito, mediante o desprezo à essência do ser humano, com o quê se violentam as raízes do direito penal no Estado Democrático de Direito, que tem por seu fundamento e fonte a dignidade da pessoa humana.

Afirmar-se que a Constituição Federal admite a responsabilidade penal da pessoa jurídica – o que, como já vimos, é controverso – e que, por isso, não cabe ao intérprete rejeitá-la representa tentativa de afastar a discussão do problema sob bases materiais, para considerá-lo apenas sob seu aspecto formal.

Mesmo acolhida a posição de que o constituinte possibilitou a responsabilidade criminal dos entes coletivos, tal circunstância, por si só, não é suficiente ao reconhecimento da capacidade penal e aplicação de penas criminais a estes entes, pois nem mesmo a Lei Fundamental tem o poder de afrontar e modificar a própria natureza das coisas.

Ainda que tivesse a Constituição Federal denominado de divórcio a dissolução de grupos societários e atribuído ao juiz de família o julgamento das lides relativas a estas questões, jamais poderia ser compreendida a matéria, substancialmente, como pertencente ao direito de família, pois sua origem, finalidade e fundamentos não se prestam a solucionar problemas desta natureza. A dissolução de grupos societários, seja qual for a "etiqueta" que se lhe pregue, será sempre matéria de natureza comercial, não podendo a lei, ou mesmo a Constituição, alterar este fato social.

A situação criada, reconhecidamente bizarra, presta-se apenas a esclarecer que as infrações da pessoa jurídica, ainda que denominadas penais e submetidas a um controle formal pelo juiz penal, jamais terão natureza material penal, pois não se coadunam com as finalidades deste ramo do ordenamento jurídico. Serão sempre, portanto, substancialmente administrativas, pois as sanções denominadas "penais" compatíveis com sua natureza em nada se distinguem – seja na forma, seja no conteúdo – das sanções administrativas a ela previstas, aplicáveis diretamente pela Administração Pública ou pelo Estado-juiz (novo CC, art. 51; art. 21, III, do CC de 1916).

Logo, a responsabilidade penal da pessoa jurídica, além de não se compatibilizar com um direito penal como o nosso – que tem por fundamento a dignidade da pessoa humana e que se baseia na responsabilidade pessoal do agente, em virtude de sua capacidade de optar, de forma livre e consciente, entre valores –, apresenta-se como medida inútil, "porque se podem aplicar as medidas administrativas de polícia contra as pessoas jurídicas"[30] – medidas que não possuem qualquer distinção, seja na sua forma, grau ou conteúdo, em relação às penas que são compatíveis com sua natureza.

---

30. Cunha Luna, *Estrutura* ..., 4ª ed., p. 20.

Em conclusão, a responsabilidade penal da pessoa jurídica, além de medida despicienda, apresenta-se prejudicial à tutela dos valores que pretende defender, pois uma sanção que comportaria, em princípio, por sua natureza "de polícia", aplicação imediata passaria a exigir, para sua execução, a movimentação da máquina judiciária (Polícia Judiciária, Ministério Público, Magistratura), um processo criminal com todos os recursos e princípios a ele inerentes – inclusive o da presunção da inocência – e o trânsito em julgado da sentença penal condenatória.

8
TIPICIDADE AXIOLÓGICA: O SENTIDO E ALCANCE (ANTI)NORMATIVO DO TIPO

O fato típico penal está inserido na realidade das relações sociais – e é neste contexto concreto, e não na abstração pura da legislação, que se busca o porquê da norma proibitiva.

A dimensão axiológica da tipicidade constitui, como afirmamos, a inadequação social da conduta, por se dirigir contra o fim de proteção da norma penal; representa, assim, o caráter valorativo negativo do comportamento, na concreção das relações sociais (realidade).

É do enfrentamento entre o tipo (norma penal abstrata, o Direito posto) e o caso concreto (fato), no contexto valorativo vigente (campo axiológico-social), que surge o juízo de subsunção – imputação plena –, isto é, a tipicidade em sua tríplice acepção.

Neste sentido, há sempre de existir uma identidade de desvalor entre a ação concreta e a abstração realizada pelo legislador quando da operação de seleção de comportamentos proibidos, da formulação dos tipos de injusto.

Isto porque o legislador, ao elaborar um tipo penal, não pretende "punir" todas as condutas que nele encontrem subsunção nos aspectos formal e material, mas tem por fim evitar as condutas típicas desajustadas, ou seja, aquelas afastadas das relações sociais que se inserem no campo da normalidade da vida em comum. Inexistindo o "desajuste social" da ação, não será esta alcançada pelo tipo, por não haver, entre ambos, similitude axiológica.

Logo, a tipicidade axiológica delimita o sentido e alcance do tipo penal, impedindo sua aplicação para hipóteses que não se ajustem ao objeto normativo de proteção.

O tipo penal delitivo, portanto, não é apenas prescritivo, mas é imperativo, por ser axiológico e teleológico; a proibição não se esgota em si mesma, mas porta uma finalidade intrínseca, consistente em evitar que os bens jurídicos sejam colocados em risco *em circunstâncias socialmente desaprovadas*.

Como ensina Miguel Reale,[1] toda norma jurídica pressupõe sempre uma tomada de posição perante determinados fatos sociais, em vista à realização de certos valores.

Se em todas as manifestações normativas há de se buscar seu fim, que jamais pode ser anti-social,[2] o caráter axiológico e teleológico da tipicidade penal faz-se mais premente, uma vez que se trata o direito criminal da forma mais severa de intervenção estatal nas relações humanas.

Visando a excluir desde logo do âmbito penal os comportamentos que, embora pertencentes ao cotidiano das relações sociais e considerados "normais" pela sociedade, subsumem-se, aparentemente, a tipos delitivos, elaborou Welzel o princípio da "adequação social", ou da "ação socialmente adequada".[3]

Através deste auxiliar interpretativo, condutas como as lesões corporais praticadas durante as competições esportivas, como o boxe ou o futebol, e a circuncisão e a intervenção cirúrgica realizadas com o consentimento do paciente – que, em tese, configurariam a tipicidade do crime de lesões corporais –, ou ainda a destruição de coisa alheia realizada por empresa de demolição, regularmente contratada – que configuraria o tipo penal de dano –, não pertenceriam ao direito penal, pois não se poderiam considerar típicas tais condutas inseridas no campo da normalidade das relações sociais.

A razão de ser deste princípio é simples: se o legislador, ao criar os tipos de injusto, parte da experiência concreta das relações sociais e tem por fim elaborar os modelos de condutas desvaloradas socialmente, não se poderia pretender que os tipos fossem amplos a ponto de abranger comportamentos considerados corretos, ou ao menos tolerados pela sociedade.[4]

---

1. *Teoria Tridimensional do Direito*, 5ª ed., p. 101.
2. Tércio Sampaio Ferraz Júnior, *Introdução ao Estudo do Direito*, p. 265.
3. *Derecho Penal Alemán*, 4ª ed., pp. 66 e ss.
4. Santiago Mir Puig, *Introducción a las Bases del Derecho Penal*, p. 154.

As lesões corporais ocorridas durante a prática de esportes, como o boxe ou o futebol, dentro dos limites da disputa esportiva, são socialmente toleradas, pois os comportamentos são praticados para a realização de um valor constitucionalmente relevante – qual seja, a prática do desporto.[5]

Do mesmo modo, a circuncisão, realizada pelos adeptos da religião judaica, não se dirige contrariamente à integridade corporal da pessoa, mas em função de um valor socialmente relevante, isto é, o livre exercício de culto e liturgias religiosas, direito individual garantido constitucionalmente (CF, art. 5º, VI).

Assim também a intervenção cirúrgica, em que o médico dirige sua ação no sentido de preservação da saúde do paciente e do exercício regular de sua profissão, de acordo com as leis que a regulamentam.

Critica Roxin o princípio da adequação social por entender que não oferece bases ou critérios seguros de interpretação, que podem ser substituídos por outros mais precisos, tais como os por ele formulados para a imputação objetiva do resultado.[6]

A crítica, entretanto, a nosso ver, não merece guarida, pois, além de ser ela própria imprecisa e genérica, baseia-se na incorreta confusão que decorre da teoria da imputação objetiva, ao englobar na imputação do resultado, do tipo objetivo (em princípio neutra), a tipicidade axiológica (valorativa).

A busca pelo "fim" da norma, consistente em um terceiro limite, ao lado da tipicidade formal e da material, para a aplicação de um tipo penal a uma ação, é fruto de uma obrigatória interpretação teleológica e sistemática, pois – como ressalta Sebástian Soler –"o conjunto de leis – *evidentemente em sentido amplo* – que integra a ordem jurídi-

---

5. Dispõe o art. 217 da Constituição Federal: "É dever do Estado fomentar as práticas desportivas formais e não-formais, como direito de cada um, (...)".
Comentando sobre as lesões corporais ocorridas durante as práticas esportivas, Jiménez de Asúa afirma que: "O tipo está ausente, porque o que dá um golpe permitido no jogo em quem com ele compete no futebol ou no *rugby*, e, sobretudo, o que se opõe a seu adversário no boxe, não pode dizer-se que 'golpeia', mas sim que 'joga o boxe'". Continuando a comentar sobre o tema, afirma que estes comportamentos são "a realização de atos que conduzem a um fim reconhecido pelo Estado, pois o esporte se encontra permitido pelas autoridades e pela lei" (*Principios de Derecho Penal*, p. 321).
6. *Derecho Penal – Parte General*, t. I, p. 297.

ca deve ser entendido como composto por disposições reciprocamente coerentes, já que a lei não pode, ao mesmo tempo, definir um ato como devido e como indevido".[7]

O princípio da adequação social, que prega, em última análise, uma interpretação do fato – ação humana – sob o enfoque da ordem jurídica como um todo (ordem conglobada, na feliz expressão de Zaffaroni), evita a quebra do próprio sistema jurídico, que não comporta contradições internas.

É no art. 5º da Lei de Introdução ao Código Civil Brasileiro – regra hermenêutica aplicável a todos os ramos de nosso Direito – que encontra a dimensão axiológica da tipicidade sua fundamentação legal e seus critérios fundamentais, pois a menção aos "fins sociais" e ao "bem comum" – como assinala Tércio[8] – pressupõe uma unidade de objetivos do comportamento social do homem; postula-se que a ordem jurídica, como um todo, seja sempre um conjunto de preceitos para a realização da sociabilidade humana, de forma que aquilo que não seja socialmente danoso ou intolerável não possa ser proibido ou alcançado pelo mais drástico instrumento de intervenção nas relações sociais – o direito penal.

A interpretação teleológica e axiológica tem implicações extraordinárias, que não se resumem às hipóteses acima apresentadas, de pronta verificação ante a evidente inaplicabilidade da norma penal ao ato concreto.

De fato, serve o caráter axiológico da tipicidade para restringir a incidência da proibição penal aos atos que têm efetivamente, em si, um caráter negativo de valoração e que se encerram no âmbito da tutela penal; obriga o juiz, assim, a analisar o fato não como uma unidade isolada, mas no contexto social em que é realizado, na realidade que o circunda. O juiz deve buscar o verdadeiro sentido e alcance do texto legal, que não podem estar em desacordo com o fim colimado pela legislação, o bem social.[9]

Isto porque "já os antigos juristas romanos, longe de se aterem à letra dos textos, porfiavam em lhes adaptar o sentido às necessidades

---

7. *Derecho Penal Argentino*, 11ª reimpr., vol. I, p. 185.
8. *Introdução* ..., p. 265.
9. Carlos Maximiliano, *Hermenêutica e Aplicação do Direito*, 19ª ed., p. 129.

da vida e às exigências da época. Não pode o Direito isolar-se do ambiente em que vigora, deixar de atender às outras manifestações da vida social e econômica".[10]

Vejamos como exemplo o crime de ato obsceno. Desnudar a mulher os seus seios no centro comercial da cidade do Rio de Janeiro, e desfilar vestida somente com uma "tanga" ou com pintura sobre seu órgão genital, será sempre considerado um comportamento perfeitamente adequado ao tipo penal do art. 233 do Código Penal, que implicará à sua autora a sujeição à ação policial imediata.

Idêntica conduta, entretanto, realizada na mesma cidade, no "sambódromo", durante o Carnaval, não provoca qualquer reação das autoridades e agentes policiais, e nem conseqüências danosas à sua autora. Ao contrário, o desfile, agora, é merecedor de aplausos provindos das arquibancadas.

Por que condutas tão semelhantes são merecedoras de tratamentos tão distintos? Porque o tipo penal de ato obsceno não foi elaborado para simplesmente punir a nudez, e muito menos para extinguir ou reprimir as manifestações culturais e de lazer, socialmente valoradas de modo positivo, e que se encontram respaldadas pela Constituição Federal.

O tipo de ato obsceno, evidentemente, não alcança – e nem pretende alcançar – a conduta da mulher que desfila nua na passarela carnavalesca, pois o contexto social é adequado para a realização do comportamento.

Sempre, portanto, que a conduta, no contexto de sua realização, demonstrar-se eticamente aprovada, ou ao menos tolerada, não se poderá pretender que seja alcançada por um tipo de injusto, pois ausente restará a finalidade, o elemento teleológico da norma penal proibitiva e prescritiva.

É por isso que preferimos, para denominar estas espécies de condutas não alcançadas pelos tipos de injusto, a utilização da expressão "praticada em contexto social adequado", em substituição a "ação socialmente adequada", na medida em que o comportamento, isoladamente considerado, não porta, em regra, caráter axiológico, o qual

10. Idem, ibidem.

apenas será aferido – e revelado – na concreção dos relacionamentos humanos.

Em conclusão, podemos afirmar – com amparo em Jiménez de Asúa[11] – que, se o direito penal é finalista e somente pode ser trabalhado com o método teleológico, teleológica há de ser também a interpretação das normas, pois se trata do critério mais adequado à descoberta da verdadeira vontade da lei.

---

11. *Principios* ..., p. 113.

9
CONCURSO DE TIPOS

9.1 Introdução. 9.2 Concurso efetivo. 9.3 Concurso aparente: 9.3.1 Denominação – 9.3.2 Conceito e soluções: 9.3.2.1 Especialidade – 9.3.2.2 Subsidiariedade – 9.3.2.3 Consunção.

9.1 Introdução

Denominamos "concurso de tipos" a coexistência, a partir da mesma conduta, de dois resultados, fatos tipificados delitivamente; a subsunção – real ou não – de uma só ação a dois ou mais tipos penais.

O concurso de tipos pode ser *efetivo* – hipótese em que, realmente, pelos processos de adequação típica, o comportamento acaba por amoldar-se, em seus evidentes resultados, a dois ou mais tipos penais; ou *aparente* – quando, embora se afigure a ação adequada a mais de um tipo penal, somente um tem aplicabilidade ao caso concreto, pois excludente dos demais.

Analisemos, portanto, de forma sucinta, as duas espécies de concurso de tipos.

9.2 Concurso efetivo

Caracteriza-se o concurso efetivo de tipos na hipótese de concurso formal ou ideal de infrações, isto é, na prática, mediante uma só ação – comissiva ou omissiva –, de dois ou mais delitos (art. 70 do CP).

No que se refere aos tipos de delitos perpetrados, embora não haja classificação legal neste sentido, pode ser o concurso formal, segundo a doutrina, de duas espécies: homogêneo ou heterogêneo.

Configura-se a primeira espécie quando há homogeneidade entre os crimes, ou seja, os fatos realizados contra sujeitos diversos encontram subsunção a um mesmo tipo penal.

Assim a conduta daquele que, mediante apenas uma ação imprudente na condução de veículo automotor, provoca lesões corporais em duas ou mais pessoas.

No concurso formal heterogêneo, por outro lado, os resultados operados amoldam-se a tipos legais distintos.

Exemplo desta situação encontra-se na conduta do indivíduo que, com vontade de matar outrem, efetua disparo de arma de fogo que atinge e provoca a morte, além da pessoa objetivada, de terceiro que estava no local. Com uma só conduta terá o agente provocado dois delitos – quais sejam, homicídio doloso e homicídio culposo.

Elaborou o legislador, contudo, outra classificação do concurso efetivo de tipos, que tem por fundamento a vontade do sujeito ativo: concurso formal imperfeito (art. 70, *caput*, segunda parte, do CP) e perfeito (primeira parte do dispositivo legal citado).

Diz-se imperfeito o concurso formal quando, embora praticados dois ou mais crimes por meio de uma só conduta, tem o sujeito ativo a vontade livre e consciente de causação de todos os resultados, isto é, atua com desígnios autônomos em relação aos tipos concorrentes – homogêneos ou heterogêneos.

Age desta forma aquele que, mediante a detonação de um explosivo – por meio, portanto, de uma única ação –, mata dolosamente duas pessoas que estão no interior de um veículo. Com efeito, haverá, neste caso, concurso formal imperfeito, pois a conduta, não obstante única, terá sido dirigida, conscientemente, a dois resultados lesivos, à morte de duas pessoas.

No concurso formal perfeito, ao revés – que também pode ser homogêneo ou heterogêneo –, não são os delitos frutos de desígnios autônomos do sujeito ativo da conduta.

Logo, apenas um dos resultados pode, nesta espécie, decorrer do dolo do agente, devendo os demais, necessariamente, caracterizar crimes culposos.[1] Se dolosos os dois ou mais resultados, como já visto, estaremos diante de concurso formal imperfeito.

---

1. Roberto Lyra, *Comentários ao Código Penal*, 3ª ed., vol. II, p. 435.

As situações acima expostas, para exemplificar tanto o concurso formal homogêneo como o heterogêneo, servem a descrever hipóteses de concurso perfeito de infrações.

9.3 Concurso aparente

9.3.1 Denominação

Entendemos mais adequada a denominação "concurso aparente de tipos" para o fenômeno cujo estudo ora iniciamos, ao invés das expressões "concurso aparente de leis" ou "concurso aparente de normas", mais utilizadas pela doutrina.

Isto porque "a expressão *leis* é demasiadamente ampla e presta-se a muitos equívocos, pois parece exigir que o fato *sub judice* esteja contemplado em duas leis diversas, quando a verdade é que os dois ou mais tipos nos quais a conduta apareça descrita podem formar parte – *e assim ocorre ordinariamente com os artigos da Parte Especial do Código Penal* – de um mesmo corpo legal. A palavra *normas*, por sua parte, não é de todo apropriada em razão de que existem normas legais que não contêm modelos de comportamento e a respeito das quais, em conseqüência, não caberia o fenômeno que nos ocupa".[2]

Some-se a isso o fato de ser o concurso aparente, em regra, resolvido pelo juízo de tipicidade, de subsunção do comportamento a todos os elementos do tipo penal, com o auxílio de princípios específicos da questão, que logo apresentaremos.

Por encontrar o concurso aparente, portanto, solução no campo da tipicidade penal, deve ser estudado no âmbito desta matéria, sendo mais apropriada, por mais específica, a expressão "concurso aparente de tipos" para denominá-lo.

9.3.2 Conceito e soluções

Como afirmamos, apresenta-se o concurso aparente de tipos quando uma mesma conduta, em princípio, parece amoldar-se a dois ou mais tipos penais, mutuamente excludentes.

---

2. Alfonso Reyes Echandía, *Tipicidad*, 6ª ed., p. 253.

Para solucionar o conflito deve o intérprete, ao apreciar a conduta, formular juízo de adequação típica, de forma a excluir o tipo que apenas aparentemente ajusta-se ao fato concreto, aplicando somente aquele que efetivamente guarda subsunção ao comportamento.

A fim de orientar tal solução interpretativa, foram elaborados pela doutrina três princípios específicos do tema: (a) especialidade; (b) subsidiariedade; (c) consunção.

9.3.2.1 *Especialidade*

Pelo princípio da especialidade resolve-se o concurso aparente mediante a aplicação, ao caso concreto, do tipo especial, afastando-se o tipo geral.

Considera-se *tipo especial* aquele que contém entre seus elementos todos os do tipo geral mais um ou alguns que os diferenciam em questão de especialidade – e não de maior ou menor lesão ao bem jurídico protegido. Há, portanto, no tipo especial algo que lhe é peculiar, um dado a mais que o distingue do tipo geral.[3]

"Matar, sob a influência do estado puerperal, o próprio filho, durante o parto ou logo após", encontra subsunção no art. 121 do Código Penal, "matar alguém".

A conduta, contudo, guarda características que a diferenciam do tipo geral de homicídio: sujeitos do crime (mãe e filho), momento do ato (durante ou logo após o parto) e deficiência psíquica da agente causada pelo estado puerperal.

Estas circunstâncias, por terem sido consideradas relevantes pelo legislador, acarretaram a elaboração de um tipo especial em relação ao homicídio, qual seja, o infanticídio (art. 123 do CP), cuja aplicação encerra a punição – justa – do comportamento.

Assim, se presentes todos os elementos do art. 123 do Código Penal, este será o tipo penal aplicável à ação, excluindo-se a incidência do art. 121 e, em conseqüência, de *bis in idem*.

Ao contrário, se ausentes os elementos especializadores do infanticídio, aplicável será o tipo geral de homicídio, e não o especial.

---

3. Francisco de Assis Toledo, *Princípios Básicos de Direito Penal*, 4ª ed., p. 51.

9.3.2.2 Subsidiariedade

O segundo critério de solução do conflito aparente de tipos penais encontra-se sintetizado na fórmula latina *lex primaria derogat legi subsidiariae* – isto é, o tipo principal exclui o tipo subsidiário.

Há relação de subsidiariedade entre dois tipos penais quando o subsidiário constitui fase da agressão, em menor intensidade, ao mesmo bem jurídico protegido – primária ou secundariamente – pelo tipo principal.

O tipo subsidiário, portanto, resta "absorvido" pelo principal, pois seus elementos objetivos estão todos incluídos na descrição da conduta típica prevalente.

A subsidiariedade entre tipos – como sustenta Frederico Marques[4] – pode ser explícita ou implícita.

Ocorre a *subsidiariedade explícita*, ou *expressa*, quando a própria lei ressalva o caráter subsidiário do tipo penal – como, por exemplo, os crimes dos arts. 129, § 3º, e 132, ambos do Código Penal.

Assim, a exposição da vida ou da saúde de outrem a perigo direto e iminente somente encontrará adequação típica ao art. 132 do Código Penal se o fato não constituir crime mais grave.

Logo, se a conduta configurar tentativa de homicídio ou lesão corporal agravada pelo perigo de vida restará excluída a possibilidade de aplicação do tipo do art. 132 do Código Penal, pois constituirá parte integrante do fato típico principal, será absorvido por este.

Também o tipo de lesão corporal seguida de morte (art. 129, § 3º, do CP) é subsidiário em relação ao crime de homicídio, pois somente será aplicável na hipótese de ausência de dolo do art. 121 do Código Penal.

Com efeito, o tipo de lesão corporal seguida de morte incidirá na conduta apenas quando "as circunstâncias evidenciam que o agente não quis o resultado, nem assumiu o risco de produzi-lo".

Quanto à *subsidiariedade implícita*, verifica-se na hipótese de o tipo subsidiário compreender-se entre os elementos descritivos e normativos do tipo principal, de forma, portanto, a constituir parte integrante deste.[5]

---

4. *Tratado de Direito Penal*, vol. II, p. 432.
5. Nélson Hungria, *Comentários ao Código Penal*, 4ª ed., vol. I, t. II, p. 139.

Os tipos complexos,[6] em regra, são principais em relação aos que o compõem, implicitamente subsidiários.

Deste modo, o tipo penal de roubo engloba o furto ("subtrair coisa alheia móvel, para si ou para outrem") e a ameaça; o atentado violento ao pudor compreende o constrangimento ilegal; o furto qualificado pelo arrombamento absorve o crime de dano.

Em todas estas hipóteses fica excluída a possibilidade de punição pelos tipos subsidiários, resolvendo-se o concurso aparente pela aplicação, unicamente, do tipo principal.

9.3.2.3 Consunção

Último critério de definição do concurso aparente de tipos é o da consunção, segundo o qual o tipo penal que constitui meio necessário, normal fase de preparação ou execução de outro tipo, bem como ato preparatório ou exaurimento do delito, resta consumado por este, denominado "tipo consuntivo."

Pela aplicação deste princípio, a tentativa é absorvida pelo crime consumado, por ser fase normal de sua execução; a violação de domicílio é consumida pelo furto praticado em residência habitada, por se tratar do meio necessário à execução da finalidade do agente; a falsidade da assinatura aposta em cheque de terceiro tem sua punição excluída pelo estelionato praticado mediante o pagamento com o título falso.

De igual modo, aquele que furta coisa alheia e a danifica responderá somente pelo crime de furto, pois o dano configura mero exaurimento do delito consuntivo operado.

A aplicabilidade de maior relevância do princípio da consunção, contudo, a nosso ver, relaciona-se à idéia de finalidade do agente: o crime-meio, em regra, deve ser consumido pelo crime-fim.

---

6. O Código Penal, em seu art. 101, define como *complexo* o tipo legal cujos elementos ou circunstâncias, por si mesmos, constituem crimes.

10
CAUSAS DE EXCLUSÃO DA TIPICIDADE

10.1 Erro de tipo. 10.2 Erro provocado por terceiro. 10.3 O consentimento do ofendido.

10.1 Erro de tipo

A problemática do erro no direito penal sofreu sensíveis modificações com a edição da nova Parte Geral do Código Penal, de 1984. Substituiu-se a dicotomia ente "erro de fato" e "erro de direito"[1] por distinção bem mais adequada, entre "erro de tipo" e "erro de proibição", a qual proporciona melhores soluções para os casos concretos. Por ora interessa-nos somente o erro de tipo. Entretanto, apenas para brevemente diferenciá-lo do erro de proibição, podemos afirmar que o primeiro refere-se aos elementos constitutivos do tipo penal, enquanto que o segundo trata do erro sobre determinada qualidade do tipo, a ilicitude. No erro de proibição o agente não tem a capacidade de representar, ou de representar corretamente, a proibição da determinação jurídica, e por isso imagina que seu ato não é proibido – que não guarda relevância para o direito penal – ou, mesmo, que é lícito – que possui um juízo de valor positivo.

1. Dispunha o Código Penal de 1940, em seus arts. 16 e 17:
"**Ignorância ou erro de direito** – Art. 16. A ignorância ou a errada compreensão da lei não eximem de pena.
"**Erro de fato** – Art. 17. É isento de pena quem comete o crime por erro quanto ao fato que o constitui, ou quem, por erro plenamente justificado pelas circunstâncias, supõe situação de fato que, se existisse, tornaria a ação legítima."

Mas tratemos do erro de tipo.

Dispõe o Código Penal, em seu art. 20: "O erro sobre elemento constitutivo do tipo penal exclui o dolo, mas *permite* a punição por crime culposo, se previsto em lei" (grifamos).

No erro de tipo há, por parte do agente, uma falsa representação de sua conduta.[2] Não representa, ou representa falsamente, qualquer elemento configurador do tipo penal, que tanto pode ser fático como jurídico.

O sujeito possui o conhecimento da proibição do comportamento, mas, em virtude do equívoco sobre elemento *essencial* do tipo, não tem a consciência de estar realizando a ação descrita no modelo legal.

O dolo, portanto, resta excluído da conduta, pois ausente seu elemento intelectivo.

O erro, como afirmamos, pode recair sobre circunstância fática ou jurídica do tipo penal.

Tomemos como exemplo o delito de violação de domicílio (art. 150 do CP). Aquele que entra na casa de outrem, por imaginar não se tratar de compartimento habitado, erra sobre elemento factual do tipo. No entanto, se o erro do agente se referir ao conceito de *casa*, determinado pelo § 4º do art. 150 do Código Penal, ainda será o erro de tipo, que pelo Código Penal anterior seria considerado erro de direito.

Isto porque aquele que conhece a norma penal mas não tem a percepção de nela estar incorrendo, seja por circunstâncias fáticas ou jurídicas, não observa que sua conduta está lesionando um bem juridicamente protegido, não porta a vontade consciente de realização do comportamento proibido, e muito menos age em função de diminuição do valor tutelado pelo tipo penal.

A primeira conseqüência desta falsa representação, como deixamos assentado, consiste na exclusão do dolo na realização do tipo penal, por ausência de seu elemento intelectivo.

Excluído o dolo, há, conseqüentemente, a exclusão do juízo de subsunção à figura típica dolosa.

Havendo a previsão legal da modalidade culposa do delito, subsiste a permissão de punição do agente a este título.

---

2. Francisco de Assis Toledo, *Princípios Básicos de Direito Penal*, 4ª ed., p. 279.

A subsistência da modalidade culposa, entretanto, exige que o erro seja fruto da negligência ou imprudência do agente. Trata-se do erro inescusável, que poderia ser evitado pela própria atuação do seu sujeito ativo, se tivesse observado o dever de cautela que lhe era imposto na situação concreta.

Assim, aquele que, em uma caçada, mata um companheiro de esporte, pensando tratar-se de um animal bravio, tem o dolo excluído de sua conduta, por não ter representado corretamente que sua ação estaria amoldada ao tipo de homicídio. Por não ter atuado com o cuidado e atenção necessários nas circunstâncias, todavia, responderá por homicídio culposo.

Tratando-se de erro plenamente justificado pelas circunstâncias, no entanto – erro escusável –, exclui-se também a possibilidade de punição pela modalidade culposa, pois não derivado o erro da inobservância, pelo agente, de um dever de cautela.

10.2 Erro provocado por terceiro

Uma segunda modalidade de erro de tipo é a do erro provocado por terceiro, disciplinado pelo art. 20, § 2º, do Código Penal.

Nesta hipótese, por ter sido o erro determinado pela atuação de terceiro, responderá este pelo crime, como agente provocador, pois será seu autor mediato.

Vejamos um exemplo: João, com a vontade consciente de praticar tráfico de entorpecentes, pede a Márcio que leve um pacote a determinado endereço, sem mencionar, entretanto, que a caixa contém substância tóxica que determina dependência física e psíquica. João responderá pelo tráfico, enquanto Márcio, por ter agido em erro de tipo, sem a vontade consciente de transportar entorpecente, terá o dolo excluído de sua conduta.

No erro provocado por terceiro o agente é utilizado como um instrumento do plano elaborado pelo autor mediato do delito, um meio para a realização da conduta típica. Por não ter a vontade consciente de realização do comportamento proibido, exclui-se o dolo de sua conduta.

10.3 O consentimento do ofendido

O consentimento do ofendido não pode ser admitido como causa geral de atipicidade delitiva da conduta, servindo para este fim somente em relação aos denominados "direitos disponíveis".

A fixação da disponibilidade ou indisponibilidade do bem jurídico ofendido, entretanto, não é matéria que possa ser regulada de forma taxativa, pois, para tanto, deve-se perquirir – como ensina Pierangelli – "as fontes que regular, e, entre elas, o exame dos usos e costumes, a reiterada inserção no ordenamento jurídico, a tutela que recai sobre determinados bens em que sublime o interesse público, ou, ainda, examinar quando o próprio ordenamento jurídico dispõe, de maneira expressa ou implícita, a possibilidade de tutela e a validade do consentimento. Assume, portanto, relevância também a pesquisa histórica e o exame de todo o Direito constituído nas suas várias ramificações, ou seja, um recurso às fontes mediatas e imediatas do Direito".[3]

Em matéria de relevância do consentimento do ofendido distinguem-se em duas espécies os tipos de injusto: aqueles nos quais o dissenso da vítima vem expresso na descrição do crime – e, portanto, constitui um de seus elementos essenciais; aqueles cuja necessidade do dissenso decorre da interpretação da norma penal.

A distinção é necessária, pois determinará, na hipótese de consentimento da vítima, a causa de exclusão da tipicidade delitiva.

Com efeito, na primeira espécie de tipos penais o consentimento do ofendido acarreta a exclusão do dolo da conduta e, portanto, a atipia delitiva do elemento subjetivo.

Assim ocorre, por exemplo, no crime de violação de domicílio (art. 150 do CP): havendo o consentimento da vítima estará excluído o dolo do comportamento, pois não terá o agente entrado ou permanecido em casa alheia "contra a vontade expressa ou tácita de quem de direito".

Também na violação de segredo profissional (art. 154 do CP) a concordância da vítima importa eliminação do elemento subjetivo, na medida em que não mais se tratará de revelação sem justa causa, pois aquiesce o sujeito passivo com a divulgação e com os riscos gerados por tal conduta.

---

3. *O Consentimento do Ofendido na Teoria do Delito*, p. 243.

O mesmo ocorre no crime de dano a pedido da vítima, como, por exemplo, na contratação de serviço de "desmanche" de veículo. Não há, por parte do sujeito ativo, um sentido negativo na direção de sua conduta contra o bem jurídico *patrimônio*.

Na segunda espécie o dolo permanece íntegro, pois o sujeito atua com a vontade consciente de concretização dos elementos do tipo e com menosprezo ao valor tutelado pela norma.

O fundamento da atipicidade delitiva, assim, refere-se à não-violação do bem jurídico, pela ocorrência da disposição espontânea da vítima.

Este é o caso da subtração de coisa alheia móvel (art. 155 do CP) com o consentimento da vítima. O ofendido, com a capacidade para dispor de seu patrimônio, dele pode usar e gozar como melhor lhe aprouver, inclusive permitindo que outrem o subtraia. Efetuada a subtração, a tipicidade da conduta é rechaçada pela inexistência de violação ao bem jurídico, substituída que fica pela livre disposição do patrimônio.

Como afirmamos, entretanto, nem todo consentimento é apto a excluir a tipicidade penal, pois somente pode referir-se a bens disponíveis, na medida em que, quanto aos indisponíveis (vida, função orgânica etc.), a utilidade e o interesse social impedem sua vulneração.

Além disso, para ser válido, o consentimento deve derivar de vontade livre e consciente, não viciada por qualquer dos defeitos dos atos jurídicos,[4] e ser proferido por pessoa capaz – isto é, aquela maior de 18 anos, por ser esta a idade mínima para a responsabilidade penal.[5]

---

4. Pierangelli, *O Consentimento* ..., p. 245.
5. Idem, ibidem.

11
DO ERRO ACIDENTAL

11.1 Erro sobre a pessoa e "aberratio ictus". 11.2 "Aberratio delicti".

11.1 Erro sobre a pessoa e "aberratio ictus"

O erro sobre a pessoa do ofendido, nos termos do § 3º do art. 20 do Código Penal, é irrelevante para o processo de subsunção típica do comportamento.

Trata-se – o erro sobre a pessoa – de uma falsa representação do agente a respeito da vítima de sua conduta, que não afeta a tipicidade, seja em seu aspecto objetivo ou subjetivo, pois o que tutela o direito penal é o bem jurídico como *valor*, e não como valor pertencente a determinado sujeito.

O único efeito do erro sobre a pessoa relaciona-se às qualidades do indivíduo contra quem se pretendia praticar o crime, que devem ser consideradas no que concerne à aplicação de qualificadoras, agravantes e atenuantes, causas de aumento e de diminuição de pena e eventuais causas de extinção da punibilidade ou escusas absolutórias.

Assim, se "A", pretendendo matar seu pai, acaba por cometer homicídio contra "B", por confundi-lo com seu progenitor, de rigor a aplicação da circunstância agravante prevista pelo art. 61, II, "e", do Código Penal, que impõe o agravamento de pena ao crime praticado contra ascendente, descendente, irmão ou cônjuge.

De igual modo, se "A" subtrai um veículo automotor com a falsa representação de que o carro pertence a seu pai, quando, na realidade, pertence a "B", restará isento de pena, pela incidência da escusa absolutória estabelecida pelo art. 181, II, do Código Penal.

O erro sobre a pessoa não se confunde com a *aberratio ictus*, pois se trata esta de erro na execução quanto à pessoa a ser atingida (art. 73 do CP).

Na *aberratio ictus* pretende o agente, com seu comportamento, atingir determinado indivíduo; por acidente ou erro no uso dos meios de execução – não por falsa representação –, entretanto, acaba por atingir pessoa diversa, ou ambas.

Violando bem jurídico somente de pessoa diversa, responde o sujeito, por sua ação, como se tivesse atingido a pessoa visada. Neste caso consideram-se, para fins de aplicação da pena, as qualidades somente da pessoa contra quem queria o sujeito praticar o crime, nos termos do art. 20, § 3º, do Código Penal.

Se "A", com a vontade consciente de matar sua mulher, efetua contra ela disparos de arma de fogo e, por erro de pontaria, atinge "C", que, em virtude das lesões sofridas, morre, responderá o agente por homicídio doloso consumado, como se o tivesse praticado contra o cônjuge, inclusive para os fins de incidência da circunstância agravante do art. 61, II, "e", do Código Penal.

Caso a ação, no entanto, atinja bens jurídicos tanto do ofendido visado como de terceiro, aplica-se a regra do concurso formal de infrações, prevista pelo art. 70 do Código Penal.

Para que se configure a *aberratio ictus*, contudo, indispensável que haja a unidade da atividade criminosa.

Havendo desígnios autônomos, ainda que por dolo eventual contra o terceiro, caracterizado restará o concurso material de infrações, excluída a possibilidade de caracterização de erro na execução.

11.2 "Aberratio delicti"

Dispõe o art. 74 do Código Penal: "Quando, por acidente ou erro na execução do crime, sobrevém resultado diverso do pretendido, o agente responde por culpa, se o fato é previsto como crime culposo; se ocorre também o resultado pretendido", aplica-se a regra do concurso formal.

Trata-se a *aberratio delicti* de erro na execução quanto ao objeto jurídico atingido. Pretende o sujeito, com sua ação, atingir determinado bem jurídico, mas, por desvio de crime, acaba por violar outro, de diferente espécie.

Responde, então, a título de culpa pelo delito não visado, se existente o tipo culposo, e, se alcançado também o delito que objetivava, a título de dolo por este, aplicando-se, na imposição da pena, a regra do concurso formal de infrações (art. 70 do CP).

Exemplo: "A", pretendendo danificar o patrimônio de "B" (art. 163 do CP), atira uma pedra contra o carro do segundo, que estava estacionado. O objeto, contudo, atinge "C", que sofre lesão corporal. Na hipótese, "A" responderá, nos termos do art. 74 do Código Penal, pelo delito de lesão corporal culposa (art. 129, § 3º, do CP), perpetrado contra "C".

Embora o art. 74 do Código Penal disponha que se aplica a regra do art. 70 do mesmo diploma legal se ocorre também o resultado pretendido, cremos que a simples inocorrência do resultado – não-consumação do crime visado – não exclui, por si só, a relevância do elemento subjetivo do agente e a possibilidade de subsunção do comportamento ao crime perseguido.

Isto porque, configurando-se a ação praticada como início de execução do delito, percorrendo o *iter criminis*, encontrará adequação típica à forma tentada, se admissível. Neste sentido posiciona-se Damásio.[1]

Assim, ultrapassados os atos meramente preparatórios, responderá o agente pelo delito culposo provocado pelo erro na execução, se existente o tipo culposo, e em concurso formal, pelo delito objetivado, na forma tentada.

---

1. *Código Penal Anotado*, p. 209.

12
O INJUSTO

12.1 Ilicitude. 12.2 A relação tipo/ilicitude: 12.2.1 Caráter independente – 12.2.2 Caráter indiciário – 12.2.3 Caráter de "ratio essendi" – 12.2.4 Nossa posição: a ilicitude tipificada. 12.3 Conceito constitucional de "injusto".

12.1 Ilicitude

A ilicitude, segundo a parcela dominante da doutrina, representa a contrariedade entre o fato e o Direito,[1] expressa uma relação de antagonismo entre o comportamento humano e a ordem jurídica.

Ao direito penal, entretanto, não interessa todo o campo da ilicitude, mas somente as condutas selecionadas pelo legislador e valoradas negativamente por meio de tipos penais.

O tipo penal traz em si um desvalor da vida social, e sua realização apresenta-se como ato que desestabiliza a ordem jurídica e as relações sociais.

A tipicidade delitiva, em matéria penal, é a única forma de manifestação da ilicitude. Os comportamentos – ainda que ilícitos em outros ramos do Direito – que não encontram adequação a um tipo de injusto normalmente são considerados indiferentes penais.

Observemos o corrente exemplo do dano culposo. Aquele que deteriora ou inutiliza coisa alheia em virtude de culpa, da inobservância de um dever de cautela que lhe era imposto na situação concreta,

---

1. Assim conceituam a ilicitude, entre outros, Muñoz Conde (*Teoria Geral do Delito*, 1988), Everardo Cunha Luna (*Capítulos de Direito Penal*, 1993) e Heleno Cláudio Fragoso (*Lições de Direito Penal – Parte Geral*, 1990).

não comete um ilícito de natureza penal, mas apenas civil, que lhe traz a conseqüência de reparar o dano (novo CC, art. 186; art. 159 do CC de 1916). E isto porque não há em nosso direito penal o tipo delitivo de dano culposo.

Inexistindo a tipicidade delitiva, inocorre a ilicitude penal.

De igual modo, comete ilícito administrativo aquele que estaciona seu veículo em local proibido por postura da Prefeitura Municipal, sujeito a sanções também de natureza administrativa. Para o direito penal, entretanto, tal fato não tem qualquer relevância, não é ilícito, pois inexistente a tipicidade delitiva.

Nisto consiste a afirmação de que o direito penal é fragmentário, um sistema descontínuo de ilicitudes, pois, embora eventualmente ilícita a ação em outro ramo do Direito, para o direito criminal a ilicitude somente restará caracterizada se estiver a conduta prevista em uma lei penal incriminadora, em um tipo de injusto.

O caráter fragmentário do direito penal tem um duplo sentido: o de que não protege todos os bens jurídicos, mas apenas os mais fundamentais, e a estes não frente a qualquer classe de ataque, mas somente ante os absolutamente intoleráveis.[2]

A fragmentariedade – como ensina Luiz Régis Prado – impõe "que o direito penal continue a ser um arquipélago de pequenas ilhas no mar do penalmente indiferente (...) limite necessário a um totalitarismo de tutela, de modo pernicioso para a sociedade".[3]

A *ilicitude penal*, portanto, pode ser conceituada como: *a contrariedade existente entre o Direito e o comportamento socialmente danoso, selecionado pelo legislador através de tipos penais de injusto.*

12.2 A relação tipo/ilicitude

A formulação da teoria da relação tipo/ilicitude conta com três principais posições conceituais: (a) caráter independente; (b) caráter indiciário; (c) caráter de *ratio essendi*.

---

2. Gonzalo Rodríguez Mourullo, *Derecho Penal – Parte General*, p. 237.
3. *Bem Jurídico-Penal e Constituição*, 2ª ed., pp. 58-59.

12.2.1 Caráter independente

Em 1906, com sua obra *Die Lehre vom Verbrechen* (*Teoria do Delito*), Beling, a partir das exigências do princípio da legalidade, insere a tipicidade como elemento essencial do delito, ao lado da antijuridicidade (ilicitude) e culpabilidade.[4]

O tipo para Beling possuía função apenas descritiva da parte objetiva do crime, nele não se incluindo quaisquer elementos que tivessem implicações axiológicas ou subjetivas.[5] Distinguia-se da ilicitude, que tinha uma função valorativa, e da culpabilidade, que significava o juízo de imputação ao agente, por dolo ou culpa, do fato cometido.

Por ser o tipo valorativamente neutro, e sua função puramente descritiva, nada indicava a respeito da ilicitude, da qual estava absolutamente separado.

O tipo para Beling, portanto, constituía a pura descrição, abstrata, dos elementos materiais do delito.

A teoria belinguiana, embora tenha sido fundamental para a adoção da tipicidade como corolário do direito penal moderno, foi totalmente superada e tem, atualmente, valor apenas histórico.

12.2.2 Caráter indiciário

A teoria de Beling passou a sofrer severas críticas a partir da observação, em diversos tipos penais, não apenas de elementos normativos, que dependem de um juízo de valor profundo para sua compreensão – e que, assim, não se compatibilizam com a característica da "pura descrição" –, mas também de elementos subjetivos, os quais muitas vezes são indispensáveis à configuração da tipicidade.

Diante desta constatação, o tipo não mais poderia ser concebido como pura descrição abstrata da parte objetiva do crime, absolutamente separada da ilicitude.

---

4. *Apud* Rodríguez Mourullo, *Derecho Penal* – ..., p. 244.
5. *Apud* Luiz Luisi, *O Tipo Penal, a Teoria Finalista e a Nova Legislação Penal*, p. 15.

Logo, o tipo passa a ter um valor indiciário; a realização de uma conduta típica – tipicidade –, como sustenta Mayer, representa indício de sua contrariedade ao Direito, caracteriza um juízo provisório de ilicitude, que somente poderá ser excluído se presente uma das causas de justificação.

Segundo esta concepção, portanto, dominante na doutrina atual, inclusive entre os penalistas brasileiros, a tipicidade deixa de ser valorativamente neutra, como pretendia Beling, para assumir um caráter de *ratio cognoscendi* da ilicitude. Há entre tipicidade e ilicitude uma relação indiciária.

12.2.3 Caráter de "ratio essendi"

Ao formular o conceito de crime como "ação tipicamente antijurídica e culpável", Mezger estabeleceu uma nova concepção para a relação tipo/ilicitude, pois a tipicidade passa a ser um dado integrante da ilicitude, a sua razão de ser. A ilicitude penal é, portanto, ilicitude tipificada.

Esta concepção deu origem à teoria dos elementos negativos do tipo (tipo total ou de injusto), segundo a qual as denominadas "causas de justificação" estão implícitas em todos os tipos penais como elementos que negam sua ilicitude. Apenas por razões de economia e técnica legislativa estão previstas na Parte Geral do Código Penal, não sendo referidas em todos os tipos da Parte Especial.

Assim, por exemplo, o tipo penal de lesão corporal, previsto pelo art. 129 do Código Penal ("Ofender a integridade corporal ou a saúde de outrem"), deve sofrer a seguinte leitura: "Ofender a integridade corporal ou a saúde de outrem, exceto em legítima defesa, estado de necessidade, estrito cumprimento do dever legal ou exercício regular de direito".

Em virtude da presença dos elementos negativos em todos os tipos, a comprovação da tipicidade para esta teoria implica juízo definitivo de que a ação é também, no caso concreto, contrária ao Direito, ilícita.[6] A tipicidade representa, pois, a *ratio essendi* da ilicitude.

---

6. Rodríguez Mourullo, *Derecho Penal – ...*, p. 250.

12.2.4 Nossa posição: a ilicitude tipificada

Discordamos das concepções acima apontadas, pois, a nosso ver, não são adequadas a explicar a natureza dos tipos de injusto e nem das causas de justificação.

Com efeito, do amplo e contínuo campo da ilicitude abstrata "recorta" o legislador penal alguns fragmentos, descontínuos, que denominamos "tipos de injusto".

Logo, se o legislador, ao elaborar os tipos penais, reconhece-os como os desvalores de maior relevância da vida social, a adequação da conduta ao tipo de injusto, em todos os seus elementos – tipicidade delitiva –, tem por conseqüência sua ilicitude,[7] pois reveladora da contrariedade do comportamento ao valor tutelado pela norma penal.[8]

Como ensinam Schecaira e Corrêa Júnior: "O tipo penal, como se concebe modernamente, deixa de ser simplesmente imagem orientadora, ou mesmo mero indiciador da antijuridicidade, para erigir-se em portador de um sentido de ilicitude, dotado, portanto, de conteúdo material com função seletiva, isto é, apto a distinguir, da multidão de comportamentos humanos, aquelas condutas que o legislador entende serem dignas de reprovação penal".[9]

A ilicitude, assim – ao contrário do que pretende a teoria dos elementos negativos do tipo –, não pode ser compreendida como elemento do tipo ou da tipicidade, pois constitui sua substância e essência.[10]

A ilicitude, portanto, ontologicamente, precede, preexiste ao tipo, que tem por finalidade filtrá-la e torná-la relevante, também, em matéria penal.

---

7. Diante deste entendimento torna-se sem significado qualquer distinção entre ilícito formal e material.
Ilícito será o comportamento adequado aos elementos objetivos do tipo (formal), capaz de provocar uma ofensa significativa ao bem jurídico (material). Do mesmo modo, a ilicitude será sempre subjetiva, pois, para sua configuração, imprescindível a verificação do dolo ou culpa do agente, sem se desconsiderar, entretanto, seu aspecto objetivo.
8. Reale Júnior, *Antijuridicidade Concreta*, p. 48.
9. *Pena e Constituição*, p. 121.
10. Aqui, reformulamos nosso posicionamento sobre a questão, quando afirmamos que a "ilicitude é uma qualidade do tipo de injusto" (*Teoria do Tipo Penal*, p. 76), na medida em que estas duas categorias jurídicas, na realidade, são interdependentes e inter-relacionadas.

A técnica de resolução dos casos penais (procedimento analítico e científico, que tem por objetivo solucionar os problemas concretos desta ciência prática), entretanto – que não se confunde, pela própria natureza das coisas, com a substância dos elementos do delito –, impõe que, na análise da conduta humana, o juízo de tipicidade delitiva, pelo processo de subsunção ao tipo, constitua antecedente necessário da declaração da ilicitude penal, a qual, contudo, se constatada aquela (tipicidade), restará inafastável.

Assim não fosse e estaria o intérprete fadado a um impasse de não-obtenção de resultados práticos. Com efeito, para a verificação da tipicidade necessária seria a prévia apreciação da ilicitude da conduta; à consideração da ilicitude penal, contudo, imprescindível seria o juízo de tipicidade do comportamento.

Realizam-se, portanto, em um mesmo momento os juízos de tipicidade e ilicitude, pois a partir da avaliação de uma conduta como delitivamente típica obtêm-se sua valoração e revelação como ilícita.

Ao contrário do que sustenta Welzel,[11] a tipicidade não representa indício de ilicitude, mas sim a forma de sua manifestação em matéria penal, de modo que todas as condutas típicas delitivas serão sempre ilícitas.

Assim é que vários tipos penais trazem entre seus elementos alguns que revelam, por si sós, o caráter ilícito dos comportamentos que a eles se subsumem.

Quem viola *indevidamente* o conteúdo de correspondência fechada dirigida a outrem comete a ação típica prevista pelo art. 151 do

De fato, não há ilicitude penal onde não se configura tipicidade, do mesmo modo que não se pode compreender a tipicidade delitiva apartada da ilicitude. A tipicidade representa uma seleção de determinada parcela da ilicitude geral, que, em virtude desta circunstância, torna-se específica e, por conseqüência, penal.
Em virtude desse inter-relacionamento, afirmar-se que a ilicitude representa uma qualidade da tipicidade esclarece apenas um lado da questão, pois a tipicidade também caracteriza uma qualidade do ilícito.
O importante é que tipicidade delitiva e ilicitude penal não podem ser consideradas isoladamente, pois a conjugação – necessária – de ambas forma o todo relevante para o direito criminal, isto é, o injusto penal.
11. Welzel adota a concepção tripartida do deito (ação típica, ilícita e culpável), mantendo a visão de Mayer quanto à função indiciária do tipo penal (a respeito do tema, cf. seu *Derecho Penal Alemán*, 4ª ed., pp. 73-75 e 117-119).

Código Penal. E, por ser indevida a violação, sua qualidade de ilícita torna-se clara, de forma que o juízo de tipicidade delitiva da conduta, se positivo, já implica um juízo de ilicitude.

O mesmo ocorre em relação ao tipo de violação de segredo profissional (art. 154 do CP). Por integrar o tipo a expressão "sem justa causa", a ilicitude do comportamento representa conseqüência inderrogável de sua tipicidade.

Sobre este crime disserta João Bernardino Gonzaga: "O dever de sigilo, em nosso Direito, se apresenta eminentemente relativo, graças à inserção, no tipo penal, da ressalva da justa causa. Toda vez, portanto, que alguém revelar segredo profissional por motivo juridicamente relevante, seu comportamento terá sido atípico, isto é, não-delituoso. Já no pórtico da ação penal incumbe ao magistrado fazer um juízo de valor sobre o caso concreto, para decidir se foi ou não reprovável a atuação do acusado; e, se a aprovar, negará a adequação típica, rejeitando a denúncia".[12]

Estes elementos, portanto, que revelam a ilicitude da conduta concretamente considerada, pertencem efetivamente ao modelo legal, ao tipo penal, pois são os que traduzem o valor tutelado pelo legislador, ao optar pela seleção do comportamento. Sem eles o tipo ficaria completamente vazio em seu conteúdo.[13]

12. *Violação de Segredo Profissional*, p. 179.
13. Poder-se-ia argumentar em desfavor deste posicionamento que a consideração dos elementos reveladores da ilicitude como integrantes do tipo implicaria a quebra da estrutura lógica analítica do delito por nós formulada – especialmente no tocante à culpabilidade –, pois o dolo, necessariamente, deveria compreender, nestas condições, o conhecimento – atual, e não potencial – do injusto. O erro quanto a estes elementos, assim, por ser "de proibição", acarretaria ou a inclusão da consciência da ilicitude no dolo, ou demonstraria a necessidade de separação dos juízos de tipicidade e de ilicitude.
Sem razão, contudo, os eventuais detratores desta teoria, pois a compreensão da tipicidade como especialização penal da ilicitude geral não tem por conseqüência a inclusão da ciência da proibição na vontade (dolo).
De fato, a secretária que tem autorização expressa de seu chefe para abrir a correspondência a ele dirigida e que, por equívoco (imprudência), devassa correspondência fechada dirigida a terceiro, por representar que se tratava de carta encaminhada a seu superior, labora em erro de tipo quanto ao elemento "indevidamente" – agindo, portanto, sem dolo, embora tivesse conhecimento da proibição prescrita pelo art. 151 do Código Penal. A circunstância de ser indevida a violação não se encontrava, na hipótese, no âmbito da vontade da agente, de modo que a conduta,

A culpa em sentido estrito também revela a ilicitude do comportamento culposo típico.

De fato, a culpa, como afirmamos, representa a inobservância do *dever de cuidado* objetivo que é imposto ao sujeito na situação concreta.

Assim, se o agente tiver agido com culpa a ilicitude de seu comportamento será inquestionável – na medida em que, se lícito fosse, não haveria sentido em se falar de dever de cuidado.

Ora, se em todos esses tipos penais os juízos de tipicidade e ilicitude são formulados em um mesmo momento, são indissociáveis, não há por que se pretender seja diferente nas outras hipóteses de tipos de injusto.

Afirmar-se que a conduta adequada a uma das causas de justificação encontra subsunção ao tipo delitivo, reveste-se desta tipicidade, equivale a dizer que o tipo é desprovido de qualquer função valorativa e que o homem, ao agir, o faz de modo autômato, sem empreender sentido à sua conduta.

Esta posição, contudo, não pode ser admitida, pois, além de reduzir a importância do tipo para o direito penal, transformando-o em mera formalidade, modelo de dados objetivos, sem conteúdo, muito

apesar de formalmente típica, não guarda subsunção ao preceito em seu aspecto subjetivo.

Pode ocorrer, por outro lado, que o agente, ao devassar correspondência alheia, saiba que não tem motivo para assim proceder (indevidamente, portanto), dirija sua ação no sentido de menosprezo à privacidade e intimidade do ofendido, embora desconheça a proibição legal do atuar. Apesar de incorrer em erro de proibição – hipótese evidentemente rara quanto a este crime –, resta íntegra a tipicidade da conduta. De igual modo, incorre no tipo do art. 153 do Código Penal aquele que divulga conteúdo de documento particular de que é destinatário com o único fim de prejudicar terceira pessoa a quem não aprecia. O dolo de sua conduta, aqui, resta claro, inclusive no tocante à expressão "sem justa causa", pois a finalidade de sua conduta – qual seja, causar prejuízo a outrem – revela-lhe o conteúdo negativo de sua ação.

Ao realizar a conduta, entretanto, embora pleno de dolo, pode o sujeito agir sem a consciência do injusto, por representar que, sendo o documento a ele dirigido, está autorizado a divulgá-lo sem quaisquer limitações; apesar de dolosa a conduta, inclusive no que se refere ao elemento revelador de sua ilicitude, incorre o agente em erro de proibição.

Logo, a concepção da tipicidade defendida nesta obra é plenamente compatível com a teoria normativa da culpabilidade, que inclui como elemento do juízo de censura penal a ciência do ilícito.

próximo à concepção belinguiana, deixa de observar o caráter axiológico dos tipos.

A característica axiológica dos tipos penais, entretanto, está sempre presente, pois são eles elaborados em função de determinados valores, os quais constituem "entidades vetoriais, porque apontam sempre para um sentido, possuem direção para um determinado ponto reconhecível como fim. Exatamente porque os valores possuem um sentido é que são determinantes da conduta".[14]

A nosso ver, as ações praticadas em legítima defesa, estado de necessidade, estrito cumprimento do dever legal ou exercício regular de direito não são revestidas de tipicidade delitiva, pois não representam, no processo de seleção do legislador, a transformação típica da ilicitude geral em ilicitude penal.

Comparemos as condutas de dois agentes: o primeiro, sem qualquer motivo, mata alguém; o segundo, repelindo injusta agressão, utilizando-se moderadamente dos meios necessários, provoca a morte de outrem, com a finalidade de preservar a própria vida.

A conduta do primeiro agente, sem dúvida, encontra adequação ao tipo do art. 121 do Código Penal, pois presentes os elementos objetivos "matar alguém", o elemento subjetivo, representado pela vontade consciente de provocar o resultado *morte*, no sentido de negação da vida humana como um valor, e o elemento material, a violação do bem jurídico *vida humana*. A tipicidade desta conduta revela, por si só, sua ilicitude, pois constitui um fato contrário ao Direito, praticado de acordo com o modelo legal elaborado pelo legislador, a partir dos desvalores sociais.

O mesmo não se pode dizer, no entanto, em relação ao comportamento do segundo sujeito, pois inexistentes o elemento subjetivo do homicídio e a valoração negativa de seu comportamento.

O querer matar, com menosprezo ao valor *vida*, não pode ser equiparado ao querer defender-se, pois esta segunda vontade é animada por um sentido positivo, de preservação de um bem jurídico socialmente relevante.

Ao agir em legítima defesa, estado de necessidade, estrito cumprimento do dever legal ou exercício regular de direito o agente empreen-

---

14. Miguel Reale, *Introdução à Filosofia*, 3ª ed., p. 144.

de à sua conduta o sentido de conservação de um valor tutelado – ou seja, a finalidade primária do comportamento é a proteção de um bem jurídico, individualizado no caso concreto.[15]

Na legítima defesa a vontade principal do sujeito não é o querer matar ou violar a integridade corporal de outrem, mas o querer defender-se, repelir injusta agressão, atual ou iminente. Eventual morte do agressor ou lesões corporais por este sofridas constituem apenas o meio necessário à finalidade da conduta do agente, qual seja, a proteção de um determinado bem jurídico.

O mesmo ocorre no estado de necessidade e demais "causas de justificação", nos quais o comportamento dirige-se em função, no sentido, de um valor tutelado.[16]

Nestas hipóteses inexiste a adequação das condutas ao tipo de injusto, pois não praticadas em função de um desvalor social, não havendo, portanto, o dolo.

Welzel[17] critica de forma veemente esta concepção de tipo penal, afirmando que, "nestas condições, a morte de um homem produzida em legítima defesa teria a mesma significação que a morte de um mosquito. Ambos seriam fatos atípicos".

Esta crítica, contudo, não merece acolhimento.

Em primeiro lugar porque – como bem ressalta Figueiredo Dias –, "se a doutrina do tipo indiciador acusa os seus adversários de submete-

---

15. Em sentido próximo, Miguel Reale Júnior, *Antijuridicidade Concreta*, pp. 52-53.
16. Sobre o tema, interessante observar o tipo penal de *constrangimento ilegal*, previsto pelo art. 146 do Código Penal. O § 3º do mesmo artigo dispõe que não se compreendem na disposição do *caput* tanto a intervenção médica ou cirúrgica, sem o consentimento do paciente ou de seu representante legal, se justificada por iminente perigo de vida, como a coação exercida para impedir suicídio.
As duas hipóteses constituem, à evidência, comportamentos típicos de estado de necessidade, que a própria lei afirma não se encontrarem compreendidos no dispositivo legal que define o delito, isto é, não configurarem o tipo de constrangimento ilegal.
Ora, se o estado de necessidade, no constrangimento ilegal, exclui a tipicidade delitiva, por serem incompatíveis, o mesmo deve ocorrer com os demais tipos de injusto previstos pelo Código Penal.
Damásio E. de Jesus, adepto da teoria do tipo indiciador, admite que, nas hipóteses citadas, pelo estado de necessidade de terceiro resta excluída a tipicidade do delito de constrangimento ilegal (*Código Penal Anotado*, p. 426).
17. *Apud* Claus Roxin, *Teoría del Tipo Penal*, p. 282.

rem ao mesmo denominador comum comportamentos tão diferentes como os atípicos e os justificados, ela mesma se torna passível de censura bem mais pesada: a de submeter ao denominador comum da tipicidade – que não seria valorativamente neutral porque decidiria da relevância ou irrelevância jurídico-penal do comportamento – condutas tão diferentes, do ponto de vista jurídico-penal que encerram, como a do que mata outrem por pura maldade e a do que mata o agressor para salvar a própria vida".[18]

Observe-se que o erro apontado pelo mestre de Coimbra origina-se da concepção de "dolo" como pura vontade de realização – o que, como já demonstramos, é evidentemente falso e contrário à realidade, pois o homem, ao agir, opta por um sentido à sua conduta, a qual tem por essência um caráter valorativo.

O segundo ponto falho da crítica de Welzel está no fato de confundir a atipicidade delitiva com a irrelevância jurídico-penal do comportamento.

Com efeito, enquanto a morte de um mosquito é um absoluto irrelevante jurídico, que não recebe qualquer valoração por parte do ordenamento, a legítima defesa constitui um comportamento selecionado e valorado positivamente pelo legislador.

Embora ambas as condutas sejam delitivamente atípicas, a legítima defesa possui uma significação jurídica relevante, pois configura um tipo penal de justo, previsto pelo ordenamento jurídico.

A morte de um mosquito, por sua vez, é irrelevante para o ordenamento, não entra no mundo do Direito, pois não se insere nem mesmo entre os fatos jurídicos em sentido amplo. Não há que se falar, portanto, em mesma significação jurídica das condutas.

A legítima defesa é positivamente valorada; a morte de um mosquito não é objeto de valoração jurídica, pois, "não havendo norma jurídica que juridicize este acontecimento, não se insere entre os fatos jurídicos, permanece ajurídico".[19]

Assim, a legítima defesa e as demais denominadas causas de justificação não devem ser consideradas apenas fatos atípicos delitivos, mas, especialmente, comportamentos adequados aos tipos de justo

---

18. *O Problema da Consciência da Ilicitude em Direito Penal*, 3ª ed., p. 75.
19. Marcos Bernardes de Mello, *Teoria do Fato Jurídico*, 6ª ed., p. 95.

previstos pela Parte Geral do Código Penal, e, portanto, dotados de relevância jurídica.

Este é o principal erro que pode ser apontado na teoria dos elementos negativos do tipo, pois, ao interpretarem as causas de justificação apenas como elementos complementares do tipo penal, deixam de observar a natureza e estrutura típicas destes comportamentos, retirando-lhes a relevância jurídica.

Sobre o tema, interessante destacar o entendimento de Suárez Montes[20] – com o qual concordamos plenamente – no sentido de que as causas de justificação não podem ser vistas apenas como expressão de uma norma permissiva, pois assim se contemplará apenas uma parte do complexo – a negativa – de ingerência em bens. Perder-se-á de vista a parte mais importante, que vai além da ausência de ilicitude – embora a explique –, qual seja, um saldo positivo para a proteção de bens jurídicos. "Há que as contemplar, pois, sob uma visão comunitária, social e solidária. Isto é o que nos permite descobrir e compreender a ação necessária como ação valiosa, enquanto único meio necessário."

Podemos afirmar, portanto, que a separação entre tipo e ilicitude é artificial, "pretendida única e erradamente no direito penal".[21] Havendo adequação da conduta a um tipo de injusto, sua ilicitude será certa. Inexistindo esta subsunção o comportamento ou encontrará conformidade a um tipo de justo, ou será simplesmente atípico; nesta segunda hipótese, desprovido de significação jurídico-penal.

12.3 Conceito constitucional de "injusto"

Os princípios penais fundamentais até aqui analisados constituem as bases estruturais da teoria geral do injusto e representam, em suma, a concretização do direito à liberdade do indivíduo, na medida em que conformam, em bases rígidas, as possibilidades e limites da intervenção estatal na restrição a esse direito.

Em virtude dessa finalidade de estruturação de um sistema, os princípios convergem, como partes, para a formação do todo, e, portanto,

---

20. "Reflexiones en torno al injusto penal", in *Causas de Justificación y Atipicidad en Derecho Penal*, p. 194.
21. Luiz Alberto Machado, *Direito Criminal*, p. 122.

devem sempre ser compatíveis, congruentes e coerentes entre si, sob pena de quebra da racionalidade do próprio sistema.

Nisto consiste o sentido harmônico dos princípios de direito criminal, pois se trata de vetores que apontam sempre para o mesmo sentido, isto é, a realização do ser humano como valor supremo do Estado – que, isoladamente considerados, não são aptos a cumprir plenamente essa missão.

Esta harmonia e interdependência restaram claras após a análise dos princípios em espécie.

Com efeito, interpretados conjugadamente os princípios, temos que, para a configuração de *uma conduta* como injusto é indispensável a existência de *lei* anterior, promulgada de acordo com o processo legislativo constitucionalmente estabelecido, que descreva, de forma certa e inconfundível, o comportamento como crime – *legalidade*.

Somente isto, entretanto, não basta.

A ação deve representar também significativa, intolerável, ofensa a um bem jurídico tutelado pela Constituição – lesividade – e ser imputável ao agente ao menos a título de culpa – responsabilidade subjetiva.

O comportamento formalmente previsto como delituoso, mediante um tipo penal, que não representa lesão expressiva a um bem jurídico ou que apenas é fruto de mero nexo causal não preenche os requisitos para a caracterização de um injusto.

De igual modo, ainda que intolerável uma conduta, em face da lesividade que encerra, não poderá ser tida como criminosa se não houver, pela legislação penal, previsão da matéria de proibição por um tipo penal.

A partir da análise integrada dos princípios, desse modo, é possível a formulação do seguinte conceito constitucional de *injusto*: *o comportamento humano (princípio do ato), previsto na lei penal como crime (legalidade), lesivo a um bem jurídico de significado constitucional (lesividade), imputável ao agente a título de dolo ou culpa (responsabilidade subjetiva).*

13
TIPO DE JUSTO

13.1 Conceito e estrutura. 13.2 Descriminantes putativas. 13.3 Excesso. 13.4 Erro de permissão. 13.5 Concurso aparente entre tipos delitivos e tipos de justo.

13.1 Conceito e estrutura

O legislador, em matéria penal, não atua apenas para reconhecer legalmente os desvalores sociais que recaem sobre determinados comportamentos; o ordenamento jurídico-penal não opera apenas no sentido negativo.

Diante de determinadas condutas, consideradas legítimas e valoradas socialmente de modo positivo, são formuladas as "causas de justificação", as quais, em nosso entender, constituem verdadeiros tipos penais em sua estrutura; *tipos penais de justo.*

Ao formular um tipo penal de justo prevê abstratamente o legislador, em virtude da experiência captada da realidade social, uma ação humana dirigida no sentido de preservação ou realização de um valor socialmente relevante. Por visar o comportamento à valorização de um bem jurídico protegido, recebe valoração positiva do ordenamento.

De acordo com esta posição, o ato de provocar a morte de outrem em legítima defesa não encontra adequação típica no art. 121 do Código Penal, mas sim no art. 25 do mesmo diploma legal. De modo idêntico, a busca e apreensão realizada por oficial de justiça em domicílio alheio, por ordem judicial e sem o consentimento do morador, não tipifica o crime de violação de domicílio (art. 150 do CP), mas sim o tipo de justo de estrito cumprimento do dever legal (art. 23, III, primeira parte, do CP).

Os tipos de justo – assim como os de injusto – constituem modelos de comportamentos, abstratos, formulados pelo legislador a partir da experiência concreta das relações sociais.

Ambas as espécies de tipos possuem relevância social, diferenciando-se apenas quanto à posição valorativa que se lhes atribui.

Enquanto os tipos delitivos são elaborados a partir dos desvalores sociais, aos tipos de justo confere-se o caráter de conformidade ao Direito, por representarem comportamentos dirigidos à conservação dos valores de certa expressividade social.

Em suas estruturas, são compostos os tipos de justo também por elementos objetivos, normativos, subjetivos e materiais, "revelando-se uma estrutura, em que as partes se interdependem e se inter-relacionam, compondo um todo que deixa de existir na ausência de qualquer das partes".[1]

Elementos *objetivos* são os puramente descritivos, como as expressões "repelir agressão", na legítima defesa, e "salvar", no estado de necessidade.

Os *normativos* são aqueles – como afirmado nos comentários ao art. 14 – que necessitam, para sua compreensão, de um profundo juízo de valoração jurídico-penal. Nestes estão compreendidos, por exemplo, os conceitos de "injustiça da agressão", na legítima defesa, e de "dever legal", no tipo de justo de estrito cumprimento do dever legal.

Todos os tipos de justo possuem ainda elementos *subjetivos*, os quais expressam a vontade do agente de praticar a conduta no sentido de proteção de um bem jurídico.

Assim, na legítima defesa deve haver a vontade do agente de repelir agressão injusta, para conservar um bem jurídico; no estado de necessidade o comportamento deve ter por fim salvar direito próprio ou de outrem; no estrito cumprimento do dever legal o sujeito deve praticar sua ação com a vontade de cumprir um dever que lhe é imposto pela lei; no exercício regular de direito o agente deve ter a vontade de exercer um direito que lhe é conferido pelo ordenamento jurídico.

---

1. Reale Júnior, *Parte Geral do Código Penal – Nova Interpretação*, p. 93.

Ausente o elemento subjetivo, não se configurará o tipo de justo, pois o comportamento terá sido dirigido não à proteção de um bem jurídico, mas no sentido de diminuição de um valor tutelado pela norma penal.

Por último, todos os tipos de justo são dotados de elementos *materiais*, que representam os bens jurídicos que podem ser protegidos pelo comportamento. Se a ação não for praticada em função do elemento material, determinado no caso concreto, não se poderá falar em subsunção completa ao tipo de justo.

Logo, podemos conceituar os *tipos de justo* como: *os modelos abstratos de comportamentos, cujas estruturas são compostas por elementos objetivos, normativos, subjetivos e materiais, que sofrem em sua elaboração um juízo de valor positivo do legislador, por se tratar de condutas dirigidas à proteção de bens jurídicos socialmente relevantes.*

Os tipos de justo não servem, entretanto, somente ao direito penal. Sua função — como já ressaltamos – não se restringe a negar os tipos de injusto, pois são portadores de autonomia e estrutura própria.

Com efeito, aquele que atua em legítima defesa, estado de necessidade, estrito cumprimento do dever legal ou exercício regular de direito tem sobre sua conduta um juízo de valor positivo, de conformidade ao Direito, que, em conseqüência, implicará a seu ato a qualidade de lícito em todos os ramos do ordenamento jurídico.

Dessa forma, o comportamento típico de estrito cumprimento do dever legal, além de acarretar a atipicidade delitiva, impossibilita a imposição de qualquer sanção administrativa ao sujeito ativo do comportamento. De igual modo, a quem atua tipicamente em legítima defesa não pode ser imputada responsabilidade civil por ato ilícito, o dever de reparar o dano causado por sua ação.

A mesma interpretação cabe nas outras hipóteses de subsunção aos tipos de justo.

A adequação típica da conduta a qualquer dos tipos penais de justo previstos pela Parte Geral do Código Penal, portanto, acarreta sua valoração como ato lícito, para todos os campos do ordenamento jurídico.

13.2 Descriminantes putativas

O § 1º do art. 20 do Código Penal dispõe, sob a rubrica lateral "descriminantes putativas", que "é isento de pena quem, por erro plenamente justificado pelas circunstâncias, supõe situação de fato que, se existisse, tornaria a ação legítima". Não há isenção de pena quando o erro deriva de culpa e o fato é previsto como crime culposo.

Diante das posições tomadas nesta obra, as descriminantes putativas somente podem ser interpretadas como erro de tipo, erro sobre circunstância essencial de um tipo penal de justo, cujas espécies serão analisadas nos capítulos seguintes.

Com efeito, nestas hipóteses o agente, em virtude do erro em que incorre, crê que seu comportamento está subsumido a um tipo de justo (legítima defesa, estado de necessidade, estrito cumprimento de dever legal ou exercício regular de direito), agindo, portanto, sem dolo, na medida em que orienta sua conduta no sentido de preservação de um bem jurídico socialmente relevante.

Eis um exemplo clássico, para aclarar a questão: João briga com Paulo, e este o ameaça de morte, ao dizer que, na próxima vez em que se encontrarem, João não escapará com vida.

Dias depois, ambos andam em sentidos contrários na mesma rua, e Paulo, para pegar sua carteira, coloca a mão no bolso interno de sua jaqueta. João, acreditando que naquele momento concretizar-se-ia a ameaça, saca de seu revólver, para defender-se, e efetua um disparo de arma de fogo contra Paulo, matando-o.

Ora, em casos como o apresentado o sujeito não age dolosamente, pois pelas circunstâncias fáticas acredita estar atuando no sentido de proteção de um bem jurídico próprio ou de terceiro; não se comporta com a vontade de matar ou de lesionar bem jurídico alheio (dolo), mas sim com o elemento subjetivo de um tipo de justo.

O mesmo raciocínio é válido para os demais tipos de justo, pois todos admitem a forma putativa.

A interpretação aqui formulada é a mais adequada ao sistema adotado por nosso ordenamento jurídico-penal.

Observe-se que tratando-se de erro *inevitável* exclui-se por completo a possibilidade de punição, por não ter havido dolo e nem ao menos culpa como fator determinante da conduta.

Sendo o erro *evitável*, contudo, exclui-se o dolo mas se pune o agente pela modalidade culposa, se prevista em lei, pois deriva o erro da negligência do sujeito, da inobservância do dever de cautela que lhe era imposto na situação concreta.

Provocando sempre as descriminantes putativas a exclusão do dolo da conduta, torna-se sem fundamento a posição daqueles que sustentam tratar-se de causas de exclusão da culpabilidade, pois o elemento subjetivo, como já vimos, pertence à estrutura do tipo penal.

Inadmissível também o postulado da teoria estrita (extremada) da culpabilidade, de que em hipótese de erro vencível confere a lei penal um critério de diminuição da censurabilidade, mediante o tratamento de um fato doloso como se culposo fora.

Isto porque, conforme ressalta Francisco de Assis Toledo: "Nem em nosso sistema, nem em outro qualquer, seria possível a existência deste ente verdadeiramente mitológico, pelo seu hibridismo e poder de mutação; um crime doloso punido como se culposo fora. Se o que distingue o crime doloso do culposo não é a natureza ou quantidade de pena (caso das contravenções),nenhuma razão existiria para que o legislador caísse na teratogenia acima apontada, se quisesse somente estabelecer uma hipótese de pena menos grave. Assim não o fez no homicídio privilegiado (art. 121, § 1º), assim também não precisaria fazer no capítulo do erro".[2]

À brilhante crítica acima transcrita acrescenta-se mais uma objeção: não sendo previsto o tipo culposo, teríamos um fato típico doloso, ilícito, culpável e punível (uma vez que inexistentes causas de extinção da punibilidade) para o qual não haveria qualquer previsão de sanção penal – o que, evidentemente, contraria a lógica do sistema. O ordenamento jurídico, entretanto, constitui um sistema racional de normas, e, como tal, não suporta contradições internas.

Vê-se, portanto, que nossa legislação penal, ao estabelecer as descriminantes putativas, tratou-as como forma de erro de tipo, com a conseqüente exclusão do dolo do comportamento.

O tratamento legislativo conferido às descriminantes putativas robustece a concepção da relação tipo/ilicitude e a existência dos tipos de justo aqui apresentada, pois, se uma denominada causa de justifi-

---

2. *Princípios Básicos de Direito Penal*, 4ª ed., p. 275.

cação putativa já é suficiente para excluir o dolo do comportamento, maior razão terá tal exclusão, e, conseqüentemente, do próprio tipo delitivo, na ocorrência de uma causa de justificação real.

13.3 Excesso

Sob a rubrica lateral "excesso punível", o parágrafo único do art. 23 do Código Penal traz as hipóteses em que, iniciado o comportamento sob o amparo de um tipo de justo – isto é, em função da proteção de um valor de significação social positiva –, extrapola a conduta os limites desta preservação, atingindo, de forma desnecessária ou desproporcional, bem jurídico pertencente a outra pessoa.

Na realidade, não se trata de excesso, mas de um fato punível – ilícito-típico – praticado logo após o exercício de um tipo de justo, pela vontade consciente do agente ou pela inobservância do dever de cautela exigível na situação concreta.

O "excesso", assim, pode ser *doloso* – quando o agente, encontrando-se em uma situação justificada, ultrapassa conscientemente os limites do justo para violar bem jurídico do envolvido, ou de terceiro, na situação; ou *culposo* – quando a incursão no injusto é decorrente de um erro determinado pela violação ao dever de cuidado objetivo pelo sujeito.

O Código de Processo Penal, em seu art. 292, autoriza o executor da prisão legal a fazer uso da força para vencer eventual resistência. A força, entretanto, deverá ser a *necessária* para o cumprimento do ato – de forma que, além deste limite, configurar-se-á o excesso.

Logo, o agente da autoridade policial, ao cumprir um mandado de prisão, não pode, por exemplo, diante de eventual resistência de seu sujeito passivo, após dominá-lo, passar a espancá-lo, sob a justificativa do estrito cumprimento do dever legal. O tipo de justo, aqui, já se encontra plenamente exercido e esgotado quando do cumprimento da ordem de prisão; a violência que o sucede, nestas circunstâncias, trata-se de um injusto típico imputável ao seu autor a título de dolo.

Mas pode o excesso não ser doloso se derivar de um erro de representação por parte do agente, que, em virtude das circunstâncias, crê que ainda está agindo sob situação de legítima utilização de um tipo de justo.

Nesta hipótese a problemática é solucionada pelos princípios reguladores do erro no direito penal: tratando-se de erro de tipo (descriminantes putativas – art. 20, § 1º, do CP) e sendo a falsa representação derivada de culpa do agente (erro inescusável, excesso culposo), pune-se pela modalidade culposa, se prevista em lei; se escusável o erro exclui-se por completo a tipicidade da conduta (erro escusável), configurando-se, neste caso, o erro acidental.

13.4 Erro de permissão

Denominamos "erro de permissão" duas outras espécies que ainda podem surgir sob a problemática do erro jurídico-penal.

A primeira espécie – "erro de permissão em sentido estrito" – consiste na ausência de consciência, por parte do agente, da licitude de sua conduta, por não representar corretamente a existência ou os limites do tipo de justo ao qual se subsume sua conduta.

Nesta hipótese o sujeito age em função do valor protegido pela "excludente" de ilicitude mas não compreende – seja por desconhecer o tipo de justo, seja por não interpretar corretamente seu alcance – que sua ação recebe um juízo de valor positivo do legislador, o qual lhe confere o caráter de um *justo típico*.

Aquele que, logo após ter sofrido esbulho possessório, faz uso da força necessária para a restituição de sua posse exerce regularmente um direito que lhe é conferido pelo ordenamento (novo CC, art. 1.210, § 1º; art. 502 do CC de 1916), e atua em função deste valor de significação social positiva. Logo, seu comportamento encontra subsunção ao tipo de justo previsto pelo art. 23, III, *in fine*, do Código Penal.

Pode ocorrer, entretanto, que o agente, embora agindo em função do bem jurídico, não tenha conhecimento, nem ao menos profano, de que à sua conduta agrega-se a valoração do "justo", por desconhecer a previsão do tipo de lícito, ou por entender que este não se aplica ao fato.

Trata-se, dessa forma, de verdadeiro erro de proibição ao reverso, pois o indivíduo, apesar de legitimado a atuar, crê, por erro de representação, que sua ação é ilegítima, tem uma falsa consciência da ilicitude de um ato lícito.

Em casos como este o justo típico em nada é afetado, pois presentes todos os seus elementos, de ordem objetiva e subjetiva; o erro, aqui, não traz qualquer relevância para o direito penal.

Mais problemática, contudo, é a segunda espécie de erro de permissão: aquela em que o agente, encontrando-se em uma situação de legítimo exercício de um tipo de justo, não representa sua ocorrência, e age, portanto, com o elemento subjetivo completo, em sentido oposto ao bem jurídico tutelado pela norma penal.

Suponhamos que "A", com a vontade consciente de matar "B", efetue contra este disparo de arma de fogo, atuando com menosprezo à vida humana como um valor a ser protegido, e logre alcançar seu objetivo. Morto "B", revela-se, então, que se encontrava ele com uma arma de fogo "engatilhada" e apontada na direção de "C", irmão de "A", e que estava prestes a atacar a vida daquele.

A situação vivenciada por "A", no plano objetivo, era a do exercício do tipo de justo de legítima defesa de terceiro; sua ação, no entanto, não foi motivada pela preservação da vida de seu irmão, pelo ânimo de defesa de terceiro, mas no sentido de violação do bem jurídico penalmente tutelado – o que impede a subsunção perfeita do comportamento ao tipo previsto pelo art. 25 do Código Penal.

Qual a solução jurídica para a hipótese?

No plano processual, em regra, ainda que confesse "A" sua intenção, a orientação preponderante será no sentido de sua absolvição, mediante a aplicação do princípio *in dubio pro reo*.

Com efeito, no campo da prova a aferição da ocorrência do justo típico é realizada pela observação das circunstâncias objetivas que cercaram o ato; se os fatos circundantes não permitem excluir o tipo de justo, e, mais, indicam sua plena utilização, a palavra do acusado, isolada nos autos, não se prestará a um decreto condenatório.

Esta conclusão, no entanto, não resolve o problema no âmbito substancial, e somente serviria para afastar a discussão a respeito deste tema de difícil enfrentamento – o que não é nosso objetivo.

Passemos, portanto, a analisar a questão sob o prisma material.

Para os adeptos de uma teoria objetiva da ilicitude (contrariedade ao direito como conseqüência do desvalor do resultado) – à qual se filiam normalmente aqueles que incluem na culpabilidade os elementos subjetivos – bastará que o resultado não seja desvalorado para que reste caracterizada a "causa de justificação".[3] De fato, se o juízo de proibição é meramente objetivo, assim também deve ser o juízo de justificação.

Esta teoria, diante das discrepâncias em relação ao conceito de tipicidade que apresentamos, não nos serve a resolver o problema, pois o injusto, para nós, não é apenas desvalor do resultado, mas também e necessariamente desvalor do ato.

Uma segunda posição, já partindo do injusto pessoal (objetivo-subjetivo, tal como a teoria dos elementos negativos do tipo), considera que na ausência de percepção sobre a existência, na situação, de uma "causa de justificação" impõe-se a punição a título de tentativa.

O fundamento desta corrente centra-se na circunstância de nas hipóteses em análise incidir o desvalor sobre o ato, mas não sobre o resultado. A conduta, assim, seria ilícita, mas não seu efeito, que estaria conforme ao Direito.

Este entendimento, entretanto, leva a uma opção metodológica incorreta, pois ação e resultado constituem, à luz da teoria do delito, um todo inseparável, e não podem ser tomados como compartimentos estanques. Entre ação e resultado deve haver – para não se incorrer em contradição insuperável, e por força do sentido harmônico que deve possuir o ordenamento jurídico – uma similitude de valoração, de forma que uma ação ilícita jamais possa produzir um resultado lícito – no sentido de positivamente valorado –, e nem um resultado ilícito ser fruto de uma ação lícita no contexto de sua prática.

Além disso, aplicar-se ao crime consumado a regra da tentativa quando não há dúvidas a respeito da ocorrência do nexo causal tipicamente relevante entre a ação e o resultado constituiria afronta ao preceito contido no inciso II do art. 14 do Código Penal, pois, como veremos (Capítulo 20), o crime tentado só tem lugar *quando a execução não se consuma* por circunstâncias alheias à vontade do agente – hipótese a que não se subsume o erro quanto à permissão.

Os adeptos do injusto pessoal puro, por fim, sustentam que só uma congruência concorrente dos elementos objetivos e subjetivos do tipo permissivo pode justificar uma conduta.[4]

---

3. Zaffaroni, *Tratado de Derecho Penal – Parte General*, vol. III, p. 574.
4. Zaffaroni, *Tratado* ..., vol. III, p. 578.

Logo, a ausência do elemento subjetivo do tipo de justo acarreta ao agente a subsunção de sua ação – tanto com referência aos elementos objetivos como ao subjetivo – ao tipo de injusto, devendo responder pelo fato cometido, pouco importando que a situação, em si, autorizasse, se dela consciente o agente, o mesmo comportamento.

Se esta teoria tem o mérito de bem distinguir os campos do justo e do injusto e, em conseqüência, facilitar a operação mental de subsunção do comportamento, segundo a vontade do agente, à zona do proibido ou do permitido, não se pode deixar de a ela objetar que parte, no que toca à questão discutida, de considerações puramente morais para concluir que na hipótese de ausência do elemento subjetivo da "causa de justificação" aperfeiçoam-se a tipicidade e a ilicitude.

Com efeito, de acordo com esta teoria, sendo a vontade do agente dirigida tão-somente à prática de um fato típico delitivo, e não também à defesa ou realização de um direito próprio ou de terceiro, legitimado estará o Estado a exercer seu "poder punitivo", pois revelada a violação, pelo sujeito, do "mínimo ético". Pouco importa se a situação circundante autorizava o indivíduo, se dela tivesse conhecimento, a agir de idêntica forma e a produzir o mesmo resultado, que então seria considerado lícito, pois sua vontade afirmou o injusto pessoal.

A ocorrência ou não do resultado, nestes temos, em nada altera a ilicitude da conduta, que deve ser aferida a partir do plano individual do agente, sendo o injusto, por isso, essencialmente subjetivo e, portanto, pessoal.

Mas se as circunstâncias circundantes objetivas e o resultado, diante da vontade típica, não alteram o caráter do injusto, como se compatibilizar esta posição com a impunibilidade do crime impossível? E, mais, como explicar a redução da pena do crime tentado, sob critérios unicamente objetivos?

De fato, não há compatibilização razoável, tanto que os adeptos do injusto pessoal puro não vêem fundamento para estas soluções.

Welzel,[5] o precursor desta teoria, após qualificar de irracionais os pensamentos daqueles que postulam uma pena inferior para os delitos em sua forma tentada, sustenta que a realização exterior da vontade não necessita ser, por si, perigosa, pois para o ordenamento jurí-

---

5. *Derecho Penal Alemán*, 4ª ed., pp. 223 e 227-228.

dico já é seriamente perigosa a vontade que crê estar realizando com a sua ação o delito. Castiga-se, por isso, prescindindo-se da falta de perigo objetivo, a tentativa com meios inidôneos ou de objeto impróprio, quando o autor estima-os idôneos. "A teoria subjetiva considera o ordenamento jurídico em um sentido amplo como poder espiritual que configura a vida do povo. A realidade e validade deste poder espiritual, sem embargo, lesionam-se já com uma vontade que empreende ações que considera ações de execução idôneas de um delito (...). Para o ordenamento jurídico, como poder configurador da ordem, já tal ação é insuportável."

Deste posicionamento depreende-se que a aferição do injusto pessoal apenas como fruto da vontade, sem consideração das circunstâncias objetivas e circundantes do comportamento, não pode ser plenamente admitida por nosso Direito, pois inconciliável com os preceitos do inciso II do art. 14 do Código Penal e do art. 17 do mesmo diploma legal, que estabelecem, respectivamente, a redução obrigatória – em regra –, sob critérios unicamente objetivos, da pena do crime tentado e a atipicidade do crime impossível.

Cremos, assim, que se o injusto típico não se completa sem a presença do respectivo elemento subjetivo, este também não se pode considerar aperfeiçoado diante da ocorrência objetiva de situação legitimadora do ato. Em ambas as hipóteses, a nosso ver, carece a conduta, em sua complexidade, de tipicidade axiológica.

De fato, no erro quanto à permissão, se não se pode subsumir a conduta ao tipo de justo, por lhe faltar o elemento subjetivo congruente, também inviável sua caracterização como um injusto típico, na medida em que carece da dimensão axiológica da tipicidade.

Isto porque na situação concreta do caso não há o contexto socialmente inadequado que reclamou a elaboração, pelo legislador, do tipo de injusto. À conduta não se agrega a valoração negativa indispensável à afirmação da tipicidade em sua plenitude.

O comportamento, portanto, embora não seja positivamente valorado – um justo típico –, não portará, em virtude do contexto de sua prática – desconhecido pelo agente –, o caráter negativo indispensável à configuração completa do juízo de tipicidade delitiva. Restará ao juiz, nestas condições, reconhecer a atipicidade da ação e absolver o réu, com fulcro no art. 386, III, do Código de Processo Penal.

A solução proposta – sem dúvida polêmica e sujeita a contestações – é a mais adequada a solucionar o problema do ilícito penal em um Direito, como o nosso, que tem por finalidade precípua a proteção dos bens jurídicos fundamentais em um plano axiológico, as suas raízes na Constituição, e por objetivo garantir a estrutura do Estado e da sociedade organizada – constitucionalmente.

Inexistindo, na situação concreta, conflito valorativo a ser resolvido, não se presta a intervenção do direito penal, que não pode, no Estado Democrático de Direito, ter conteúdo unicamente moralizante.

Em sentido próximo a posição adotada por Zaffaroni. No "Prefácio" a magnífica obra de Juarez Tavares,[6] sustenta o catedrático de Buenos Aires: "Essa é a razão por que, segundo meu ponto de vista pessoal, sustento agora que as causas de justificação são meramente objetivas, sem que importe que o sujeito ignore o que estava ocorrendo no momento do agir. Ainda que seja por mera casualidade, se o conflito for resolvido, o poder punitivo nada tem a fazer no caso; toda intervenção sob este pressuposto parece não ter outro objetivo que o de um direito penal moralizante e, por fim, não-liberal. É verdade que esta construção se distancia muito do finalismo dos anos 50 e 60, mas talvez não mereça a crítica tão forte que lhe é formulada pelo autor, fazendo eco das idéias de Monika Frommel. Creio que cada tese deve ser avaliada em seu contexto, e por certo que o da pósguerra alemã não é o mesmo que o sul-americano de meio século mais adiante".

Ousamos divergir apenas no que toca à configuração plena do justo típico, que, para nós, tem também, necessariamente, um aspecto subjetivo, que implica não somente a valoração positiva do ordenamento sobre a ação – a partir da experiência captada da realidade social, e em vista da preservação de bens jurídicos –, mas também a consideração das descriminantes putativas como causas de exclusão do aspecto subjetivo da tipicidade delitiva. A divergência, entretanto, não acarreta efeitos conflitantes, pois, como assinalamos, se o justo típico não se completa, o mesmo não ocorre com o injusto penal típico. O erro quanto à permissão, assim, não exclui a ilicitude – geral – da conduta, mas apenas a ilicitude penal – tipicidade –, especializada

---

6. *Teoria do Injusto Penal*, p. 14.

através de tipos, por carecer do conteúdo axiológico negativo que exigiu a formulação do modelo legal.

13.5 Concurso aparente entre tipos delitivos e tipos de justo

É com fundamento no princípio da consunção que se deve solucionar, no mais das vezes, o concurso aparente entre tipos delitivos e tipos de justo.

Embora as condutas, no aspecto objetivo, guardem estreita semelhança, a finalidade última do agente, seu elemento subjetivo, nas duas hipóteses tem posições axiológicas absolutamente contrapostas.

Ao praticar conduta adequada a um tipo de justo, os dados meramente objetivos do aparente tipo de injusto funcionam como um "tipo-meio" para a concreção do "tipo-fim". E é esta idéia de finalidade do agente, de preservação de um bem jurídico socialmente relevante, que permite a exclusão do tipo de injusto e a aplicação, tão-somente, do tipo de justo objetivado e valorado positivamente pelo legislador.

A conduta do policial que efetua a prisão de indivíduo que se encontra em situação de flagrante delito subsume-se, no aspecto meramente objetivo, ao tipo penal de seqüestro ("Privar alguém de sua liberdade, mediante seqüestro ..."), previsto pelo art. 148 do Código Penal.

Na hipótese, entretanto, inexiste a tipicidade delitiva, pois a realização dos elementos descritivos do tipo de injusto consiste apenas no meio necessário para a plena consecução do tipo de justo de estrito cumprimento do dever legal (art. 23, III, primeira parte, do CP).

A privação da liberdade, aqui, representa apenas o meio necessário, a normal fase de execução da finalidade do agente, valorada positivamente por um tipo de justo.

14
ESTADO DE NECESSIDADE

14.1 Conceito e natureza. 14.2 Teorias. 14.3 Requisitos: 14.3.1 Perigo atual a direito próprio ou de terceiro – 14.3.2 Ausência de vontade na criação do perigo – 14.3.3 Inevitabilidade do comportamento – 14.3.4 Inexigibilidade de sacrifício do bem ameaçado – 14.3.5 Inexistência de dever legal de enfrentar o perigo – 14.3.6 Elemento subjetivo. 14.4 Causa de diminuição de pena.

14.1 Conceito e natureza

Sobre o conceito do "estado de necessidade" não há grandes divergências na doutrina.

Bento de Faria afirma tratar-se da "situação de perigo atual e imediato para bens juridicamente protegidos, a qual somente pode ser removida pela lesão de interesses lícitos de outrem, também, igualmente, tutelados".[1]

Assis Toledo, tomando emprestada a lição de Jescheck, sustenta ser o estado de necessidade "a situação de perigo atual, para interesses legítimos, que só pode ser afastada por meio da lesão de interesses de outrem, igualmente legítimos".[2]

Nélson Hungria,[3] por sua vez, apresenta como conceito a definição do instituto ofertada pelo legislador do Código Penal de 1940, cuja redação é idêntica à da Parte Geral vigente.

Para nós o estado de necessidade é uma figura típica, prevista pelo art. 24 do Código Penal, que se refere, portanto, sempre a um

---

1. *Código Penal Brasileiro Comentado*, vol. II, p. 191.
2. *Princípios Básicos de Direito Penal*, 4ª ed., p. 175.
3. *Comentários ao Código Penal*, 4ª ed., vol. I, t. II, p. 273.

comportamento humano em determinado contexto axiológico, não se confundindo, assim, especificamente com a situação circundante, que a integra e a posiciona no Direito, mas não a esgota.

Logo, diante de sua natureza jurídica típica, conceituamos o *estado de necessidade* como: *o comportamento humano adequado ao tipo de justo previsto no art. 24 do Código Penal, que viola bem jurídico de outrem para salvar direito próprio ou alheio* – motivado, desta forma, por este valor de significação social positiva – *de perigo atual ou iminente que não tinha o dever de enfrentar e nem provocado voluntariamente, cujo sacrifício, nas circunstâncias, não era razoável exigir-se e nem de outro modo poderia evitar.*

14.2 Teorias

O Código Penal Brasileiro de 1969, em seus arts. 25 e 28, acolhia, em nosso Direito, a teoria diferenciadora do estado de necessidade: a ação ofensiva a bem jurídico de inferior valor ao preservado excluía a ilicitude do comportamento; se de igual valor os bens jurídicos, contudo, íntegra restava a contrariedade ao Direito, mas se excluía a culpabilidade, por não se esperar do agente, na hipótese concreta – e por isso se exigia, no estado de necessidade de terceiro, ligação do agente com o atingido por estreitos laços de parentesco ou afeição –, a observância da norma.

Solução semelhante para o problema foi adotada pelo legislador penal alemão nos §§ 34 e 35 do *StGB*, ao prever como estado de necessidade legitimante a ação para a salvaguarda de bem jurídico preponderante, e eximente de culpa nas demais hipóteses.

A nova Parte Geral do Código Penal Brasileiro, entretanto, filiou-se à teoria unitária, segundo a qual ou o comportamento subsume-se ao tipo de justo, em todos os seus elementos – excluindo-se, em conseqüência, o injusto típico –, ou não haverá de se falar em situação de necessidade. Aqui já não se parte, como na teoria diferenciadora, apenas do valor que se pode atribuir aos bens jurídicos em jogo, mas do critério da razoabilidade do sacrifício do direito ameaçado, que somente comportará aferição no caso concreto.

14.3 Requisitos

O tipo de justo do art. 24 do Código Penal, conjugado com seu § 1º, traz seis elementos para o processo de subsunção plena da conduta, sendo cinco deles objetivos e um subjetivo: (a) perigo atual a direito próprio ou de terceiro; (b) ausência de vontade na criação da situação perigosa; (c) inevitabilidade do comportamento; (d) inexigibilidade de sacrifício do bem ameaçado; (e) inexistência de dever legal de enfrentar o perigo; (f) vontade consciente de preservar o bem jurídico ameaçado.

À apreciação destes elementos típicos, de forma sucinta, nos dedicaremos a seguir.

14.3.1 Perigo atual a direito próprio ou de terceiro

Compreende-se por "perigo" a probabilidade de dano a um direito ou interesse, que não se confunde com o mero temor ou receio infundado. Trata-se – como ensina Miguel Reale Júnior[4] – da aptidão, idoneidade ou potencialidade de um fenômeno de ser causa de um dano, isto é, a modificação de um estado verificado no mundo exterior com a potencialidade de produzir a perda ou diminuição de um bem, inferida a partir da experiência e do conhecimento de um campo determinado de fenômenos.

O perigo que compõe o estado de necessidade, portanto, não é aquele presumido ou abstrato, mas o concreto, verificável objetivamente por um raciocínio de causa/efeito no cotidiano dos acontecimentos.

A existência do perigo, contudo, não basta; deve ser ele atual, no qual se compreende a iminência da situação perigosa.[5]

Por "perigo atual" – como ensina Assis Toledo[6] – entende-se o que está prestes a concretizar-se, de acordo com um juízo de previsão mais ou menos seguro. O dano já verificado ou incerto e futuro, nestes termos, não caracteriza este elemento típico.

4. *Teoria do Delito*, p. 224.
5. André de Oliveira Pires, *Estado de Necessidade*, p. 36.
6. *Princípios* ..., 4ª ed., p. 185.

O caráter de justo do comportamento revela-se tanto na salvaguarda de direito do próprio agente como de terceiro, não impondo a lei, para a utilização do tipo de justo, a existência de qualquer ligação de índole objetiva ou subjetiva com o titular do bem jurídico ameaçado. Impera, aqui, o princípio da solidariedade social.

14.3.2 Ausência de vontade na criação do perigo

A configuração do estado de necessidade exige que o perigo não tenha sido provocado por *vontade* do agente – o que, a nosso ver, pressupõe a ausência de dolo quanto à criação da situação perigosa.[7]

Magalhães Noronha, em sentido contrário, entende que a locução abarca também a provocação culposa, pois "a ordem jurídica não pode homologar o sacrifício de um direito, favorecendo ou beneficiando quem já atuou contra ela, praticando um ilícito, que pode ser crime ou contravenção".[8]

Este posicionamento, contudo, além de contrariar o sentido da expressão "vontade", que é tomada pelo Código Penal como significativa de dolo (art. 14, II), acaba por criar situações injustas ao impedir a utilização do tipo de estado de necessidade em relação a fatos que pouco ou nada têm a ver com a conduta original.

Com efeito, tomemos como exemplo a provocação culposa de incêndio em uma residência. Acolhida a posição ora combatida, o autor desta conduta, ao procurar escapar das chamas, não estaria amparado pelo estado de necessidade ao provocar leves lesões em terceiro que estivesse à frente da porta da casa, obstruindo sua passagem. Responderia, então, não apenas pelo incêndio culposo (art. 250, § 2º, do CP), como também pelo delito de lesão corporal (art. 129 do

---

7. Neste sentido: Luis Jiménez de Asúa, *Principios de Derecho Penal*, p. 311; Aníbal Bruno, *Direito Penal – Parte Geral*, vol. I, t. I, p. 387; Basileu Garcia, *Instituições de Direito Penal*, 4ª ed., vol. I, t. I, p. 295; Paulo José da Costa Júnior, *Comentários ao Código Penal*, 2ª ed., vol. I, p. 198; Damásio E. de Jesus, *Direito Penal – Parte Geral*, 19ª ed., p. 325. Contra: Frederico Marques, *Tratado de Direito Penal*, vol. II, p. 169; Nélson Hungria, *Comentários* ..., 4ª ed., vol. I, t. II, p. 273; Francisco de Assis Toledo, *Princípios* ..., 4ª ed., p. 185; André de Oliveira Pires, *Estado de Necessidade*, p. 39.

8. *Apud* Francisco de Assis Toledo, *Princípios* ..., 4ª ed., p. 186.

CP). A solução, no entanto, é absolutamente injusta, pois implicaria ao agente de um ato negligente o sacrifício da própria vida.

Outra hipótese: o agente empreende velocidade excessiva a seu veículo e provoca acidente automobilístico, do qual resultam lesões graves em um dos envolvidos. Por não estar seu carro funcionando, o agente subtrai um veículo pertencente a terceiro, que se encontrava no local, a fim de salvar de perigo atual de morte o ofendido e socorrê-lo ao hospital. Questiona-se: provocado o perigo culposamente, deverá responder o sujeito, além do crime culposo, também pelo delito de furto? Para nós a resposta deve ser evidentemente negativa, seja pela racionalidade que deve imperar no sistema – que exige, nas circunstâncias, uma atuação positiva do agente (art. 304 do Código de Trânsito Brasileiro) –, seja pela ausência na conduta do caráter negativo do elemento subjetivo.

O estado de necessidade, desse modo, exclui o injusto em relação aos fatos praticados para salvamento do *perigo* provocado culposamente; não, contudo, aos atos anteriores que já constituem, em sua plenitude, um injusto típico culposo.[9]

14.3.3 Inevitabilidade do comportamento

Deste requisito resulta que o reconhecimento do estado de necessidade exige a inexistência, na situação concreta, de outro meio menos gravoso, ou não-gravoso, ao bem jurídico atingido. O comportamento ofensivo, por violar bens de inocentes, deve apresentar-se como o único apto a salvar o direito sujeito a perigo atual de dano.

Como ensina Aníbal Bruno, se o direito do agente podia ser poupado, ainda que pela fuga, não se subsume a conduta ao tipo de justo:

---

9. Com este entendimento soluciona-se o problema apresentado por Frederico Marques: "O motorista imprudente que conduz seu carro em velocidade excessiva não poderá invocar o estado de necessidade se, ao surgir à sua frente, num cruzamento, outro veículo, manobrar o carro para lado posto e apanhar um pedestre" (*Tratado de Direito Penal*, vol. II, p. 169). De fato, aqui já não se trata de *perigo culposo*, mas de lesão culposa, pois cabiam ao agente, na condução do veículo, a diligência e perícia necessárias para evitar atropelamento daqueles que se encontravam no acostamento. A culpa, aqui, não se refere a um perigo de provocação de acidente, mas ao próprio acidente, em relação ao qual não há de se falar em estado de necessidade sem se estreitar, para tanto, a aplicabilidade do respectivo tipo de justo.

"O agente deve escolher sempre o meio que produza dano menor: dano a coisas em vez de lesão ou morte de um homem; dano a um homem em vez de muitos".[10]

A locução "nem podia de outro modo evitar", portanto, representa a imprescindibilidade, no caso real, da ação lesiva ao bem jurídico, como opção extrema para a tutela do valor ameaçado.

Cabe ao juiz, mediante a formulação de um juízo *ex ante* póstumo, valorar o contexto da realização da conduta, para, após a apreciação das circunstâncias circundantes, dirimir se, no plano do agente, apresentava-se o pressuposto da inevitabilidade ou indispensabilidade. Se positivo o juízo afirmar-se-á a tipicidade do estado de necessidade; de outro lado, se, a partir da experiência captada da realidade, concluir-se que ao agente apresentava-se outra opção, razoável, de salvaguarda do seu bem jurídico, inviável o reconhecimento da atuação justa.

14.3.4 Inexigibilidade de sacrifício do bem ameaçado

A tipicidade justificante do estado de necessidade pressupõe, ainda, que a ordem jurídica, na situação concreta, não imponha ao agente o sacrifício, a renúncia ao bem ameaçado em favor de outro, por razões de razoabilidade.

O legislador penal brasileiro, desta forma, não adotou a teoria objetiva pura do valor dos bens envolvidos, mas estabeleceu como seus critérios fundamentais a proporcionalidade aliada à razoabilidade, no fato real.

Aqui não se está afirmando que o critério objetivo não tem relevância para a solução do problema. Ao contrário, em regra a preponderância valorativa entre bens será o elemento que possibilitará a aferição da ocorrência, ou não, do estado de necessidade, pois embasará o intérprete à formulação de um juízo – também objetivo, pois apreendido da experiência social – a respeito da (in)exigibilidade do sacrifício do direito posto em perigo. O que não se pode admitir – e assim não pretendeu o legislador – é que este raciocínio ou processo de valoração seja "matemático", pois a pessoa humana não se confunde com um ser autômato.

10. *Direito Penal* – ..., vol. I, t. I, p. 385.

Logo, o que se apresenta relevante para o aperfeiçoamento do estado de necessidade – como deixou assentado o então Ministro da Justiça, Francisco Campos, na Exposição de Motivos do Código Penal de 1940, item 17 – é que, "nas circunstâncias em que a ação foi praticada, não era razoavelmente exigível o sacrifício do direito ameaçado. O estado de necessidade não é um conceito absoluto: deve ser reconhecido desde que ao indivíduo era extraordinariamente difícil um procedimento diverso do que teve".[11]

Assim, sob esses critérios de razoabilidade e proporcionalidade, a título de exemplo, não ampara o estado de necessidade o ato daquele que, para salvar seu patrimônio, viola a integridade corporal ou a vida de outrem. De idêntico modo, ainda que de igual valor os bens envolvidos, não pode o abastado executivo – ou o inverso – subtrair o guarda-chuva do operário para não sofrer estragos em sua valiosa vestimenta. Nesta hipótese, embora proporcionais os bens envolvidos, razoável, em face da exigência da paz social, que suporte o agente o sacrifício de seu bem jurídico.

14.3.5 Inexistência de dever legal de enfrentar o perigo

O tipo de justo do estado de necessidade, entretanto, possui um "elemento negativo" que impede sua configuração: a existência de dever legal de colocar o bem jurídico ameaçado, na situação concreta de atuação, sob o risco de lesão.

Assim, não pode o bombeiro, por exemplo, alegar estado de necessidade para evitar enfrentar as chamas de um incêndio ou, pior, para, no cumprimento de sua função, sacrificar direito de terceiro; não pode o policial-militar, sob a alegação de perigo à sua vida ou integridade física, recusar-se a atender a ocorrência de roubo em andamento ou, em tiroteio, utilizar-se de transeunte inocente como escudo para não ser alvejado por projéteis contra si disparados; aos médicos e enfermeiros, mesmo sob risco à sua saúde, cabe dispensar tratamento àqueles que estiverem acometidos de grave doença infecciosa, suscetível de contaminação dos que com eles mantiverem contato. O risco, por ser inerente à atividade desses agentes, não serve a

---

11. Publicada no *DOU* 31.12.1940.

fundamentar ou a legitimar uma ação lesiva a bem jurídico alheio (omissão de socorro, prevista pelo art. 135 do CP).

A expressão "dever legal", contudo, deve ser interpretada restritivamente, não se confundindo com o dever jurídico de agir, disciplinado pelo § 2º do art. 13 do Código Penal.

Com efeito, como ensina Basileu Garcia: "Dever legal é o emanado da lei, decreto ou regulamento – no caso, estatuindo quanto ao exercício de atividade ou profissão".[12] Nos mesmos termos posiciona-se Aníbal Bruno, para quem o dispositivo, por agravar a situação do réu, deve ser interpretado restritivamente: "Trata-se de dever legal, não simplesmente jurídico".[13]

Logo, para a exclusão do estado de necessidade com fulcro na existência de dever legal do agente de enfrentar o perigo há de existir uma lei, em sentido amplo, regulamentando a atividade e impondo este dever. Inexistente norma desta espécie – mas apenas norma contratual –, cabível a utilização do tipo de justo.

14.3.6 Elemento subjetivo

O tipo de justo do estado de necessidade prevê, expressamente, a vontade consciente do agente de realizar sua conduta no sentido de preservação de um bem jurídico colocado sob perigo atual ou iminente, mediante a expressão "para salvar".

O justo típico, assim, em sua plenitude, depende, para seu reconhecimento, não apenas da verificação da situação objetiva de necessidade, mas também da aferição da vontade do sujeito dirigida a um "fim justo". A valoração social positiva da conduta, nestes termos, somente será completa se, além da valorização do resultado, houver ainda um valor sobre o ato em si mesmo considerado.

Ausente o elemento subjetivo, como vimos, resolve-se o problema pelo "erro de permissão", excluindo-se o caráter axiológico negativo do tipo e absolvendo-se o agente por atipicidade, por faltar à ação uma de suas dimensões essenciais.

12. *Instituições* ..., 4ª ed., vol. I, t. I, p. 294.
13. *Direito Penal* – ..., vol. I, t. I, p. 386.

14.4 Causa de diminuição de pena

O § 2º do art. 24 do Código Penal traz como causa especial de diminuição de pena a circunstância de ter sido motivada a ação pela salvação de um bem jurídico próprio ou de terceiro, embora fosse razoável exigir-se, na situação concreta, o sacrifício do direito ameaçado.

Trata-se de hipótese de diminuição da censura penal da conduta (culpabilidade), que, em virtude de sua menor reprovabilidade, enseja ao agente, em um juízo de proporcionalidade, uma redução da pena aplicável.

Conforme deixa claro o dispositivo, a redução da pena não é conseqüência obrigatória do estado de necessidade ao qual faltam os requisitos da proporcionalidade e razoabilidade, mas uma possibilidade conferida ao juiz, que, para sua aplicação, deverá investigar se, no caso real, aquelas circunstâncias representam diminuição da culpabilidade do agente.

15
LEGÍTIMA DEFESA

15.1 Conceito e natureza jurídica. 15.2 Requisitos: 15.2.1 Agressão atual ou iminente – 15.2.2 Agressão injusta – 15.2.3 Utilização moderada dos meios necessários – 15.2.4 Elemento subjetivo.

15.1 Conceito e natureza jurídica

A legítima defesa, como o estado de necessidade, tem, para nós, a natureza jurídica de um tipo de justo; trata-se de um modelo de conduta que, por sua função de tutela dos bens jurídicos, recebe do legislador, na sua formulação, um juízo de valor positivo.

Por configurar um tipo de justo, a legítima defesa presta-se, em tese, desde que preenchidos seus requisitos, à proteção de todos os bens jurídico-penais, determinando-se, no caso concreto, o valor social no sentido do qual se realiza a conduta.

Tem a legítima defesa, portanto, natureza e estrutura típicas, que acarretam, na hipótese de subsunção do comportamento, não apenas a exclusão da ilicitude penal, mas sua valoração como um justo concreto para todo o ordenamento jurídico.

A conceituação de legítima defesa, em virtude do já longo desenvolvimento do instituto pela doutrina, e por lhe ter oferecido o legislador penal pátrio definição de contornos precisos, não constitui um dos maiores problemas da teoria do direito penal.

Welzel afirma que legítima defesa "é aquela requerida para repelir, de si ou de outrem, uma agressão atual e ilegítima. Seu pensamento fundamental é que o Direito não tem por que ceder ante o injusto".[1]

---

1. *Derecho Penal Alemán*, 4ª ed., pp. 100-101.

Sebástian Soler, por sua vez, sustenta chamar-se legítima defesa "a reação necessária contra uma agressão injusta, atual e não provocada".[2]

Bento de Faria realça o valor social positivo que se agrega a este tipo de justo, ao afirmar que constitui "o direito que tem todo indivíduo de se defender, em caso de ataque violento, e de repelir a força pela força (...). O exercício desse direito representa, portanto, função eminentemente social, cujo cumprimento interessa tanto à sociedade como ao cidadão agredido".[3]

Marcelo Jardim Linhares, autor da obra brasileira mais completa sobre o tema, oferece o seguinte conceito: "a necessidade de se debelar uma situação de perigo tal que imponha a reação, caracterizada pela proporção dos meios utilizados, na medida de seu emprego".[4]

Logo, representa a *legítima defesa: o comportamento dirigido à salvação de um bem jurídico, próprio ou de terceiro, que está sofrendo ou prestes a sofrer uma injusta violação, mediante a utilização suficiente (moderada) dos meios necessários (disponíveis).*

15.2 Requisitos

A decomposição para análise do tipo de justo estabelecido pelo art. 25 do Código Penal revela quatro elementos essenciais ao processo de subsunção do comportamento ao modelo legal: (a) agressão atual ou iminente; (b) injustiça da agressão; (c) repulsa mediante a utilização moderada dos meios necessários; (d) vontade consciente de defesa de um bem jurídico próprio ou de terceiro.

Passemos à análise destes elementos.

15.2.1 Agressão atual ou iminente

Por "agressão" compreende-se o comportamento humano que representa ofensa (lesão ou perigo) a um bem juridicamente protegido.

Deste conceito depreende-se, em primeiro lugar, não ser cabível a legítima defesa contra ataques de animais – mas tão-somente o esta-

---

2. *Derecho Penal Argentino*, 11ª reimpr., vol. I, p. 444.
3. *Código Penal Brasileiro Comentado*, vol. II, p. 198.
4. *Legítima Defesa*, 4ª ed., p. 6.

do de necessidade –, salvo quando utilizados como instrumentos para uma agressão humana.

De igual modo, não há legítima defesa contra ações de pessoas jurídicas, pois estas – como vimos no capítulo que trata da imputação subjetiva – não têm capacidade ontológica de agir por si próprias, senão por meio de seus órgãos ou prepostos.[5] Nada impede, entretanto, o exercício do tipo de justo frente a agressão ilícita de um agente da pessoa jurídica – como, por exemplo, na detenção arbitrária e ilegal realizada por policial.

Descabe a legítima defesa, ainda, em relação ao crime impossível, quando aquele que "se defende" *tem consciência* da absoluta incapacidade do meio utilizado ou da impropriedade do objeto, pois, nesta hipótese, em virtude da completa inexistência de risco ou perigo ao bem jurídico, não se configura "agressão" que necessite ou seja passível de repulsa.

A legítima defesa, por fim, não se presta, em regra, a repelir omissões contratuais, que possuem outros meios jurídicos e legítimos de solução.

De fato, àquele que é detentor de um direito de crédito não confere o ordenamento, para preservar seu patrimônio, a faculdade de satisfazer de mão própria a sua pretensão. Ao contrário, tal conduta poderá constituir, inclusive, o ilícito penal de exercício arbitrário das próprias razões (art. 345 do CP), devendo o agente, portanto, para tutelar o bem jurídico ameaçado, valer-se da tutela jurisdicional adequada à hipótese (de conhecimento ou executiva).

A simples ocorrência de agressão, no entanto, não basta à configuração da legítima defesa, pois exige o tipo de justo que seja a violação "atual" ou iminente.

Por "agressão atual" entende-se aquela que está sendo perpetrada no momento da conduta defensiva; "iminente", por outro lado, é a agressão que está prestes a concretizar-se, de forma que, se o agredido não a impedir, tornar-se-á atual.[6]

A legítima defesa, portanto, não resta configurada nem com a agressão já ultrapassada ou pelo mero perigo ou ameaça de agressão futura.

---

5. No mesmo sentido, Claus Roxin, *Derecho Penal – Parte General*, t. I, p. 611.
6. Luiz Alberto Machado, *Direito Criminal*, p. 131.

Com efeito, como sustenta Aníbal Bruno: "Não é a vingança ou o medo o que explica e legitima a reação, mas a necessidade de defesa urgente e efetiva do bem ameaçado, o que só a agressão atual – ou iminente – justifica (...). Consumada a lesão, isto é, extinto o perigo, já não cabe a defesa como legítima".[7]

Assim, não se subsume ao tipo de legítima defesa a conduta daquele que, dias após ser agredido, pratica, em represália, violência contra seu agressor. Da mesma forma, não encontra adequação ao modelo de justo o comportamento de quem, por ter sofrido ameaças de mal grave e futuro, atenta contra a vida ou a integridade física do sujeito ativo da promessa do mal ilícito.

15.2.2 Agressão injusta

O saldo positivo que traz a legítima defesa, no sentido de preservação de um bem jurídico socialmente relevante, pressupõe que se trate de repulsa a uma agressão injusta, no sentido lato.

A agressão repelida, assim, deve ser objetivamente ilícita, contrária ao Direito, o que não se confunde com a ilicitude penal circunscrita pelos tipos de injusto e nem exige, para sua configuração, a plenitude do elemento subjetivo-normativo (dolo ou culpa) ou a culpabilidade do agente agressor.

Possível o exercício da legítima defesa, desse modo, não apenas contra ações delituosas, mas também em relação a fatos que, embora ilícitos, carecem de tipicidade penal, ou àqueles perpetrados por força de incursão de seu agente em erro, pois, apesar de não aperfeiçoados o injusto ou a culpa penal – o que exclui a possibilidade de imposição de pena ao seu sujeito ativo –, não impõem ao agredido o dever jurídico de suportar o sacrifício do bem ameaçado.

De fato – como bem observa Assis Toledo[8] –, o furto de uso, em que pese a tratar-se de fato penalmente atípico, constitui um ato ilícito, pois o ordenamento jurídico veda a utilização, sem consentimento, de bens de terceiros. Logo, ao obstar a esta conduta, pode o ofendido utilizar-se moderadamente dos meios necessários para repelir a injusta agressão.

---

7. *Direito Penal – Parte Geral*, vol. I, t. I, p. 370.
8. *Princípios Básicos de Direito Penal*, 4ª ed., p. 195.

Também o esbulho possessório praticado por apenas um único indivíduo não constitui ilícito de natureza penal, mas apenas civil. Nem por isso, contudo, está a vítima obrigada a suportá-lo, podendo, para afastá-lo, fazer uso da legítima defesa.

Ainda, as agressões dos inimputáveis – que, para nós, são apenas objetivamente típicas e ilícitas – admitem, por esta característica, a repulsa pela defesa legítima.

Por exigir o modelo legal, entretanto, o caráter injusto da agressão, impossível o reconhecimento da legítima defesa contra um ato lícito, valorado positivamente pela ordem jurídica.

Com efeito, não cabe legítima defesa contra legítima defesa, estrito cumprimento do dever legal, exercício regular de direito ou estado de necessidade, salvo em relação aos excessos – que, como vimos, representam novos fatos, de conteúdo ilícito. No tocante ao estado de necessidade, contudo, possível a defesa do direito atingido também sob o manto deste tipo de justo, o que implica a viabilidade do estado de necessidade recíproco.

Relativamente ao consentimento do ofendido, se válido – proferido por agente capaz e referente a bem disponível –, impede a posterior reação em legítima defesa.

Com razão, se autorizo a efetivação de danos à minha propriedade não posso, em defesa deste bem jurídico, agredir o autor da destruição, pois a disposição legítima do direito retira qualquer grau – objetivo ou subjetivo – de ilicitude de seu comportamento.

Questão concernente à injustiça da agressão que ainda suscita controvérsias na doutrina e na jurisprudência refere-se à provocação do agredido. Quem provoca ou instiga o agressor estaria legitimado a reagir?

A jurisprudência – como assevera Assis Toledo[9] – tem sido rigorosa com o tratamento da provocação, ao considerar que: "Legítima defesa e provocação são incompatíveis entre si, pois somente quando o agente não provoca pode a agressão ser considerada injusta";[10] ou que, provocando o réu o incidente, agindo de forma "injurídica", a legítima defesa não resta caracterizada.[11]

---

9. *Princípios* ..., 4ª ed., p. 197.
10. *JTACrimSP* 27/36.
11. *RT* 572/340.

A ausência de provocação, no entanto, a nosso ver, não pode constituir requisito – negativo – indispensável à configuração da legítima defesa, pois o ato de provocar, por si só, nem sempre representa um injusto, legitimador de uma reação violenta.

Para resolver o dissídio, parece-nos a melhor solução a oferecida por Aníbal Bruno, no sentido de que a provocação não represente ou tome o caráter de verdadeira agressão, pois, "então, o outro, que agride, estaria em situação de legítima defesa, e esta já não poderia caber ao provocador, uma vez que não há legítima defesa contra legítima defesa".[12]

De fato, como já se decidiu, inocorre a legítima defesa no ato do "acusado que foi o provocador de cena delituosa, provocando a vítima em seu local de trabalho e esbofeteando-a",[13] pois, nesta hipótese, o comportamento ultrapassa os limites da mera provocação para transformar-se em injusta agressão.

A provocação, portanto, para excluir a legítima defesa, deve representar, em si mesma, uma agressão injusta; se não possuir este caráter legitimará a utilização do tipo de justo para a defesa do bem jurídico ameaçado, e ao agressor servirá tão-somente como atenuante de pena (art. 65, III, "c", do CP).

15.2.3 *Utilização moderada dos meios necessários*

Compreende-se por "meio necessário" aquele que, no campo de utilização do agente, apresenta-se como suficiente e idôneo para a tutela do direito amparado pela defesa legítima.

Logo, havendo possibilidade de pronta reação, cabe ao ofendido repelir a injusta agressão com os meios que estiverem disponíveis para afastar a ameaça ou lesão ao bem jurídico colocado em perigo pelo ataque ilícito.

Como ensina Nélson Hungria, lembrando Manzini: "O confronto deve ser feito entre os meios defensivos que o agredido tinha à sua disposição e os meios empregados. Se estes eram os únicos que em

---

12. *Direito Penal* – ..., vol. I, t. I, p. 369.
13. *RT* 535/388.

concreto tornavam possível a repulsa da violência de outrem, não haverá excesso, por maior que seja o mal sofrido pelo agressor".[14]

A necessidade, portanto, deve sempre ser apreciada sob o ângulo do agente que repele a agressão, no contexto de realização de sua conduta. Assim, "quem dispara sobre quem lhe aponta um revólver defende-se legitimamente, ainda que depois se venha a conhecer que o agressor usava uma arma descarregada"[15] ou de brinquedo.

A repulsa, entretanto, além de necessária, deve ser moderada – o que traz a idéia de proporcionalidade e razoabilidade.

De fato, reputa-se imoderada a reação exagerada, que incorre em violência desproporcional ao ataque sofrido, desnecessária, no contexto da conduta, para a salvaguarda do bem jurídico em risco.

Galdino Siqueira bem delimita o requisito da moderação ao sustentar que: "Em suma, o que se requer não é uma perfeita adequação entre a agressão e a repulsa, mas que o agredido não deve fazer nem mais nem menos que o indispensável para evitar o perigo do agressor".[16]

O requisito da proporcionalidade – e moderação –, portanto, não implica um rigor absoluto – matemático – em sua aferição, pois, na situação de agredido, não se pode exigir do agente uma reflexão precisa a respeito da quantidade e qualidade necessárias à reação e, conseqüentemente, à preservação do bem ameaçado.

Para a afirmação da moderação, assim – conforme restou consignado na Exposição de Motivos do Código Penal de 1940 (item 17), da lavra do então Ministro da Justiça, Francisco Campos –, "é dispensada a rigorosa propriedade dos meios empregados, ou sua precisa proporcionalidade com a agressão. Uma reação *ex improviso* não permite uma escrupulosa escolha de meios, nem comporta cálculos dosimétricos: o que se exige é apenas a moderação do revide, o exercício da defesa no limite razoável da necessidade".

---

14. Nélson Hungria, *Comentários ao Código Penal*, 4ª ed., vol. I, t. II, pp. 301-302.
15. E. R. Zaffaroni e J. H. Pierangelli, *Manual de Direito Penal Brasileiro – Parte Geral*, p. 586.
16. *Tratado de Direito Penal*, 2ª ed., vol. I, p. 324.

15.2.4 Elemento subjetivo

Como nos demais tipos de justo, a realização completa do modelo legal da legítima defesa pressupõe um determinado elemento subjetivo por parte do agente, isto é, a intenção de, com a ação, salvar bem jurídico próprio ou de terceiro; em suma, "a vontade de defender-se".

Somente com a presença do elemento subjetivo de legítima defesa poderá afirmar-se, em sua plenitude, o justo típico, o valor positivo que recai sobre o comportamento em virtude de seu conteúdo de preservação de um bem jurídico de significado social expressivo.

Ausente o elemento subjetivo, mas configuradas as características típicas objetivas do modelo em análise, resolve-se o problema, como vimos, pelo erro de permissão.

A legítima defesa, portanto, representa um tipo de justo completo, carregado de elementos objetivos – acima apreciados – e subjetivo, que possui no ordenamento uma posição axiológica contraposta aos tipos de injusto e que depende, assim, para sua configuração completa, da verificação de todos esses requisitos.

16
OUTROS TIPOS DE JUSTO

16.1 Exercício regular de direito: 16.1.1 Conceito e estrutura – 16.1.2 Exercício regular de direito e contexto social adequado. 16.2 Estrito cumprimento do dever legal.

16.1 Exercício regular de direito

16.1.1 Conceito e estrutura

Constitui o exercício regular de direito a fonte comum a todos os tipos de justo, pois o que é autorizado pelo ordenamento jurídico, em seu sentido amplo, não pode ser ao mesmo tempo proibido, considerado ilícito, pela lei penal.

O fundamento deste tipo de justo é tão óbvio que desnecessária seria sua tipificação pelo Código Penal, na medida em que deflui do espírito harmônico que deve imperar no sistema de normas. Trata-se, portanto – como ensina Nélson Hungria –, de uma "advertência ao juiz, para que tenha em conta todas as regras de Direito, mesmo extrapenais, que, no caso vertente, podem ter por efeito a excepcional legitimidade do fato incriminado".[1]

O "direito" a ser exercido pelo agente deve estar previsto pelo ordenamento e consistir em uma norma penal ou extrapenal (civil, administrativa, comercial, tributária etc.), não se prestando, todavia, para configurar o tipo de justo o mero uso social, que pode encerrar características ilícitas.

---

1. *Comentários ao Código Penal*, 4ª ed., vol. I, t. II, p. 309.

De fato – como já deixamos assentado nos comentários ao princípio da legalidade –, o desuso da lei penal, por inércia das autoridades incumbidas de aplicá-la, não serve a revogá-la, de modo que, a título de exemplo, não pode o agente alegar que constitui o "jogo do bicho" o exercício de um direito, por estar sua prática disseminada no uso social.

Para que se configure o tipo de justo, assim, três são os requisitos previstos pelo legislador: a *existência* do direito a ser exercitado; o exercício *dentro dos limites* estabelecidos pela lei, representado pela locução "regular"; a *vontade consciente* do agente de exercer, na situação concreta, uma faculdade jurídica, de forma que seja sua conduta motivada pela realização de um valor.

A ausência de qualquer destes requisitos impedirá a adequação do comportamento à figura do art. 23, III, *in fine*, do Código Penal, e eventualmente poderá caracterizar um "abuso de direito" que configure um injusto típico.

Constitui o tipo de justo de exercício regular de direito, por exemplo, a efetivação de prisão, por qualquer do povo, daquele que seja encontrado em situação de flagrante delito, pois conferida a faculdade pelo art. 301 do Código de Processo Penal.

Logo, o agente do crime que vier a ser surpreendido em situação flagrancial poderá ser detido por qualquer pessoa, a quem não se poderá atribuir as condutas típicas de cárcere privado ou de seqüestro.

Também o poder correicional dos pais sobre os filhos inclui-se no tipo de justo de exercício regular de direito. Logo, pode o genitor licitamente – sempre que o interesse da educação o exija, como sustenta Bettiol – "bater no menor, ofendê-lo na sua honra, privá-lo da liberdade pessoal por um limitado período de tempo, sem que os fatos praticados devam ser considerados antijurídicos".[2] Obviamente, o exercício desta prerrogativa do pátrio poder deverá ser regular – isto é, não colocar em risco a vida ou a saúde da criança ou adolescente –, pois, havendo abuso dos meios de correção, ultrapassados os limites impostos para o exercício do direito, configurado restará o injusto típico do art. 136 do Código Penal (maus-tratos).

---

2. *Direito Penal*, p. 277.

Amparado pelo tipo de justo de exercício regular de direito, ainda, o uso das ofendículas, que constituem meios utilizados para assegurar a defesa ou a inviolabilidade da propriedade, tais como cercas de arame farpado ou colocação de grades pontiagudas ou cacos de vidro sobre os muros que cercam a residência.

Alguns autores – como Frederico Marques[3] e Damásio E. de Jesus[4] – entendem adequar-se a hipótese à legítima defesa, o que, no entanto, parece-nos inaceitável, pois, "embora o aparelho predisposto só se destine a funcionar no momento do ataque, a verdadeira ação do sujeito é anterior: no momento da agressão, quando cabia a reação individual imediata, ele, com o seu gesto e a sua vontade de defesa, está ausente".[5] Trata-se, nestes termos, sempre de uma faculdade inerente ao direito de propriedade, "por faltar atualidade do perigo no momento em que as ofendículas são predispostas".[6]

Constituem exercício regular de direito, também, os atos de defesa ou de desforço do possuidor que se vê turbado em sua posse (novo CC, art. 1.210, § 1º; art. 502 do CC de 1916), ou o ingresso em terreno vizinho, depois de o prevenir, para decotar cerca viva ou reparar muro divisório (art. 1.313, I, do novo CC; art. 588, § 4º, do CC de 1916).

16.1.2 Exercício regular de direito e contexto social adequado

Ao contrário do que afirma Pierangelli[7] e do que, inclusive, já chegamos a sustentar,[8] não há obrigatoriamente uma identidade entre o tipo de justo de exercício regular de direito e a ausência, na conduta, da dimensão axiológica da tipicidade delitiva.

Há de se ressaltar que no exercício regular de direito o ato, em si mesmo, recebe um juízo de valor positivo da sociedade e do legislador, e, por isso, é qualificado como um "justo típico".

Na ação socialmente tolerada, entretanto, a conduta, isoladamente considerada, pode ou não receber um juízo de valor positivo.

3. *Tratado de Direito Penal*, vol. II, p. 180.
4. *Direito Penal – Parte Geral*, 19ª ed., p. 346.
5. Aníbal Bruno, *Direito Penal – Parte Geral*, vol. I, t. II, p. 10.
6. Guiseppe Bettiol, *Direito Penal*, p. 278.
7. *O Consentimento do Ofendido na Teoria do Delito*, p. 41.
8. *Teoria do Tipo Penal*, p. 109.

Tomemos como exemplo uma violenta falta, praticada dentro dos limites da disputa esportiva, em uma partida de futebol, fruto do vigor exagerado do defensor, que tenha por conseqüência lesões de certa expressão no atacante do time adversário. Ninguém, após análise séria do fato, poderia afirmar que sobre ele recai um juízo de valor positivo, que constitui o "exercício de um direito".

Com efeito, a falta em um jogo de futebol configura uma infração disciplinar, carregada, portanto, de ilicitude e de um juízo de reprovação, punível segundo as regras do esporte.

Nem por isso, entretanto, pode o comportamento ser atingido pelo direito penal, pois o contexto da realização da conduta encerra uma valoração social positiva – qual seja, a prática do desporto, valor constitucionalmente positivado; e, neste contexto, as "faltas", até mesmo as violentas, são socialmente toleradas, pois sem estes acontecimentos inviável seria a realização do valor. Afasta-se, assim, o juízo de subsunção penal, na medida em que não está ao alcance – e sentido – do tipo.

Em conclusão, podemos afirmar que todas as condutas que se subsumem ao tipo de justo de exercício regular de direito – e aos demais tipos de lícito – não guardam o caráter axiológico negativo dos tipos de injusto, mas nem todas as ações praticadas em um contexto social adequado configuram exercício regular de direito.

16.2 Estrito cumprimento do dever legal

A segunda "excludente de ilicitude" prevista pelo art. 23, III, do Código Penal trata-se do "estrito cumprimento do dever legal". Seu fundamento, assim como o exercício regular de direito, encontra-se no sentido harmônico que deve imperar na plenitude do sistema jurídico, pois, "como lógica conseqüência deste funcionamento harmônico, é impossível conceber que uma norma ordene o que outra proíbe e vice-versa, vale dizer, que algo está a uma só vez proibido e ordenado, que algo seja valorado e desvalorado".[9]

A diferença entre os dois institutos centra-se na liberdade de opção do agente: no exercício de direito há para o sujeito uma facul-

---

9. Zaffaroni, *Tratado de Derecho Penal – Parte General*, vol. III, p. 506.

dade de agir, na medida em que pode ou não se utilizar do tipo de justo para preservar um valor; no estrito cumprimento do dever legal, por outro lado, a ordem jurídica impõe uma determinada ação para a realização de um valor, sem deixar ao destinatário da norma margem de escolha quanto à sua efetivação. "A diversidade entre os dois institutos, em conseqüência, deflui da autonomia que caracteriza as perspectivas do sujeito na primeira eximente e da compulsoriedade na segunda."[10]

Constitui estrito cumprimento do dever legal o comportamento do agente da autoridade policial que, diante de uma situação flagrancial, efetua a prisão do agente de um crime (art. 301 do CPP). Seu comportamento, nesta hipótese, não se subsume à figura típica de seqüestro (art. 148 do CP).

Também o oficial de justiça que, em cumprimento a um mandado de arrombamento, apreensão e remoção de bem, danifica propriedade alheia e subtrai móvel pertencente a terceiro não tem sua conduta adequada ao tipo do art. 155 § 4º, I, do Código Penal (furto qualificado), mas ao tipo de justo previsto pelo art. 23, III, primeira parte, do mesmo diploma legal.

O advogado que se recusa a depor como testemunha sobre fato que constitui sigilo profissional não incorre nos tipos dos arts. 330 (desobediência) ou 342 do Código Penal (falso testemunho), pois, mais do que o exercício de uma prerrogativa, sua conduta constitui o cumprimento de um dever legal (art. 7º, XIX, da Lei 8.906, de 4.7.1994 – Estatuto da OAB).

Como primeiro requisito típico do estrito cumprimento do dever legal, mister que o dever imposto seja previsto por uma norma jurídica pertencente ao *direito objetivo*, não se prestando para a tipificação do "modelo de justo" o cumprimento de simples obrigações morais, sociais ou religiosas.[11]

Por "direito objetivo" – como ensina Soler – compreendem-se não apenas as normas promulgadas pelo Poder Legislativo, mas toda fonte de Direito legitimamente ditada, isto é, decretos, regulamentos,

---

10. Ricardo Antunes Andreucci, "Violência e estrito cumprimento do dever legal", in *Estudos e Pareceres de Direito Penal*, p. 30.
11. Frederico Marques, *Tratado* ..., vol. II, p. 183.

disposições estaduais e municipais. "Toda disposição, em uma palavra, de caráter geral emanada de um Poder Público, dentro da esfera de suas atribuições".[12]

Como segundo requisito típico apresenta-se a necessidade de a conduta ser praticada no *estrito* cumprimento do dever – isto é, os meios usados para agir e para superar eventual resistência devem ser os necessários, imprescindíveis à consecução do tipo de justo e proporcionais ao fim visado.[13]

O comportamento que ultrapasse este limite incorrerá no campo do excesso (doloso ou culposo) e será eventualmente punível nas esferas penal e administrativa. De qualquer forma, a conduta que não observe o pressuposto do *estrito* cumprimento do dever não poderá receber a valoração de *justa* para todos os setores do Direito.

Assim, no exemplo acima formulado, se o policial, ao realizar a prisão em flagrante, não encontrar resistência e desnecessariamente fizer uso da força, provocando ofensas à incolumidade física do flagrado, responderá pelo excesso, não lhe socorrendo, neste caso, o cumprimento do dever legal, pois não exercitado nos seus estritos limites.

Também o oficial de justiça, munido de ordem de arrombamento, não poderá alegar estrito cumprimento do dever legal ao danificar o patrimônio alheio se não colocado qualquer obstáculo à apreensão pelo destinatário da ordem judicial.

De igual modo, não poderá recusar-se o advogado a depor sobre fatos que não tenham relação com seu ofício, e muito menos deixar de atender a notificação judicial para depor, antes de conhecer os motivos que ensejaram sua convocação.

O estrito cumprimento do dever legal, portanto, embora constitua imperativo de uma sociedade organizada, que por isso recebe, em sua elaboração, um juízo de valor positivo do legislador, não se presta a legitimar o abuso do poder, pois em um Estado Democrático o poder deve ser exercido pelo seu titular nos limites estabelecidos pela lei – princípio da legalidade – e objetivar a realização da dignidade da pessoa humana.

---

12. *Derecho Penal Argentino*, 11ª reimpr., vol. I, p. 414.
13. Andreucci, *Estudos* ..., p. 33.

17
CULPABILIDADE

17.1 Teorias da culpabilidade: 17.1.1 Teoria psicológica – 17.1.2 Teoria psicológico-normativa – 17.1.3 Teoria normativa pura: a concepção finalista. 17.2 Fundamento da culpabilidade. 17.3 Erro de proibição.

17.1 Teorias da culpabilidade

17.1.1 Teoria psicológica

A teoria psicológica da culpabilidade, elaborada sob os auspícios da Escola Clássica e do "livre arbítrio" como fundamento da responsabilidade penal, compreende a culpabilidade como uma ligação de natureza anímica, psíquica, entre o agente e o resultado típico.[1]

O penalista argentino Sebástian Soler – lembrando von Hippel – sustenta que: "A culpabilidade não é nenhum juízo, senão um estado psíquico determinado e presente no autor no momento do fato, e do qual aquele provém".[2] Mais adiante, em sua magnífica obra, afirma: "A atitude genérica de menosprezo aos valores jurídicos, no que consiste a culpabilidade, e que fundamenta a reprovação dirigida ao indivíduo, pode assumir duas formas: dolo e culpa".[3]

À culpabilidade, assim, segundo esta teoria, pertencem, como espécies, reunidas em um único conceito, o dolo e a culpa, que se diferenciam tão-somente pela diversa intensidade entre o autor e o fato

---

1. Francisco de Assis Toledo, *Princípios Básicos de Direito Penal*, 4ª ed., p. 219.
2. *Derecho Penal Argentino*, 11ª reimpr., vol. II, p. 19.
3. Idem, p. 90.

delituoso.[4] A culpabilidade é um fato psicológico,[5] constituindo a ilicitude o campo adequado para o juízo de censura, que ali se esgota.

Embora a concepção psicológica tenha emprestado inegável evolução ao direito penal, na medida em que acrescentou dados subjetivos ao juízo de imputação do fato ao agente – com o quê se excluiu a responsabilidade objetiva –, não se pode negar que se apresenta ela defeituosa ou, no mínimo, incompleta.

Defeituosa, em primeiro lugar, por conceber o aspecto subjetivo da ação – que, como vimos, pertence à estrutura do tipo – no campo da culpabilidade.

Em segundo lugar porque submete a um conceito unitário psicológico o dolo e a culpa, quando, na realidade, na culpa inconsciente inexiste qualquer vínculo psicológico entre o agente e o resultado, uma vez que não previsto – em que pese à sua previsibilidade – o efeito danoso da conduta.

Além destas falhas, não há como se negar que a limitação da culpabilidade aos conceitos de dolo e culpa não se presta a solucionar uma série de problemas jurídico-penais.

Com efeito, não poucos são os fatos contrários ao Direito (ilícitos) que, embora contenham o dolo ou a culpa em sua prática, restam considerados, na convivência e consciência social, como desnecessitados ou, mesmo, não merecedores de pena.

Ora, nestas hipóteses, positivadas – como, por exemplo, os institutos do art. 22 do Código Penal – ou não, o conceito de culpabilidade puramente psicológico apresenta-se insuficiente, pois incapaz de explicar e fundamentar a não-imposição de pena pelo Estado-juiz.

Admitida a teoria psicológica da culpabilidade, o próprio Estado, em sua missão de aplicar a lei penal e exercer com exclusividade o poder punitivo, coloca-se em uma via sem saída: ou aplica as sanções previstas a todos os fatos típicos dolosos e culposos, ainda que reconhecido pelo verdadeiro titular deste poder – a sociedade – o não-cabimento, no caso concreto, da imposição de pena, com o quê se desguarnece de legitimação o direito penal (art. 1º, parágrafo único, da CF); ou deixa, nestas hipóteses de ausência de reprovação social, de aplicar

---

4. Miguel Reale Júnior, *Teoria do Delito*, p. 122.
5. Everardo Cunha Luna, *Estrutura Jurídica do Crime*, 4ª ed., p. 107.

a pena, com o quê violenta a ordem instituída, em face da inexistência de fundamento jurídico para renunciar ao seu poder-dever de impor a sanção, uma vez que o ordenamento deve ser necessariamente harmônico, não admitindo institutos ou normas conflitantes.

Observa-se, assim, que a teoria psicológica não atende à natureza ou ao fundamento da culpabilidade, o que impede seu pleno acolhimento.

17.1.2 Teoria psicológico-normativa

Em virtude da insuficiência do conceito puramente psicológico de culpabilidade, a doutrina alemã, a partir de entendimentos jurisprudenciais[6] que pressupunham, para a punição de uma conduta, algo além do simples elo psicológico (dolo ou culpa) entre o agente e o resultado, passou a conceber a culpabilidade como um juízo de reprovação sobre a conduta, e não apenas como um juízo – objetivo – de verificação dos elementos subjetivos.

O jurista alemão Reinhard von Frank foi o primeiro a formular esta concepção, ao sustentar que a culpabilidade não se esgota nos conceitos de dolo e culpa, mas exige, em seu completo conteúdo, a normalidade das circunstâncias concomitantes do fato punível[7] – com o quê se torna possível a elaboração de um juízo de reprovação sobre o comportamento ilícito.

À culpabilidade, assim, acrescenta-se um elemento de ordem normativa, que traduz sua essência como reprovabilidade, na medida em que o agente, podendo agir em conformidade com a norma, opta por contrariá-la, revelando sua vontade ilícita.[8] Se, ao contrário, as circunstâncias concomitantes do fato ou "situação do mundo circun-

---

6. Luiz Alberto Machado (*Direito Criminal – Parte Geral*, p. 138) lembra que esta postura doutrinária compatibilizou-se com a decisão do *Reichsgericht*, proferida em 23 de maio de 1897, no sentido de afastar a culpabilidade, em relação a um crime culposo de lesões corporais, de um cocheiro que se viu compelido pelo patrão a atrelar à sua carroça um cavalo assustadiço, com isto ocorrendo um atropelamento previsível e previsto, ainda que não aceito ou querido pelo agente. Fundou-se a decisão na "inexigibilidade de outra conduta" como motivo de exculpação.
7. *Apud* Aníbal Bruno, *Direito Penal – Parte Geral*, vol. I, t. II, p. 28.
8. Idem, p. 29.

dante" – na feliz expressão cunhada por Mezger[9] – forem anormais, de forma a não se poder exigir do sujeito um comportamento de acordo com a norma, restará excluída a reprovabilidade – e, por conseqüência, a culpabilidade – da conduta.

A teoria normativa, desse modo, enriquece a culpabilidade, conferindo-lhe, além do elemento psicológico, ao qual pertence a consciência do ilícito – a vontade injusta –, o elemento normativo da censurabilidade e a imputabilidade, a capacidade mental do sujeito de conhecer o fato, sua ilicitude, e de portar-se de acordo com esse conhecimento e entendimento.

Se, por um lado, a teoria psicológico-normativa representou evolução em relação à teoria psicológica, ao suprir a insuficiência do conceito de culpabilidade, por esta apresentado, por outro, como ensina Assis Toledo,[10] significa um retrocesso precisamente ao incluir no dolo a consciência efetiva e atual da ilicitude.[11]

De fato, como observa Welzel: "A teoria do dolo não pode pôr sua tese seriamente em prática. O dolo exige uma consciência (percepção ou representação) efetiva, atual, das características do tipo no momento do fato. Mas só raramente o autor a possui no que toca à antijuridicidade, e lhe falta totalmente nos fatos passionais graves e nos instantâneos. O autor 'sabe', ao certo, na maioria dos casos, que seu ato é injusto, assim como conhece as regras da adição e da subtração, e muitas outras coisas, ainda quando não pense nisso atual-

---

9. *Tratado de Derecho Penal*, t. II, p. 43.
10. *Princípios Básicos de Direito Penal*, 4ª ed., p. 224.
11. Este o posicionamento adotado por Nélson Hungria: "Para identificar-se um crime, considerado este, como dever ser, em função do delinqüente, é indispensável que se apure se o agente teve realmente a consciência de praticar a ação que a norma penal reprova e proíbe, e não outro; ou, o que vale o mesmo: é necessário averiguar se houve, da parte do agente, vontade criminosa (que abrange, implicitamente, a consciência da ilicitude jurídica)" (*Comentários ao Código Penal*, 4ª ed., vol. I, t. II, p. 172). Em sentido próximo posiciona-se Aníbal Bruno, ao sustentar que o dolo "deve ser, portanto, consciência do fato e consciência da sua ilicitude. Por sua vez, a vontade, que é movimento psíquico que se segue à representação, é um querer dividido à realização do fato, mas ao mesmo tempo um querer contrário ao dever (...). O dolo, como forma mais perfeita e mais grave do elemento psicológico da culpabilidade, que é a reprovabilidade, tem de conter em si a consciência do ilícito. Subjetivamente, o ato do agente é reprovável também porque ele o cumpre apesar de saber que é contrário ao Direito" (*Direito Penal* –..., vol. I, t. II, pp. 58 e 68).

mente. Para a forma de consciência do dolo não basta este 'saber' não-atual e só atualizável, senão unicamente uma consciência efetiva, presente, atual. Mas, se se quiser exigir esta representação atual da antijuridicidade no momento de sua execução, então apenas se dariam atos dolosos neste sentido".[12]

Além disso, em um sistema como o nosso, no qual a exclusão da culpabilidade somente é possível quando houver erro inevitável sobre a injustiça do comportamento – ou seja, quando, nas circunstâncias, não for possível ao agente ter ou atingir a consciência do ilícito –, a exigência da consciência atual da ilicitude apresenta-se em verdadeiro descompasso com o ordenamento jurídico.

Logo, a teoria psicológico-normativa – assim como a teoria psicológica – não soluciona de modo adequado toda a problemática da culpabilidade, o que impede seu integral acolhimento para explicar este elemento do crime.

17.1.3 Teoria normativa pura: a concepção finalista

A teoria finalista, que teve em Welzel seu máximo expoente, compreende a ação humana, em seu aspecto ontológico, como um acontecer final – ou, melhor, a busca a um fim perseguido. O dolo e a culpa, assim, encontram-se já no primeiro elemento do delito, no comportamento humano em referência ao tipo legal.

Se o dolo e a culpa pertencem à ação e esta, por sua vez, integra o tipo, conclui-se que os elementos subjetivos não podem ser tratados como constitutivos ou espécies da culpabilidade, mas como dados relevantes à formulação do juízo que o precede – isto é, o da tipicidade penal.

Logo, a culpabilidade para a teoria finalista é "esvaziada" dos elementos subjetivos – que passam a pertencer ao injusto pessoal –, para tornar-se puramente normativa, um juízo de reprovação, que constitui sua essência. A culpabilidade, portanto – como afirma Welzel – "fundamenta a reprovação pessoal contra o autor, no sentido de que não omitiu a ação antijurídica, ainda quando podia omiti-la".[13] A

---

12. *Derecho Penal Alemán*, 4ª ed., p. 189.
13. *Derecho Penal Alemán*, 4ª ed., p. 166.

conduta do agente não é adequada ao Direito, embora pudesse ele observar as exigências do "dever-ser" imposto pela norma.

O finalismo não criou novos elementos para a formação da culpabilidade, mas apenas operou uma redistribuição sistemática dos elementos estruturais do crime.[14] Assim, como elementos do juízo de censura, de reprovabilidade, restaram a imputabilidade (capacidade de culpabilidade), a possibilidade de compreensão do injusto (consciência potencial da ilicitude do ato) e a exigibilidade de conduta diversa, conformada ao Direito, diante da normalidade das circunstâncias.

Pensamos que a estruturação da culpabilidade levada a efeito pela teoria finalista, além de corrigir os defeitos e suprir as insuficiências das teorias psicológica e psicológico-normativa, é a mais adequada não apenas à concreção deste elemento do crime, mas também ao sistema de direito penal adotado pela legislação brasileira.[15]

De fato, o tratamento do erro (arts. 20 e 21) e das causas legais de exculpação (art. 22) em nosso Código Penal demonstra que o legislador acolheu a concepção finalista de inclusão do dolo no tipo e a consideração da culpabilidade como juízo puro de reprovação, decorrente do atuar contra a exigência imposta pela norma, com a consciência profana e possível do proibido.

A culpabilidade, desse modo, adotada a teoria normativa pura, pode ser provisoriamente conceituada como um juízo de reprovação que recai sobre o agente de um comportamento ilícito-típico, doloso ou culposo, que, na realização de sua conduta, atua com a potencial consciência da ilicitude de sua ação, cujas circunstâncias concretas circundantes impunham a observância da norma.

17.2 Fundamento da culpabilidade

Para a aplicação de uma pena à pessoa humana não basta a existência de uma ação (princípio do ato) adequada a um tipo de injusto

---

14. Assis Toledo, *Princípios* ..., 4ª ed., p. 229.
15. À exceção da imputabilidade, em relação à qual mantemos uma posição particular, reconhecidamente divergente da maioria da doutrina, que será exposta no Capítulo 19. Por ora, no entanto, basta consignarmos que a imputabilidade, em um direito penal baseado na vontade, compreendida esta como composta dos elementos intelectivo e volitivo, já constitui requisito para o aperfeiçoamento do elemento subjetivo do tipo, em sua inteireza.

(princípio da legalidade), imputável ao agente a título de dolo ou culpa em sentido estrito (princípio da responsabilidade penal subjetiva), ofensiva a um bem juridicamente protegido (princípio da lesividade). Indispensável, também, que sobre o comportamento recaia um juízo de valor negativo, uma *reprovação social*, que denominamos de *culpabilidade*.

A culpabilidade – como ensina Muñoz Conde[16] – não é um fenômeno individual, mas social, pois a sociedade, por meio de seu Estado representante, define os limites do culpável e do inculpável, da liberdade e da não-liberdade.

O princípio da culpabilidade, assim, nesta acepção, constitui o fundamento da pena, na medida em que, para justificar-se a imposição de uma sanção penal a um sujeito, pressupõe-se a ocorrência, sobre seu comportamento, de um juízo de reprovação. Um ato não-reprovável, seja pelas circunstâncias que o cercam (coação moral irresistível, obediência a ordem de superior hierárquico não manifestamente ilegal), seja pelas condições internas do agente (ausência de potencial consciência da ilicitude), não legitima a atuação do poder punitivo do Estado. Onde não há culpabilidade não pode haver pena.

Predomina na doutrina atual – que recepciona a teoria normativa da culpabilidade – o entendimento de que seu fundamento encontra-se no "poder agir de outro modo", distinto daquele que configura a infração à norma penal.

Esta concepção, todavia – valendo-nos mais uma vez das lições de Muñoz Conde[17] –, não comporta sustentação científica, uma vez que a capacidade de atuar de modo diferente daquele em que se atuou é racionalmente indemonstrável, pois impossível a recriação do evento, com todas as suas circunstâncias.

Pensamos que outro é o substrato da culpabilidade: a quebra da expectativa social de observância da norma, que acarreta o juízo de reprovação.

De fato, ao promulgar o Estado as suas leis, legitimamente, amparado no fundamento constitucional da Democracia, cria na sociedade a expectativa de cumprimento dos preceitos nelas contidos. A frus-

16. *Teoria Geral do Delito*, p. 128.
17. Idem, p. 127.

tração dessa expectativa, no caso concreto, tem por conseqüência a reprovação social, ou seja, o juízo de culpabilidade.

Logo, o que é relevante para se perquirir o juízo de culpabilidade não é se poderia o sujeito, ou não, agir de outro modo, mas responder às seguintes questões: Nas circunstâncias do caso, era esperado do agente, no contexto da normalidade das relações sociais, que observasse o imperativo normativo? Diante da situação circundante, criou-se a expectativa social de observância da norma?

Se positivas as respostas – isto é, se frustrada a expectativa social de cumprimento da norma –, certo restará o juízo de reprovação. De outro lado, na hipótese de restarem negativas as indagações não se afirmará a culpabilidade do agente.

Para a aferição da culpabilidade, portanto, cabe ao juiz reconstituir o atuar do agente, apreendendo-o, e, a partir da situação concreta vivenciada, estabelecer um juízo a respeito do comportamento que não se determinou adequadamente aos valores normativos. Se era esperada a adequação e houve a frustração desta expectativa, a conduta será reprovável, culpável.[18]

Desse modo, podemos formular, a partir de seu fundamento, o seguinte conceito de *culpabilidade*: *a declaração da frustração social de uma expectativa de conduta determinada na lei penal que recai sobre seu autor e possibilita, em virtude do juízo de reprovação, a imposição de uma sanção penal.*

17.3 Erro de proibição

Trata-se a consciência da ilicitude do conhecimento, por parte do sujeito, de que sua conduta contraria a ordem jurídica, de que se acha em oposição às normas de comportamento na vida social; em suma, porta a consciência do ilícito aquele que sabe que seu comportamento é proibido.

O conhecimento da ilicitude não é – como afirma Muñoz Conde[19] – um elemento supérfluo da culpabilidade, mas o que lhe dá razão de

---
18. Muñoz Conde, *Teoria* ..., p. 157.
19. Idem, p. 158.

ser, pois a atribuição que supõe a culpabilidade só tem sentido para quem sabe que sua ação está proibida.

O conhecimento da ilicitude do ato não exige, para sua perfeição, o conhecimento da norma ou da vigência desta. O simples desconhecimento da lei, aliás, em nosso Direito é inescusável,[20] nos termos do art. 21, *caput*, do Código Penal, e não afeta a culpabilidade, pois pode o agente saber que está realizando algo proibido, socialmente desaprovado, e na mesma oportunidade não ter a ciência de qual lei – penal, civil, administrativa etc. – o sanciona, em que termos, e se se encontra vigente.

Sustenta-se, por isso, que a consciência que integra a culpabilidade não é aquela técnica, perfeita e acabada, que só os juristas possuem, mas sim o conhecimento profano do injusto, a compreensão leiga de que o ato é vedado pela ordem jurídica.

Com efeito, o agente de um crime de roubo pode não conhecer a norma do art. 157 do Código Penal, mas em regra sabe que seu comportamento é vedado pela ordem jurídica e que está sujeito a sanção – tanto que, após a prática do crime, procura evadir-se do local de sua perpetração.

De igual modo, o sujeito que faz uso de uma Carteira Nacional de Habilitação falsa para dirigir veículo automotor pode desconhecer o preceito do art. 304 do Código Penal, ou mesmo que a conduta configura um crime; tem ciência, entretanto, da proibição, dos procedimentos adequados à obtenção do documento verdadeiro e da necessidade deste para a consecução da atividade.

O juízo a respeito da consciência da ilicitude, nestes termos, tem pouca aplicabilidade prática, pois, sendo as normas penais, normalmente, frutos da cultura, o conhecimento profano do injusto é a regra entre aqueles que vivem em sociedade, à exceção dos "delitos técnicos" (fiscais, falimentares etc.) ou em relação a estrangeiros ou a indivíduos pertencentes a comunidades isoladas ou afastadas, cuja cultura em quase nada guarda similitude com a cultura geral da Nação.

Feitas estas ressalvas, cumpre observar que a consciência da ilicitude constitui o elemento central para a apreciação do erro de proibição.

---

20. O desconhecimento da lei, consoante o art. 65, II, do Código Penal, constitui atenuante obrigatória da pena.

Isto porque – tomando-se emprestada a lição de Welzel – "erro de proibição é o erro sobre a ilicitude do fato, com pleno conhecimento da realização do tipo (logo, com pleno dolo do tipo). O agente sabe o que faz, mas supõe erroneamente que estaria permitido, não conhece a norma jurídica ou não a conhece bem (interpreta-a mal)",[21] ou supõe que ao caso aplica-se uma causa de justificação (tipo de justo), que, por equívoco quanto à sua existência ou limites, não guarda subsunção à hipótese.

O erro de proibição, portanto, pode ser conceituado como aquele, pertinente à culpabilidade, que se refere à ilicitude da conduta. No erro de proibição o agente não tem possibilidade de representar, ou de representar corretamente, a proibição ou determinação jurídica.[22]

Quanto ao objeto o erro pode ser de duas espécies: erro de proibição direto, quando a ausência ou falha de representação recai diretamente sobre a norma proibitiva; erro de proibição indireto, quando o agente erra sobre os limites ou a existência de uma causa de justificação (tipo de justo).

No *erro de proibição direto* o agente não representa corretamente a ilicitude de sua conduta, ou mesmo tem a convicção de estar agindo licitamente, dentro da normalidade das relações sociais.

O agente que acha e se apropria de coisa alheia perdida, por não representar que tal comportamento é proibido ou, mesmo, por acreditar no ditado popular "achado não é roubado", que sempre ouviu e que durante toda a sua vida induziu a licitude desta conduta, tem sua ação perfeitamente adequada ao tipo penal estabelecido pelo inciso II do art. 169 do Código Penal, seja no aspecto objetivo, seja no subjetivo.

Nesta ação, contudo, não se faz presente a consciência do injusto, pois não tem o sujeito o conhecimento de sua vedação pelo ordenamento.

Da mesma forma, o sujeito habitante das adjacências de uma floresta, que sempre se utilizou da caça para compor sua subsistência, tendo recebido esta "norma de cultura" de seus antepassados e dos demais membros de sua comunidade, não tem a consciência de que, ao caçar um tatu para servir de alimento à sua família, incorre no tipo

---

21. *Derecho Penal Alemán*, 4ª ed., p. 196.
22. Juarez Tavares, *Teorias do Delito*, p. 81.

do art. 29 da Lei 9.605/1998 (Lei Ambiental). Ao contrário, concebe aquele ato como algo lícito, e não vislumbra a proibição legal.

O erro, nos dois exemplos acima formulados, incide diretamente sobre a norma proibitiva – sendo, por isso, denominado "erro de proibição direto".

No *erro de proibição indireto*, ao contrário, a falsa representação não recai diretamente sobre a norma proibitiva, mas sobre sua licitude, por entender erroneamente o agente que sua conduta está amparada por uma causa de justificação.

Aquele que, em virtude do machismo preponderante na cultura de sua comunidade social, crê firmemente que a legítima defesa o autoriza, na hipótese de adultério, a agir contra a vida de sua mulher, para "lavar a sua honra", conhece o tipo de justo, mas erra sobre seus limites; compreende, de forma equivocada, que seu comportamento está autorizado pelo Direito, o que implica, logicamente, a não-consciência a respeito de sua proibição.

Também o soldado que, absolutamente ciente da ilegalidade de uma ordem proferida por seu superior hierárquico, a executa, por acreditar que seu comportamento está conforme ao Direito – isto é, que lhe impõe o ordenamento o dever de obedecer a ordens de qualquer natureza –, incorre em erro de proibição indireto, pois representa a existência de uma causa de justificação (tipo de justo) inexistente.

Em ambas as hipóteses não há exclusão do dolo, pois os comportamentos, além de não serem dirigidos ao encontro de valores sociais positivos, são motivados por elementos que não afetam o sentido da vontade de contrariedade ao bem jurídico tutelado pela norma penal. O injusto típico, portanto, resta íntegro, atingindo-se tão-somente a culpabilidade – mediante sua exclusão ou diminuição, como a seguir veremos.

Quanto ao grau, o erro de proibição, assim como o erro de tipo, pode ser escusável (vencível) ou inescusável (invencível).

Reputa-se *inevitável* o erro – nos termos do parágrafo único do art. 21 do Código Penal – quando ao agente, nas circunstâncias, não era possível ter ou atingir a consciência da ilicitude de seu ato; no erro *evitável*, por outro lado, apresenta-se esta possibilidade.

O legislador não ofereceu critérios para distinguir as duas espécies de erro, tendo-se limitado à referência à possibilidade de aquisição do conhecimento do injusto. Cabe à doutrina, assim, fixar bases minimamente seguras para a distinção, a fim de não se cair no risco observado por Muñoz Conde[23] de se considerar sempre possível, ainda que com esforço incomum, atingir a consciência da ilicitude.

Nesta esteira, parece-nos a melhor solução a oferecida por Francisco de Assis Toledo,[24] que, como o legislador, parte da evitabilidade para cerrar a censurabilidade; define-se o evitável para conceituar-se – ainda que de modo negativo ou indireto, porém seguro – o inevitável.

Assim, considera-se inescusável o erro de proibição, em primeiro lugar, quando o agente, com o esforço de sua inteligência e da experiência auferida da vivência em comunidade, poderia atingir a consciência leiga do injusto.

Àquele que vive em uma sociedade como a nossa, cujas convenções impõem, ordinariamente, a utilização de vestimenta, torna-se possível, sem maior esforço intelectual, tomar ciência de que apresentar-se nu em local público, ou exposto ao público, configura comportamento proibido. Inescusável, portanto, nesta hipótese, o não-conhecimento da vedação legal contida no art. 233 do Código Penal.

Considera-se o erro inescusável, ainda, quando o agente, em dúvida a respeito da proibição de determinada ação, deixa propositadamente de informar-se a respeito, para não ter de evitá-la. Cremos que, aqui, acha-se presente a consciência profana do injusto, pois a dúvida representa, no plano do conhecimento do indivíduo, a ciência – ainda que abalada, frágil – da inadequação social da conduta.

Quem entrega fogos de artifício a criança, sem a certeza da licitude de sua conduta, e deixa de buscar informações sobre a existência de norma proibitiva – estabelecida pelo art. 244 do Estatuto da Criança e do Adolescente – não pode ser declarado inculpado, pois o erro, no caso, deriva da própria vontade do sujeito. Opta o agente, em verdade, pelo erro ao não se informar sobre a eventual proibição da conduta, que, em sua consciência, constitui algo possível – e provável.

---

23. *Teoria* ..., p. 158.
24. *Princípios* ..., 4ª ed., p. 270.

Por fim, evitável o erro daquele que não se informa a respeito das normas incidentes a atividades regulamentadas, pois se impõe ao agente, nestas hipóteses, um especial "dever de informação",[25] imprescindível ao desenvolvimento da vida em sociedade, sem o qual estes comportamentos especificamente regrados restariam inviabilizados.

De fato, àquele que se propõe a exercer o comércio cabe tomar ciência dos "regulamentos" (civis, comerciais, tributários, trabalhistas etc.) que se aplicam ao desenvolvimento da operação. Omitindo-se deste "dever de informar-se", não será escusável, por exemplo, a ausência de consciência de ilicitude a respeito da conduta de negar o fornecimento de nota fiscal relativa a venda ou prestação de serviço efetivamente realizada (art. 1º, V, da Lei 8.137/1990), que configura crime contra a ordem tributária.

Embora não de forma absoluta, estes critérios prestam-se a solucionar, com satisfatório grau de segurança, os problemas referentes à evitabilidade do erro de proibição.

O erro de proibição invencível exclui por completo a culpabilidade do agente – e, por isso, impede o aperfeiçoamento do crime e a imposição de pena.

Quanto ao erro vencível, divergência há na doutrina nacional a respeito de ser obrigatória ou facultativa, diante de sua ocorrência, a redução de pena prevista pela parte final do *caput* do art. 21 do Código Penal.

Alberto Silva Franco e outros[26] posicionam-se pela obrigatoriedade, sob o fundamento de que a discricionariedade judicial, representada pela expressão "poderá", refere-se exclusivamente à determinação da quantidade de pena a ser reduzida, dentro das bases fixadas pelo legislador – ou seja, de um sexto a um terço.

No mesmo sentido o entendimento manifestado por Celso Delmanto,[27] para quem a diminuição é um direito público subjetivo do réu.

Em que pese ao respeito que merece esta corrente, entendemos que a presença do erro vencível, por si só, não implica necessariamente a

---

25. Assis Toledo, *Princípios* ..., 4ª ed., p. 261.
26. *Código Penal e sua Interpretação Jurisprudencial*, 5ª ed., 2ª tir., p. 234.
27. "Direitos públicos subjetivos do réu no Código Penal", *RT* 554/466.

menor reprovabilidade da conduta e, proporcionalmente, a necessidade de redução da pena.

Cabe ao juiz, no caso concreto, avaliar as circunstâncias que ensejaram o erro para, então, no juízo de censura penal, valorar a reprovabilidade da conduta e determinar – se a hipótese – a redução da pena correspondente à diminuição da censurabilidade, dentro dos limites estabelecidos pela lei.

Inexiste entre erro e censura uma necessária relação de causa e efeito que demande, quando verificado o primeiro, a obrigatória diminuição da segunda.

Com efeito, fosse a intenção do legislador determinar ao juiz, quando da presença do erro vencível, a obrigatória diminuição de pena, e teria formulado o preceito à semelhança do art. 16 do Código Penal; estabeleceria, na parte final do art. 21, que, se evitável o erro, a pena *será* reduzida de um sexto a um terço, em substituição à locução "poderá".

Pertence ao campo da discricionariedade judicial, portanto – que não se confunde com o arbítrio, pois, por força do mandamento inserido no art. 93, IX, da Constituição Federal, cabe ao juiz fundamentar todas as suas decisões –, a decisão a respeito do cabimento da causa de diminuição de pena estabelecida pelo art. 21 do Código Penal, mediante a valoração da redução da censurabilidade do comportamento injusto.

18
CAUSAS EXCULPANTES

18.1 Coação irresistível. 18.2 Obediência hierárquica. 18.3 Exculpação supralegal. A analogia e os princípios gerais de Direito.

18.1 Coação irresistível

Trata o art. 22 do Código Penal, em sua primeira parte, da coação moral irresistível como causa de exclusão da culpabilidade, pois a coação física – como vimos no Capítulo 2 – exclui a ação enquanto elemento jurídico-penal relevante.

A eximente em questão tem por fundamento a inexistência, na situação concreta, da expectativa social de não-realização da conduta, que afasta sua censurabilidade penal.

De fato, não se pode "culpar" aquele que, constrangido em seu atuar, por ameaça de mal injusto e grave, opta, para evitá-lo, por incorrer no campo do injusto.

Consiste a coação moral irresistível – segundo Frederico Marques[1] – no constrangimento exercido sobre o ânimo de alguém para compeli-lo a fazer ou deixar de fazer alguma coisa, isto é, a praticar um injusto típico. O comportamento do agente, em atenção ao interesse ou ordem de outrem, é realizado para evitar um mal significativo.

Qualquer coação, entretanto, não basta à configuração do instituto eximente; deve ser irresistível, ou seja, a anunciação de "perigo atual ou iminente, mal grave (morte, tortura, mutilação), ameaça de

1. *Tratado de Direito Penal*, vol. II, pp. 306-307.

mal certo, ou seja, ameaça de mal gravíssimo e certo de execução imediata".[2]

A coação que não guarda a característica da irresistibilidade não se presta a excluir a culpabilidade, mas somente a atenuar a pena a ser imposta, nos termos do art. 65, III, "c", do Código Penal.

Para a valoração da irresistibilidade da coação deve o intérprete, a partir do cotidiano das relações sociais, analisar o fato no momento de sua concreção, sob a perspectiva do coagido, para concluir, então, se poderia ser exigido do agente que não cedesse à força moral que lhe foi impelida. A gravidade e a probabilidade (perigo) do mal anunciado pelo coator devem ser de tal ordem que a realização da conduta injusta pelo coagido surja como algo esperado na situação concreta, pois não exige – e nem poderia exigir – o Direito comportamentos heróicos dos membros da sociedade.

O gerente de instituição financeira que, ao chegar ao seu local de trabalho, recebe ligação de seqüestradores que anunciam estar em sua residência, com armas apontadas contra sua esposa e filhos, e que "prometem" matar seus familiares se não receberem, em poucos minutos, determinada quantia a ser subtraída do cofre do banco, age, ao realizar a subtração dos valores (injusto típico de furto, qualificado ou não), sob coação moral irresistível. É do senso social comum a conclusão de que "dele não se poderia esperar a não-realização desta conduta".

Como elementos objetivos para a formulação do juízo de valor sobre a irresistibilidade apresentam-se os critérios da razoabilidade e da proporcionalidade entre os males, pois não pode escusar-se sob a alegação de coação moral irresistível aquele que, constrangido por terceiro, opta por sacrificar bem jurídico fundamental para preservar outro sensivelmente inferior na escala valorativa. Se o Direito não exige práticas heróicas, não menos verdadeira é a conclusão de que impõe um mínimo de solidariedade social.

Com efeito, não possui o atributo da irresistibilidade a coação sofrida por quem, por exemplo, ameaçado de lesão a seu patrimônio, opta, para evitar este mal, por atentar contra a vida de outrem, por ordem do coator. O juízo de culpabilidade, aqui, faz-se positivo, pois

2. Reale Júnior, *Teoria do Delito*, p. 265.

em casos como este se cria a expectativa social de observância da norma; apresenta-se razoável, mediante a ponderação de bens, a resistência à coação.

Estrutura-se a coação moral irresistível, portanto, na feliz construção formulada por Miguel Reale Júnior,[3] como a não-punibilidade – a exclusão da culpabilidade – do fato cometido sob ameaça de sofrer ofensa certa, iminente e grave a direito seu, ou de alguém ligado por laços de afeição, não sendo razoável dele se esperar a não-realização da conduta.

Pelo injusto típico praticado sob coação irresistível responde apenas o autor do constrangimento, a quem se deve imputar ainda, em concurso formal, o delito de constrangimento ilegal contra o coagido.

18.2 Obediência hierárquica

A segunda eximente legal de culpabilidade, prevista pelo art. 22 do Código Penal, é a obediência a ordem de superior hierárquico, não manifestamente ilegal.

A obediência hierárquica, assim como a coação irresistível, tem por seu fundamento a ausência de expectativa social, na situação enunciada, de observância da norma penal.

Com efeito, se presentes todos os requisitos do instituto, não se pode esperar que o subordinado, sob o risco de eventual responsabilização administrativa, contrarie o mandamento de seu superior; não se formula, na hipótese, o juízo positivo de culpabilidade.

Dois são os pressupostos da obediência hierárquica exculpante:[4] (a) a hierarquia no serviço público; (b) não ser a ordem manifestamente ilegal.

---

3. *Teoria do Delito*, pp. 265-266.
4. Costa e Silva inclui entre as condições do instituto não constituir a ordem um ilícito penal. No mesmo sentido, citando o primeiro, posiciona-se Bento de Faria (*Código Penal Brasileiro Comentado*, vol. II, p. 185). Este posicionamento, entretanto, é equivocado, pois – como assevera Frederico Marques –, se a obediência hierárquica exclui a culpabilidade de um ilícito penal, a ordem deve referir-se à prática de ação delituosa, pois do contrário nenhum problema existiria (*Tratado* ..., vol. II, p. 311).

Como afirma Bento de Faria,[5] a obediência hierárquica não se confunde com o temor reverencial existente entre pais e filhos, discípulos e mestre, e em outros relacionamentos do setor privado, mas se configura em uma relação de dependência que, por motivo de função, existe entre uma pessoa e seus superiores ou chefes, e que só se constata com toda força no serviço do Estado, na hierarquia dos funcionários públicos.

Há de existir, assim, entre o autor da ordem e seu executor uma relação de hierarquia – administrativa – pertencente ao serviço público.

O segundo requisito da obediência hierárquica consiste na inexistência de manifesta ilegalidade da ordem proferida.

Por "manifesta ilegalidade da ordem" compreende-se a circunstância de exceder ou ser estranha à competência do superior.

Há para o subordinado, assim, o justo direito de exame da ordem e o dever de não cumpri-la, se manifestamente ilegal.[6]

Conforme ressalta Aníbal Bruno: "Não é que se reconheça no subordinado uma instância superior de julgamento e deliberação sobre a ordem, o que tornaria impossível a vida administrativa do país, mas o direito de se furtar a tornar-se instrumento de um ato evidentemente contrário à lei, e daí uma capacidade relativa de apreciação e juízo. Essa apreciação, entretanto, só pode versar sobre a legitimidade da ordem, não sobre a sua conveniência ou justiça".[7]

Suponhamos a situação em que certa autoridade policial dê voz-de-prisão, pelo crime de desobediência, a um advogado que se recusa a firmar o termo de interrogatório policial de seu constituinte, por verificar que na transcrição houve deturpação de seu conteúdo. Ato contínuo, a mesma autoridade determina a um de seus agentes que algeme e recolha à prisão o citado causídico.

Do agente da autoridade, nesta hipótese, não se exige discutir o mérito ou a justiça da ordem, ainda que reconheça sua ilicitude, cabendo-lhe apenas cumpri-la, pois proferida por quem tinha legitimi-

---

5. *Código Penal...*, vol. II, p. 84.
6. Tanto é assim que os modernos estatutos que regem a atividade dos funcionários públicos trazem, ordinariamente, o dever de representar sobre todas as irregularidades de que tiverem conhecimento no exercício de suas funções.
7. *Direito Penal – Parte Geral*, vol. I, t. II, p. 175.

dade para tanto, no âmbito de sua competência. Logo, exclui-se sua culpabilidade com referência ao crime de abuso de autoridade, pelo qual responderá apenas o autor do comando.

Diversa seria a conclusão, contudo, se a autoridade policial, por exemplo, determinasse a seu agente, ao invés da efetivação da prisão, que praticasse tortura contra o advogado, pois tal ordem, evidentemente, extrapassa – não só no aspecto material, mas também no formal – os limites de suas atribuições. Neste caso, em face da manifesta ilegalidade da ordem, censurável seria o comportamento de seu executor, que responderia, com o autor mediato, em concurso de agentes pelo crime.

A causa de exclusão da culpabilidade em exame, embora guarde semelhanças, não se confunde com o estrito cumprimento do dever legal em sua forma putativa, pois se no primeiro age o sujeito com o conhecimento de estar incorrendo no tipo (com dolo completo, portanto), só não lhe sendo censurável a conduta por ter partido a ordem de quem tinha a atribuição com competência para emiti-la, no segundo o agente, por erro justificado pelas circunstâncias, supõe estar realizando o tipo de justo formulado pelo art. 23, III, primeira parte, do Código Penal, isto é, sua conduta é orientada à realização do dever, e não em contrariedade ao bem jurídico atingido.

Neste aspecto, esclarecedor é o exemplo do policial que é designado, por ordem superior, para dispersar um grupo de pessoas que estaria tentando invadir as dependências do Palácio do Governo, para agredir seus ocupantes, e que, com a consciência e vontade de cumprir seu dever legal, nos seus estritos limites, faz uso de força e, com isso, chega a provocar lesões leves naqueles indivíduos.

Posteriormente, contudo, revela-se ao agente que, na realidade, estava aquele grupo realizando uma manifestação pacífica, sem qualquer risco para a segurança no local, e que a alegação de "tentativa de invasão" fora criada pelos integrantes do Governo e seu superior, com a única finalidade de afastar os protestos que lhes eram desagradáveis.

Nesta hipótese exclui-se, da conduta do policial, o dolo de abuso de autoridade e de lesões corporais, pois age no sentido de realização de seu dever e induzido a erro plenamente justificado (para ele) pelas circunstâncias. Supõe erroneamente situação de fato que, se existisse, tornaria sua ação legítima.

Amparada sua ação, portanto, pela descriminante putativa, não sendo necessário, no caso, o recurso à excludente de culpabilidade.

Feita esta observação, podemos afirmar, em conclusão, que a obediência hierárquica é causa legal de exclusão da censura penal que se revela e se constitui pela anormalidade da situação circundante da conduta, que impossibilita a formação de um juízo de reprovação sobre o agente.

18.3 Exculpação supralegal. A analogia e os princípios gerais de Direito

Adotada a teoria normativa pura da culpabilidade, o juízo de reprovação passa a ter por fundamento, como ressaltamos, a expectativa social, na situação concreta, de observância da norma penal pelo agente, em virtude da resistibilidade das condições apresentadas.

A coação irresistível e a obediência hierárquica constituem modelos típicos, ainda que fluidos, de hipóteses em que não se formula o juízo de reprovação, pela ausência desta expectativa. Resta saber, então, se o fundamento da culpabilidade pode servir como critério válido para a elaboração de uma causa geral e supralegal – uma vez que não positivada – de afastamento do juízo de censura penal.

Parece-nos que – em que pese à resistência de parcela da doutrina e da jurisprudência, que temem, com a adoção desta causa geral, o estabelecimento da anarquia no sistema penal – *razões de justiça* impõem seu acolhimento.

De fato – como ensina Luiz Alberto Machado –, "sendo, pois, um elemento estrutural da censurabilidade, imposto ao agente imputável que atua com potencial conhecimento do ilícito ou com previsibilidade e normal motivação, a ausência de exigibilidade de outra conduta implica o afastamento do juízo de reprovação em relação ao ato formal e materialmente típico".[8]

Embora excepcional – na medida em que poucos serão os casos em que, fora dos previstos pelo legislador, será possível afirmar-se

---

8. *Direito Criminal – Parte Geral*, p. 146.

que não se formou ao indivíduo a expectativa de observância da norma –, a aplicabilidade deste princípio geral não pode ser excluída de forma absoluta, pois se encontra este "implícito no Código e pode aplicar-se, por analogia, a casos semelhantes aos expressamente previstos no sistema. Na realidade, são casos de verdadeiras lacunas na lei, que a analogia vem cobrir pela aplicação de um princípio latente no sistema legal. É a analogia *in bonam partem*, que reconhecemos como tendo aplicação no direito penal".[9]

Objetar-se à aplicação do princípio a necessidade de segurança jurídica, a nosso ver, não guarda procedência, pois representa o direito penal – além de instrumento de controle social – um substrato de limitação do poder punitivo do Estado, que não pode, em um sistema como o nosso, fundado no princípio máximo da dignidade da pessoa humana, ser dirigido àqueles que não causam, com seu comportamento, a reprovação social.

Precisa, neste sentido, a lição de Bettiol ao sustentar que "a certeza jurídica, quando se coloca como obstáculo à livre irrupção de uma exigência psicológica e ética no setor das escusantes, quando se entrepõe entre o réu e a sua liberdade, torna-se ela também um princípio formal e obstruidor. A certeza é o momento supremo do Direito, e do direito penal em particular, mas não deve constituir um obstáculo ao processo de individualização e humanização da culpa penal (...) quando porém a culpabilidade não subsiste porque não se podia esperar do agente uma motivação normal, seria uma heresia falar ainda de culpa e aplicar uma pena (...). Cabe ao juiz, que exprime o juízo de reprovação, valorar a gravidade e a seriedade da situação histórica na qual o sujeito atua, no contexto do espírito de todo o sistema penalístico: sistema que jamais pretende prescindir de uma vinculação com a realidade histórica em que o indivíduo age, cuja influência sobre a exigibilidade da ação conforme ao Direito cabe unicamente ao magistrado julgar".[10]

Entre as hipóteses de aplicação do princípio encontra-se, por exemplo, o excesso da legítima defesa quando resultante de invencí-

---

9. Aníbal Bruno, *Direito Penal* – ..., vol. I, t. II, p. 102. Sobre a analogia *in bonam partem* já nos posicionamos positivamente nos comentários ao art. 1º, pelos fundamentos ali expostos.
10. *Direito Penal*, pp. 420-421.

vel medo, surpresa ou perturbação de ânimo em face das condições circundantes.[11]

Também o caso oferecido por Eb. Schmidt, da mãe que, para ir ao trabalho, deixa o filho de três anos sozinho em casa, vindo a criança a sofrer um acidente do qual lhe resultam graves lesões. Embora típica a ação, não se forma o juízo de reprovação, pois não se poderia esperar que ela abandonasse seu emprego, indispensável ao sustento do próprio filho.[12] Não se forma, aqui, a expectativa social de não-realização da conduta negligente.

A ausência de expectativa social de observância da norma, assim, pode e deve servir como causa supralegal de exculpação, a fim de que atinja a lei penal o "bem comum" e seus "fins sociais", objetivos discriminados no art. 5º da Lei de Introdução ao Código Civil – norma, esta, aplicável a todo o sistema jurídico.

Cabe ao Estado-juiz, portanto, na apreciação das condições circundantes do caso, partindo da realidade social, avaliar se é possível – e justa – a formulação do juízo de censura; resultando negativo este juízo, deverá fundamentar sua decisão mediante a utilização dos instrumentos de integração e interpretação do Direito oferecidos pelo art. 4º da Lei de Introdução ao Código Civil – analogia, costumes e princípios gerais de Direito –, para a realização do justo concreto.

---

11. Nestes termos, previa o art. 30, § 1º, do Código Penal de 1969 a excludente de culpabilidade sob a rubrica lateral do "excesso escusável". O Código Penal Alemão, em seu § 33, traz disposição semelhante: "Quando o autor se excede na legítima defesa, em virtude de transtorno mental, temor ou medo, não incorrerá em pena alguma".
12. *Apud* Aníbal Bruno, *Direito Penal* – ..., vol. I, t. II, p. 104.

19
IMPUTABILIDADE

19.1 Conceito de "imputabilidade". 19.2 Métodos de aferição. 19.3 A inimputabilidade na teoria do delito. 19.4 Causa de diminuição de pena. 19.5 A questão dos surdos-mudos e dos indígenas. 19.6 Menoridade: 19.6.1 Escorço histórico – 19.6.2 O tratamento atual. 19.7 Emoção e paixão. 19.8 Embriaguez.

19.1 Conceito de "imputabilidade"

O legislador penal brasileiro optou pela formulação de um conceito negativo ou indireto da imputabilidade: conceituou a inimputabilidade, com o quê, por exclusão – aquele que não for inimputável –, chega-se à noção de imputabilidade.

Dispõe o art. 26, *caput*, do Código Penal que se considera inimputável o agente que, por doença mental ou desenvolvimento mental incompleto ou retardado, era, ao tempo da conduta, totalmente incapaz de entender o caráter ilícito do fato ou de determinar-se de acordo com esse entendimento.

Invertendo-se o conceito, pode-se afirmar, desde logo, que é imputável o agente que não porta doença mental e possui desenvolvimento mental pleno. De igual modo, não há falar em inimputabilidade em relação ao indivíduo que, embora mentalmente deficiente ou enfermo, era, no momento da ação, plena ou parcialmente capaz de entender o caráter ilícito do fato *e* de determinar-se de acordo com esse entendimento.

A imputabilidade, portanto, representa a capacidade psíquica de entender e querer e de portar-se de acordo com esse entendimento e vontade; ou – como afirma Bettiol – "o complexo de determinadas condições psíquicas que possibilitam referir um fato a um indivíduo, como seu autor, com consciência e vontade".[1]

19.2 Métodos de aferição

Três são os métodos de aferição da inimputabilidade.

O primeiro método – *biológico* – considera inimputável o agente portador de doença mental, sem a necessidade de considerações a respeito de sua possibilidade, na situação concreta, de conhecer a ilicitude do fato e de autodeterminar-se de acordo com esse entendimento.

Como ressalta Maximiliano Führer, no entanto: "Este juízo antecipado é impertinente, na medida em que despreza os intervalos lúcidos ou bonanças com que as doenças, por vezes, brindam suas vítimas. Longe do surto, ao paciente pode ser possível alcançar o pleno conhecimento do fato e portar-se de acordo com esse entendimento".[2]

O segundo sistema – *psicológico* – prescinde da deficiência mental do indivíduo, pois considera inimputáveis aqueles que, por qualquer causa, no momento do fato, não tinham a capacidade de apreender o caráter ilícito da ação e de determinar-se segundo essa compreensão.

Critica-se este método por instaurar a insegurança jurídica, na medida em que "não evita, na prática, um demasiado arbítrio judicial ou a possibilidade de um extensivo reconhecimento da irresponsabilidade, em antinomia com o interesse de defesa social".[3]

Por fim, o *sistema biopsicológico*, acolhido por nosso legislador, soma os requisitos dos métodos acima expostos, resolvendo de forma mais completa o problema: inimputável será o indivíduo portador de defeito mental que, por esta circunstância, não tem capacidade de conhecer a proibição legal ou de portar-se de acordo com esse conhecimento apreendido. A inimputabilidade, assim, refere-se sempre a determinado fato – e seu contexto –, mas traz como pré-requisito a doença mental determinante para a realização da conduta.

---

1. *Direito Penal*, p. 346.
2. *Tratado da Inimputabilidade no Direito Penal*, p. 43.
3. *Exposição de Motivos* ao Código Penal de 1940, item 18.

19.3 A inimputabilidade na teoria do delito

A concepção psicológico-normativa da culpabilidade, como vimos, inclui no juízo de censura penal o dolo e a culpa, bem como a reprovabilidade do comportamento.

A imputabilidade para esta teoria é concebida, em regra, ora como pressuposto, ora como elemento integrante da culpabilidade; de qualquer forma, constitui requisito prévio para o reconhecimento do atuar doloso ou culposo do agente, pois ao inimputável não se apresenta a vontade livre e consciente que, como tal, possa ser reputada como causa determinante da ação.[4]

A teoria finalista da ação, embora tenha deslocado para a tipicidade o dolo e a culpa, manteve no juízo de culpabilidade, também como pressuposto ou elemento, a imputabilidade.

O atuar ilícito do inimputável, assim, em que pese a não ser culpável, em virtude de sua incapacidade de motivação pela norma, configura um injusto penal completo, pleno de dolo (tipo doloso) ou de culpa (tipo culposo).

Predomina de modo maciço na doutrina, portanto – nacional e alienígena –, o entendimento de que os inimputáveis agem típica e ilicitamente, não se lhes podendo somente formular o juízo de censura (declaração de culpa).

Para nós, entretanto, a inimputabilidade, mais do que a culpabilidade, afeta o elemento subjetivo-normativo do tipo (dolo ou culpa), pois se afetasse tão-somente o juízo de censura penal seria desnecessário seu tratamento legal e teórico.

Com efeito, bastaria para excluir a "responsabilidade" do agente inimputável a referência à consciência potencial da ilicitude (já prevista pelo art. 21) ou, no aspecto volitivo, à ausência de expectativa social de observância da norma (a ordinariamente denominada e admitida "inexigibilidade de conduta diversa"), em virtude das circunstâncias do caso concreto.

Reconhecido o comportamento do inimputável como um ilícito-típico completo, acaba-se por confundir os conceitos de culpabilidade e imputabilidade, na medida em que o único ponto de dife-

---

4. Bento de Faria, *Código Penal Brasileiro Comentado*, vol. II, p. 221.

renciação – ou especialização – encerra-se na anomalia psíquica do inimputável.

A inimputabilidade, assim entendida, perde sua relevância como categoria penal diferenciadora, limitando-se sua necessidade a fundamentar a imposição – causal – de medidas de segurança.

Pensamos, por isso, que a inimputabilidade não afeta apenas a culpabilidade, mas já evita o aperfeiçoamento do aspecto subjetivo da tipicidade penal.

Realmente – como afirma Reale Júnior –, se do caráter imperativo do Direito se conclui que a norma apresenta como opções o respeito ou o confronto a um valor, só pode agir penalmente de modo ilícito – completo – aquele que tem a faculdade de optar. O inimputável, por carecer desta capacidade de opção, não perfaz o tipo integralmente, sendo a inimputabilidade, portanto, um pressuposto não só da culpabilidade, mas do crime em seu todo.[5]

De fato, o dolo, como assinalamos, pressupõe dois elementos: o cognitivo (conhecimento) e o volitivo (querer a realização).

A vontade, desse modo, em um primeiro plano, consiste na liberdade do indivíduo de optar entre valores – o que exige a consciência do fato e do próprio valor por este atingido.

Àquele que, por perturbação mental ou desenvolvimento mental incompleto ou retardado, não tem – por exemplo –, em um homicídio, a possibilidade de representar que a vítima de sua conduta é um homem, a relação de causa e efeito entre sua ação e o evento *morte* ou, ainda, ser a *vida humana* um valor a ser preservado, não se pode imputar o resultado a título de dolo, pois lhe falta o aspecto intelectivo indispensável à plenitude do elemento subjetivo do tipo.[6]

De igual modo, quem possui o aspecto cognitivo do dolo mas não consegue portar-se de acordo com o entendimento adquirido, que

---

5. *Antijuridicidade Concreta*, pp. 92-93.
6. Zaffaroni, apesar de conceber a imputabilidade como um pressuposto da culpabilidade, reconhece que há hipóteses em que, pelo padecimento de uma incapacidade psíquica, fica o agente impedido de reconhecer os elementos objetivos do tipo, situação que denomina de "erro de tipo por incapacidade psíquica".
Nestes casos, sustenta o penalista argentino, não há conduta típica de um inimputável, mas conduta atípica (*Tratado* ..., vol. III, p. 341).

é determinado por impulsos que se encontram fora de seu âmbito de controle a produzir um ilícito objetivamente típico, não porta em seu comportamento a vontade típica, pois não se pode afirmar que age com vontade aquele que não tem a mínima liberdade de opção, que, diante da situação concreta, serve como verdadeiro instrumento dos fatores desencadeantes do resultado.

Quando judicamos na comarca de Moji-Mirim tivemos a oportunidade de oficiar em processo no qual o réu, jovem estudante integrante da classe média da cidade, era acusado de praticar uma série de atentados violentos ao pudor contra crianças do sexo masculino na faixa dos 10 anos de idade.

Realizado o interrogatório, o acusado confessou todos os delitos a ele imputados, afirmou conhecer a ilicitude dos fatos e alegou tê-los praticado por impulsos incontroláveis que o levaram a assim agir – impulsos, estes, que contrariavam, aliás, sua vontade de "levar uma vida normal". De forma impressionante, por fim, suplicou pela sua internação por prazo indeterminado, pois sabia que, se solto, "violentaria outros garotos".

Instaurado o incidente de insanidade mental, o laudo produzido corroborou integralmente a versão do réu, ao concluir que tinha ele a plena consciência da ilicitude de seus atos, embora fosse absolutamente incapaz de portar-se de acordo com esse entendimento, de resistir à compulsão que determinava as ações sexuais violentas contra crianças.

Ora, em casos como o apresentado resta evidente que carece o agente, ao praticar o ilícito objetivo, de vontade, ainda que mínima, de realização do tipo; o comportamento lesivo não é dominado ou dominável por sua vontade, na medida em que é determinado por impulsos absolutamente incontroláveis, os quais podem até mesmo contrariar seu querer individual. E, inexistente o elemento volitivo, afastado restará o dolo.

A inimputabilidade, portanto, seja no tocante ao aspecto intelectivo, seja com relação ao aspecto volitivo, afeta já o elemento subjetivo do injusto, e não apenas a culpabilidade. "Por isto, a rigor, não é possível falar em lucidez quando o agente sofre de alucinações ou idéias delirantes ou está em meio a um ataque que lhe retira a razão e a visão exata do mundo exterior. Nestas circunstâncias não há possibilidade de caracterização do dolo, por ausência da consciência ou vontade próprias."[7]

O inimputável, assim, não pratica um injusto penal pleno, mas um ilícito de natureza administrativa, objetivamente coincidente com o injusto penal e que, se revelador de sua periculosidade, legitima o Estado a impor-lhe uma medida, também de natureza administrativa, de cunho unicamente preventivo-especial, que sofre um controle formalmente penal (medida de segurança), que não se confunde – seja em sua natureza, pressupostos ou objetivos – com a pena.

Afirmar-se – como procede a teoria finalista – que o inimputável age sempre pleno de dolo, e que seu comportamento é simplesmente incensurável (inculpável), além de contrariar a natureza das coisas e igualar os desiguais, implica problemas para os quais não oferece a doutrina soluções satisfatórias.

Com efeito, como explicar o dolo de homicídio de um agente inimputável que, por sofrer de alucinações, vê seus irmãos não como seres humanos, mas como demônios que o perseguem e que, por isso, precisam ser eliminados? Em que termos pode-se atribuir o elemento subjetivo do tipo de dano àquele que, por desenvolvimento mental retardado, não tem qualquer discernimento a respeito do valor *patrimônio* e, nestas circunstâncias, destrói coisa alheia?

Para sustentar a presença do elemento subjetivo nestas hipóteses, necessariamente, haverá de se admitir uma presunção absoluta de dolo quanto aos inimputáveis. Como afirma Maximiliano Führer: "Sem grandes mecanismos de explicação e sem construção lógica, o dolo do doente mental é imediatamente presumido, possibilitando a configuração do crime e remetendo o desagradável problema para o juízo de ausência de culpabilidade, que possibilita a aplicação de medidas de segurança, como se fosse uma pena disfarçada, em lugar da pena".[8]

Tal presunção, entretanto, é inaceitável, pois, além de contrariar a realidade (e o Direito que contradiz o real é um não-Direito, pois incapaz de realizar justiça), viola o princípio da responsabilidade subjetiva, que, por sua raiz constitucional, não pode ser afastado sem que

7. Maximiliano Führer, *Tratado* ..., p. 125.
8. *Tratado* ..., p. 126.

se comprometa o sentido harmônico que deve imperar no complexo do ordenamento jurídico.

Poder-se-ia argumentar que a falha atribuída à teoria finalista é bem mais grave na concepção aqui formulada, uma vez que, entendendo-se que a inimputabilidade exclui o elemento subjetivo, a imposição de medida de segurança ao inimputável seria sempre fruto de uma responsabilização objetiva, proscrita de nosso direito penal.

A crítica seria procedente se considerássemos a medida de segurança como instituto do direito penal com carga eminentemente sancionatória;[9] não, contudo, diante do posicionamento tomado, no sentido de que são as medidas de segurança providências materialmente pertencentes ao direito administrativo, de cunho unicamente curativo e preventivo-especial, que demandam, para sua imposição, um ilícito da mesma natureza que coincida, no aspecto objetivo, com um ilícito penal.

Por não pertencerem substancialmente ao direito penal as medidas de segurança e os ilícitos perpetrados pelos inimputáveis – mas apenas um controle, repita-se, formalmente penal –, não se exige sua sujeição a todos os princípios fundamentais desta ciência, tanto que sustentamos, nos comentários ao art. 1º, a não-incidência completa do princípio da anterioridade da lei penal.

Aqui não se afirma – ao contrário do que se possa compreender a uma primeira análise – que o inimputável é absoluta e abstratamente incapaz de motivar-se pela norma ou de compreendê-la, pois a inimputabilidade deve referir-se sempre a determinado fato, no momento de sua prática. A pessoa não é abstrata e irrestritivamente inimputável – o que constituiria negação de sua essência, a humanidade –, mas inimputável em relação a ato certo e em determinados momentos/atitudes de sua vida.

A questão é bem explicada por Bustos Ramírez ao afirmar que: "O juízo de imputabilidade não é abstrato ou geral, mas sempre individual e concretado a uma situação determinada, a um fato determinado (não pode referir-se nem ao futuro e nem ao passado)".[10] E é por

---

9. Como afirma Bettiol: "A pena é merecida pelo homem por ter agido com liberdade. Fora da liberdade, há mera imputação do fato", objetiva, que não satisfaz plenamente o princípio da responsabilidade penal pessoal (*Direito Penal*, pp. 350-353).

10. *Manual de Derecho Penal – Parte General*, p. 132.

isso que se submete o inimputável a tratamento diferenciado, e não se lhe isenta, simplesmente, de pena.

A inimputabilidade deve constituir fator determinante na prática do ato ilícito objetivamente típico, de forma que se revele a periculosidade do sujeito e a necessidade de imposição de medida de segurança.

O agente inimputável, em virtude da anomalia psíquica da qual é portador, revela-se, com a perpetração da conduta ilícita, socialmente perigoso, seja por sua incapacidade de compreender os valores sociais mais relevantes – aspecto intelectivo do dolo e da imputabilidade –, seja por sua incapacidade de, nas relações humanas, portar-se de acordo com essa escala valorativa estabelecida.

Logo, em virtude desta potencial periculosidade aos bens jurídicos protegidos, concretamente demonstrada pela prática ilícita, impõe-se ao inimputável a providência de tratamento – medida de segurança –, que tem por escopo proporcionar-lhe condições de apreender os valores jurídico-penais e/ou proceder na sua vida de acordo com esses valores.

19.4 Causa de diminuição de pena

O parágrafo único do art. 26 do Código Penal traz uma causa especial de diminuição de pena, que grande parte da doutrina e da jurisprudência "acostumou-se" a chamar de "semi-imputabilidade".

O termo, entretanto, é equivocado, pois – como ressalta Nélson Hungria – imputabilidade e inimputabilidade "são antônimos, como vida e morte. Não é imaginável um meio-termo entre uma e outra. *Non datur tertium sive medium inter duo contradictoria*. A responsabilidade não tem graus. O que é suscetível de gradação é a culpabilidade, como medida da gravidade do crime e da pena".[11]

No mesmo sentido posiciona-se Zaffaroni, para quem a matéria em questão "de modo algum pode ser considerada como uma 'meia-imputabilidade', o que careceria de sentido. Muito menos cabe falar de categorias absurdas como a dos 'semi-alienados', 'semi-imputáveis' etc., que na Psiquiatria freqüentemente são designados como *border-*

---

11. *Comentários ao Código Penal*, 4ª ed., vol. I, t. II, p. 339.

line ou 'fronteiriços', expressões todas que, no fundo, encerram uma imprecisão diagnóstica. É absolutamente inconcebível, na Psiquiatria contemporânea, que um médico informe que um sujeito pode ser qualificado como 'meio-louco' ou outra expressão equivalente que não faça mais do que encobrir esta expressão vulgar".[12]

De fato, ou o agente possui a capacidade de compreender e de querer, no caso concreto, ou esta não se apresenta. Não há como se reconhecer a existência de uma semiconsciência da ilicitude – o conhecimento profano já exclui a inconsciência – ou de uma "meia-possibilidade" de autodeterminação, pois ou o agente pode reagir a seus impulsos, ou simplesmente é levado à prática do ato.

Assim, cuida realmente o dispositivo em análise de uma causa especial de diminuição de pena, prevista para os casos em que, em virtude de perturbação mental, apresentou-se ao sujeito uma maior dificuldade de apreender a categoria típica e o valor por ela preservado, e/ou de determinar-se de acordo com essa consciência. Trata-se, portanto, do reconhecimento, pela presença dessas circunstâncias, de uma menor reprovabilidade (pessoal) da conduta, da diminuição da culpabilidade do sujeito que, no caso concreto, embora mentalmente perturbado, era imputável.

Note-se que o dispositivo, ao contrário do *caput*, refere-se a "perturbação mental", e não a "doença mental" – o que amplia seu cabimento para hipóteses como o puerpério, as oligofrenias menos graves ou limítrofes e outras alterações de estados de consciência e de ânimo que não podem ser classificadas como doenças mentais.

Verificada a maior dificuldade do agente de compreender ou de portar-se de acordo com a prescrição normativa, cabe ao juiz diminuir a pena de um a dois terços, na proporção correspondente à redução da culpabilidade.

Neste sentido, pode-se afirmar que a redução de pena, nesta hipótese, é obrigatória, pois quando a perturbação mental acarreta uma maior dificuldade de conhecimento ou de autodeterminação traz sempre também, como conseqüência, uma diminuição do grau de censura penal; e, reduzida a culpabilidade, impõe-se que a pena guarde com ela uma relação de proporcionalidade.

12. *Tratado de Derecho Penal – Parte General*, vol. IV, p. 181.

19.5 A questão dos surdos-mudos e dos indígenas

O art. 5º, III, do Código Civil de 1916 definia como absolutamente incapazes os surdos-mudos que não tivessem capacidade de exprimir sua vontade, isto é, para se comunicar.[13]

Disposição semelhante não se encontra na legislação penal, pois, embora a surdo-mudez represente uma maior dificuldade de integração social do indivíduo e de apreensão dos valores e normas sociais, não constitui, por si só, causa ou presunção absoluta de inimputabilidade.

De fato, somente diante do caso concreto poderá o juiz dirimir se a circunstância acarretou ao surdo-mudo a incapacidade de tomar a consciência da ilicitude do fato e de portar-se de acordo com esse entendimento (inimputabilidade), se implicou uma diminuição da censurabilidade (causa de diminuição de pena), por ter dificultado sua compreensão e capacidade de autodeterminação, ou, ainda, se não afetou seu elemento subjetivo e reprovabilidade da conduta (imputabilidade e culpabilidade plena).

A surdo-mudez, portanto, pode equiparar-se a doença mental se provocar as conseqüências previstas pelo art. 26, *caput*, do Código Penal, configurar "perturbação mental", se implicar ao indivíduo uma menor censurabilidade de sua conduta, ou simplesmente em nada alterar a imputabilidade ou culpabilidade se não constituir causa de afetação de sua capacidade de compreensão e determinação, de seu entender e querer.

Solução semelhante cabe aos indígenas, definidos pelo direito civil como relativamente incapazes (o CC de 1916, tratava do assunto no art. 6º, III; o novo Código Civil remete a questão à legislação especial).

Pontes de Miranda assim define o indígena: "É todo indivíduo de origem e ascendência pré-colombiana que se identifica e é identificado como pertencente a um grupo étnico cujas características culturais o distinguem da sociedade nacional"[14] – o que, por si só, não exclui de modo absoluto a imputabilidade penal.

---

13. Segundo o novo CC, art. 3º, "São absolutamente incapazes de exercer pessoalmente os atos da vida civil: (...) III – os que, mesmo por causa transitória, não puderem exprimir sua vontade".

14. *Tratado de Direito Privado*, t. I, p. 268.

Com efeito, será apenas na concreção do fato que poderá o juiz – evidentemente, auxiliado por prova pericial – declarar se o indígena, de acordo com sua situação de integração, afastamento ou isolamento da sociedade, de instrução e demais características de sua vida, tinha a plena capacidade de compreender o conteúdo da norma social e de portar-se de acordo com essa compreensão (imputabilidade), se não a possuía de modo absoluto (inimputabilidade), ou se somente ostentava uma maior dificuldade de apreensão desse conhecimento e, conseqüentemente, de autodeterminação (diminuição da culpabilidade).

Bem obrou o legislador penal, desse modo, ao não estabelecer limites ou presunções quanto à imputabilidade dos surdos-mudos e indígenas, na medida em que somente os dados do real – que não podem ser exaustiva ou completamente previstos pela lei – possibilitam a formulação do juízo de sua capacidade de entender e de querer, bem como a respeito da reprovabilidade de seus comportamentos.

19.6 Menoridade

19.6.1 Escorço histórico

O problema da incapacidade penal dos menores foi tratado pela primeira vez pelo Código Criminal do Império, de 1830, que dispunha em seu art. 10, § 1º, que não se julgariam criminosos os menores de 14 anos.

O Código Penal de 1890 adotou um sistema misto: excluiu, de forma absoluta, como sujeitos do direito penal os menores de 9 anos (art. 27, § 1º) e estabeleceu como possíveis agentes de delito os maiores de 9 e menores de 14 anos, condicionada a imputação à circunstância de terem obrado com discernimento.

Em virtude das severas críticas lançadas contra este tratamento, a Consolidação das Leis Penais de 1932 retornou ao sistema do Império, e estabeleceu, em seu art. 27, § 1º, a impunibilidade (absoluta) dos menores de 14 anos, reproduzindo, assim, os termos do art. 68 do então vigente Código de Menores (Decreto 17.943-A, de 12.10.1927).

O Código Penal de 1940, em seu art. 23, dispôs que os menores de 18 anos eram penalmente irresponsáveis, mediante redação praticamente idêntica à do art. 27 hoje vigente.

Em termos semelhantes posicionou-se o legislador do Código Penal de 1969, em seus arts. 33 e 34, ao dispor que "o menor de 18 (dezoito) anos é inimputável".

19.6.2 O tratamento atual

Estabelece o art. 228 da Constituição Federal que "são penalmente inimputáveis os menores de 18 (dezoito) anos, sujeitos às normas da legislação especial" – disposição que foi repetida pelo art. 27 do Código Penal, ora em análise.

Quanto aos menores de 18 anos, mais do que a adoção irrestrita do método biológico puro a partir de um elemento normativo (idade), de uma presunção absoluta de que não têm capacidade de entender e querer, fez o constituinte uma opção político-criminal de excluir do direito penal os indivíduos que, por ainda não terem atingido sua maturidade completa, devem ser submetidos a legislação especial e medidas outras que não a pena.

Luís Fernando Camargo de Barros Vidal – valendo-se das lições de Fragoso e Hungria – ressalta que: "A declaração constitucional de inimputabilidade penal significa que os menores não têm responsabilidade penal, 'estão fora do direito penal e não podem ser autores de fatos puníveis'. O que pretende a declaração de inimputabilidade etária é por critério de política criminal excluir o menor de 18 anos dos efeitos sempre negativos e estigmatizantes do direito penal, impedir de 'assinalar o adolescente transviado com o ferrete de uma condenação criminal'".[15]

A inimputabilidade dos menores de 18 anos, assim, não se confunde com a inimputabilidade – real – do art. 26, *caput*, do Código Penal, mas traduz uma incapacidade de se submeterem ao direito penal e sua ilegitimidade para figurarem no pólo passivo de um processo penal.

Como ressalta Aníbal Bruno: "O pensamento fundamental em referência à chamada criminalidade dos menores é que ela não constitui matéria do Direito punitivo, mas de um regime tutelar (...) tra-

---

15. Luís Fernando Camargo de Barros Vidal, "A irresponsabilidade penal do adolescente", *Revista Brasileira de Ciências Criminais* 18/91.

zendo definitivamente os menores para fora do sistema de penas e castigos".[16]

Feliz, por isso, a crítica de Everardo Cunha Luna ao comentar o projeto da nova Parte Geral do Código Penal e afirmar que, a rigor, os menores de 18 anos não são penalmente inimputáveis, "porque os seus atos, materialmente típicos, não são sancionados com medidas jurídico-penais, mas com medidas de natureza pedagógica, educativas ou reeducativas. Diz-se, com razão, que os menores estão fora do direito penal. Mas, se são considerados inimputáveis, são trazidos para dentro do direito penal, porque a imputabilidade é uma categoria jurídicopenal. Com o apoio de tais argumentos, entendemos que o termo 'irresponsáveis', do art. 23 do Código Penal, é de técnica mais precisa do que o termo 'imputáveis', do art. 27 do projeto de lei".[17]

Melhor seria, portanto, que tivesse o legislador penal, ao tratar dos menores de 18 anos, utilizado a expressão "irresponsáveis", com o quê restaria mais claro que estes indivíduos não estão submetidos ao direito criminal, mas a um corpo de normas específico (Estatuto da Criança e do Adolescente – Lei 8.069/1990), cujo único fim é a educabilidade e a proteção daqueles que ainda não atingiram a maturidade plena – o que não se confunde com o juízo de reprovação ínsito à aplicação de uma sanção penal.[18]

19.7 Emoção e paixão

Coerente com o método biopsicológico adotado por nosso sistema, o legislador penal brasileiro excluiu, de forma expressa, a emoção e a paixão como fatores da inimputabilidade (art. 28, I, do CP).

Por "emoção" compreende-se a comoção psíquica inesperada e breve acarretada pela exacerbação de um sentimento, "um estado de

---

16. *Direito Penal – Parte Geral*, vol. I, t. II, pp. 163-164.
17. *Capítulos de Direito Penal*, p. 154.
18. Tanto é assim que, não raro, nas Varas da Infância e da Juventude são promovidos arquivamentos de "sindicâncias" que tratam de atos infracionais passíveis de aplicação de medida de internação envolvendo adolescentes que já se encontram internados, pois, sendo a finalidade da norma específica a educação, o processo não revelaria qualquer utilidade, uma vez que a sentença que declara a prática do ato infracional não tem carga condenatória, no sentido de manifestação de juízo de reprovação social.

ânimo que, sob uma impressão atual, produz violenta e transitória perturbação do equilíbrio psíquico".[19]

A paixão, por sua vez, representa a intensificação da emoção, que passa a ter caráter duradouro e contínuo. Como bem observa Paulo José da Costa Júnior: "A paixão está para a emoção como em patologia o estado crônico está para o estado agudo. Pela sua intensidade, Kant compara a emoção à violência da torrente que rompe o dique. A paixão assemelha-se à corrente que lentamente vai escavando, mais e mais, o leito do rio".[20]

A emoção e a paixão não excluem a imputabilidade porque não configuram doença mental ou desenvolvimento mental incompleto ou retardado e por não retirarem do agente sua capacidade de compreensão e opção entre valores. Embora afetem o ânimo, tal afetação não é suficiente para afastar os elementos cognitivo e volitivo do dolo – e da imputabilidade.

Isto não significa que a emoção e a paixão são irrelevantes para o direito penal. Ao contrário, o art. 65, III, "c", do Código Penal estabelece como atenuante genérica a violenta emoção, provocada por ato injusto da vítima; e os arts. 121, § 1º, e 129, § 4º, do mesmo diploma legal estabelecem como causas de diminuição de pena, respectivamente para os delitos de homicídio e lesão corporal dolosa, as mesmas circunstâncias.

Além disso, entendemos que a emoção e a paixão, em que pese a não caracterizarem, por si sós, doença mental, podem eventualmente, de acordo com seu grau, desencadear processos mórbidos incapacitantes – que seriam, então, as verdadeiras causas diretas da inimputabilidade – ou perturbação da saúde mental redutora da capacidade de compreensão e autodeterminação, apta a ensejar a diminuição da reprovação social – culpabilidade – sobre o ato (art. 26, parágrafo único, do CP).

O que pretendeu o legislador, portanto, ao dispor que a emoção e a paixão não excluem a imputabilidade não foi desconsiderar estes estados psíquicos para a aplicação da lei penal, mas preservar a integridade do critério biopsicológico para a aferição da inimputabilida-

---

19. Bento de Faria, *Código* ..., vol. II, p. 254.
20. *Comentários ao Código Penal*, 2ª ed., vol. I, pp. 219-220.

de e afastar a incidência, por vias transversas, do método psicológico puro e dos conseqüentes perigos que lhe são ínsitos.

19.8 Embriaguez

Por "embriaguez" compreende-se – como ensina Bento de Faria[21] – a intoxicação caracterizada pela perturbação da sensibilidade e das funções orgânicas e intelectuais.

Dispõe o art. 28, II, do Código Penal que a "embriaguez, voluntária ou culposa", causada "pelo álcool ou substância de efeitos análogos" não constitui fundamento apto a excluir o juízo – positivo – de imputabilidade.

O § 1º do mesmo artigo excepciona a hipótese de "embriaguez completa, proveniente de *caso fortuito ou força maior*", e que incapacita o agente para entender o caráter ilícito do fato ou determinar-se de acordo com esse entendimento. Neste caso, ausentes o dolo ou culpa do agente para a causação do estado alterado, possível a isenção de pena.

O tratamento legal dispensado à questão da embriaguez revela que optou o legislador, na matéria, por adotar a teoria da *actio libera in causa*, segundo a qual aquele que se coloca voluntariamente em um estado de maior frouxidão dos freios inibitórios deve responder penalmente pelos atos praticados nessa condição, em virtude da existência de um nexo psíquico, ainda que residual, entre o ato de embriagar-se e o evento criminoso.

Assim, aquele que, de forma preordenada, embriaga-se com o fim de cometer determinado delito age com o elemento subjetivo completo, pois em sua ação imediatamente anterior à execução já se encontra o dolo.

A embriaguez preordenada, aliás, constitui agravante genérica, nos termos do art. 65, II, "i", do Código Penal.

Também o sujeito que se embriaga e comete um crime, embora não de forma preordenada, mas tendo previsto que nesse estado poderia vir a cometê-lo, deve responder pela perpetração do ilícito, uma

---

21. *Código* ..., vol. II, p. 257.

vez que assume o risco de produção do resultado lesivo, e age, portanto, imbuído de dolo eventual.

Se a teoria da *actio libera in causa* é adequada para resolver estas duas situações – o que não enseja maiores controvérsias na doutrina –, o mesmo não se pode dizer para as hipóteses em que o agente, embriagando-se voluntária ou culposamente, prevê a eventualidade de cometer um ilícito mas, levianamente, crê na sua não-ocorrência (culpa consciente), ou quando não prevê a possibilidade, apesar de lhe ser possível prevê-la (culpa inconsciente).

Isto porque, nestes casos, nem no antecedente, nem no ato em si – com vício de vontade e de determinação causado pela alteração psíquica decorrente da embriaguez –, se pode cogitar da presença de dolo no tipo; e, como vimos no Capítulo 5, ausente o dolo, inviável a imputação do fato a este título, por força do princípio da responsabilidade penal subjetiva, que tem suas raízes fincadas na Constituição Federal e que não comporta exceções pela legislação hierarquicamente inferior.

Correta, portanto, a nosso ver, a conclusão de Francisco de Assis Toledo ao sustentar que considerar dolosos os crimes nesses casos "constitui uma conjugação de dolo e culpa, criação não menos monstruosa do que a já referida na citação de Binding",[22] e, mais do que isso, verdadeira presunção – absoluta, já que não permite demonstração em contrário – de dolo, que caracteriza indevida – e inconstitucional – responsabilização objetiva.

Logo, nessas situações de embriaguez, voluntária ou culposa, em que não pretende o agente a realização do tipo e nem assume de forma consciente o risco de sua produção, somente será possível a imputação pela modalidade culposa, obviamente se prevista em lei; jamais, contudo, a imputação do tipo doloso.

---

22. Francisco de Assis Toledo, *Princípios Básicos de Direito Penal*, 4ª ed., p. 325.

20
TENTATIVA

20.1 Conceito. 20.2 Atos preparatórios: 20.2.1 Cogitação – 20.2.2 O ajuste – 20.2.3 Indução – 20.2.4 Incitação particular – 20.2.5 Preparação. 20.3 Caracterização da tentativa: 20.3.1 Introdução – 20.3.2 Teoria subjetiva – 20.3.3 Teoria objetiva – 20.3.4 Teoria objetiva formal – 20.3.5 Teoria objetiva material – 20.3.6 Teoria objetiva individual – 20.3.7 Nossa posição. 20.4 Delitos que não admitem tentativa. 20.5 Pena da tentativa. 20.6 Desistência voluntária e arrependimento eficaz: 20.6.1 Natureza jurídica – 20.6.2 Requisitos – 20.6.3 Conseqüências. 20.7 Crime impossível. 20.8 Arrependimento posterior: 20.8.1 Conceito e natureza – 20.8.2 Requisitos – 20.8.3 Implicações.

20.1 Conceito

O crime pode assumir duas formas: *consumado*, quando nele se inserem todos os elementos do tipo penal; *tentado*, na hipótese em que, iniciada a execução, não se consuma por circunstâncias alheias à vontade do agente.

A tentativa, assim como o crime consumado, possui o elemento subjetivo completo, isto é, o dolo do agente é idêntico em ambas as formas de conduta. Distinguem-se, todavia, no que concerne aos elementos objetivos do tipo, pois no crime tentado há um vazio, um defeito neste aspecto[1] – ou, na feliz expressão de Nélson Hungria, objetivamente a tentativa corresponde a um fragmento da conduta típica do crime.[2]

---

1. E. R. Zaffaroni e J. H. Pierangelli, *Da Tentativa*, 3ª ed., p. 42.
2. Nélson Hungria, *Comentários ao Código Penal*, vol. I, t. II, p. 78.

Este vazio é justamente a não-realização completa do tipo penal por circunstâncias que, necessariamente, devem ser alheias à vontade do sujeito ativo. Entre crime consumado e tentado há uma diferença quantitativa,[3] no que respeita ao "tipo objetivo".

Logo, podemos conceituar a *tentativa* como: *a forma de crime que, após iniciada sua execução, não guarda congruência, no pertinente à consumação, com o tipo legal abstrato, por circunstâncias que estão apartadas da vontade (dolo) de seu agente.*

20.2 Atos preparatórios

Qualificam-se como atos preparatórios aqueles que não representam o início de execução de um delito e que, por isso, não se subsumem à figura típica da tentativa.

A razão de fundo da impunibilidade dos atos preparatórios encontra-se no princípio da lesividade, pois não são eles idôneos a colocar em risco os bens jurídicos protegidos pelos tipos penais; e, não havendo ofensa ao bem jurídico, não se justifica a intervenção estatal pelo seu mais rigoroso – e poderoso – instrumento jurídico, qual seja, o direito penal.

A nosso ver, cinco são as espécies de atos preparatórios que, isoladamente considerados, não se inserem no *iter criminis* punível: (a) cogitação; (b) conspiração ou ajuste; (c) proposição; (d) incitação; (e) preparação.

20.2.1 Cogitação

"Cogitar a prática de um crime" significa imaginar, pensar, planejar mentalmente sua execução, podendo o "plano" ser ou não verbalizado e chegar ao conhecimento de terceiros. A cogitação, em verdade, precede os atos preparatórios em sentido estrito.

Embora moralmente reprovável, a simples cogitação não viola a esfera jurídica de outrem – e, por isso, como vimos, diante do princípio

---

3. Reale Júnior, *Parte Geral do Código Penal – Nova Interpretação*, p. 52. Nélson Hungria, *Comentários ao Código Penal*, vol. I, t. II, p. 78.

da lesividade, que preserva a diferença da prática de hábitos, convicções e pensamentos, não se legitima, nesta hipótese, a atuação penal.

20.2.2 O ajuste

Como ensina Bustos Ramírez,[4] há conspiração ou ajuste quando duas ou mais pessoas reúnem-se para a prática de um delito e resolvem cometê-lo, tratando-se de uma fase inicial da infração penal que implica a preparação de uma co-autoria delitiva.

O ajuste – ato preparatório do concurso de agentes – não se confunde com os delitos de associação criminosa (art. 288 do CP; art. 14 da Lei 6.368/1976).

Com efeito, nos delitos de associação seus membros associam-se de forma estável e permanente, e são estas características – acrescidas à finalidade de cometimento de crimes – que explicitam o bem jurídico tutelado (paz pública) e sua vulneração. No ajuste, por outro lado, a associação tem o caráter meramente momentâneo.

20.2.3 Indução

A indução ou proposição à prática de um crime consiste na conduta daquele que, pretendendo o cometimento de um delito determinado, aconselha ou tenta persuadir terceiro a executá-lo.

Trata-se, por exemplo, do comportamento daquele que tenta contratar um agente imediato para a prática de homicídio contra terceiro, sob qualquer promessa. Não havendo a aceitação do encargo, a simples proposta ou indução, em que pese à sua imoralidade, não penetra o campo da tipicidade penal na modalidade de tentativa.

20.2.4 Incitação particular

Na incitação, ao contrário da indução, o agente reforça a vontade criminosa já existente em outrem. Se praticada no âmbito da vida privada da pessoa, contudo, por si só – isto é, se inexistente qualquer outra conduta ameaçadora ao bem jurídico –, será impunível.

---

4. *Manual de Derecho Penal – Parte General*, p. 269.

A incitação pública à prática de crimes, por outro lado, por opção político-criminal do legislador, na defesa da paz pública, já constitui crime autônomo (art. 286 do CP).

20.2.5 Preparação

A preparação propriamente dita consiste na escolha de meios, oportunidade e instrumentos do crime que, por não se inserir no âmbito da tentativa, também não encerra a punibilidade.

A preparação, excepcionalmente, também por opção político-criminal do legislador, na defesa de determinados bens jurídicos, pode constituir delito autônomo. Assim, por exemplo, o delito de "petrechos para falsificação de moeda" (art. 291 do CP) e a contravenção penal de "posse não justificada de instrumento de emprego usual na prática de furto" (art. 25 da Lei das Contravenções Penais).

20.3 Caracterização da tentativa

20.3.1 Introdução

O que diferencia os atos meramente preparatórios – impuníveis – da tentativa é a aferição do "início da execução" do delito, pois, atingida esta fase do *iter criminis*, o comportamento estará sujeito a punição.

Este marco divisor, entretanto, pouco fornece ao intérprete, pois não esclarece a lei quando se pode considerar iniciada a execução. De fato, deixou o legislador de fixar o momento em que se passa dos atos preparatórios para os executivos – com o quê se abriu espaço para a formulação de uma série de teorias que buscam fundamentar esta separação.

Analisaremos, de forma sucinta, as principais teorias elaboradas, para, após, expormos nossa posição.

20.3.2 Teoria subjetiva

Para a teoria subjetiva pura não há diferenças concretas entre atos preparatórios e de execução. Reputa-se iniciada a execução quando exteriorizada, por qualquer meio, a vontade criminal do agente.

Assim, para a configuração de uma tentativa de homicídio a manifestação verbal da intenção de matar ou a aquisição de uma arma para o cometimento do crime já representariam o "início da execução", pois reveladoras da vontade criminal do agente.

As objeções a esta teoria são manifestas: amplia-se de forma demasiada o campo da punibilidade penal, a ponto de atingir simples resoluções internas do homem, que não possuem – em um direito penal que acolhe o *princípio do ato* como fundamental – relevância ético-social, pois incapazes de atingir o que legitima a formulação da norma penal, isto é, o bem jurídico tutelado pelo tipo penal.

A isto se soma – como ensina Bustos Ramírez[5] – a violação às garantias mínimas do cidadão – inclusive, em nosso entendimento, à garantia proporcionada pelo princípio da legalidade –, pois caberá ao juiz a determinação arbitrária e discriminatória, segundo os antecedentes pessoais do sujeito, sobre se, por exemplo, a compra de uma arma implica intenção de matar, de defesa, de colecionar etc.

A teoria subjetiva pura, portanto, acaba por negar qualquer distinção entre atos preparatórios e de execução, pois eleva o critério individual do autor como limite do proibido – quando se necessita, na realidade, do critério de um terceiro, de um observador supraindividual.

20.3.3 Teoria objetiva

A Escola Clássica buscou limitar o alcance da teoria objetiva através da teoria elaborada por Carmignani, segundo a qual a distinção entre tentativa e atos preparatórios encontra-se na univocidade do comportamento.

De acordo com esta interpretação, enquanto os atos preparatórios são equívocos – na medida em que não permitem a um terceiro observador a formulação de juízo seguro a respeito de estar sendo cometido um delito –, os atos de tentativa são inequívocos – pois conferem este juízo de certeza.

Carrara, que inicialmente aderiu a este posicionamento, definia a tentativa como "qualquer ato externo que por sua natureza conduz

---

5. *Manual* ..., p. 272.

univocamente a um resultado criminoso, e que o agente dirige com explícita vontade a esse resultado, o qual, porém, não se segue, nem tampouco a lesão a um direito superior ou equivalente ao que se queria violar".[6]

À teoria objetiva apontam-se dois inconvenientes principais: o primeiro, confundir uma questão substancial com determinação processual,[7] relativa à matéria probatória, uma vez que a revelação, ou não, da vontade de delinqüir não influi, em si mesma, na existência desta vontade; o segundo, ampliar a punibilidade dos atos preparatórios, pois, basta que sejam inequívocos, para que se configurem como atos de tentativa, ainda que não guardem ofensividade em relação ao bem jurídico tutelado.

Nélson Hungria, ao analisar esta teoria, sintetiza, de forma brilhante, seus equívocos: "O critério da univocidade, por si só, é precaríssimo: faz de um projeto uma realidade, de uma sombra um corpo sólido. Revelar a vontade de cometer um crime, ainda que por atos inequívocos, mas sem que se apresente uma situação de hostilidade imediata ou direta contra o bem jurídico penalmente protegido, será uma tentativa conjectural ou hipotética, jamais uma tentativa real que ponha em sério e efetivo perigo a indenidade desse bem".[8]

Logo, a nosso ver, em que pese a ser útil o critério da inequivocidade para distinguir os atos preparatórios dos executórios, não serve, isoladamente considerado, a fixar este marco divisório entre o punível e o impunível.

20.3.4 Teoria objetiva formal

A partir da teoria do "tipo retor", formulada por Beling, articulou-se a teoria objetiva formal, segundo a qual se reputa ato executivo somente aquele que penetra no núcleo do tipo – isto é, que constitui a realização do elemento descritivo nuclear (verbo) do modelo legal de comportamento proibido.

6. *Programa de Derecho Criminal – Parte General*, vol. I, p. 246.
7. E. R. Zaffaroni e J. H. Pierangelli, *Da Tentativa*, 3ª ed., p. 46.
8. *Comentários* ..., vol. I, t. II, p. 80.

Frederico Marques, que se filia a esta posição, apoiado em Soler e Jiménez de Asúa, afirma que "a atividade executiva é a que se *enquadra* no núcleo do tipo"[9] (grifamos).

O entendimento da tentativa nos termos propostos – embora tenha o mérito de buscar o estrito respeito ao princípio da legalidade e, conseqüentemente, proporcionar, em um primeiro plano, a segurança jurídica dos cidadãos contra a ingerência do Estado – revela-se demasiadamente estreito, pois considera impuníveis atos que, pela experiência social, já constituem ameaça direta e imediata contra os bens jurídicos tutelados pelos tipos penais e que não podem, mesmo porque assim não pretendeu o legislador, ser afastados da proteção finalística do direito penal.

Com efeito, se tomarmos como exemplo o crime de furto praticado em residência alheia, a tentativa para esta teoria somente terá início com a subtração, a tomada de posse do bem móvel pertencente a terceiro pelo agente. Do mesmo modo – mas pior, por atingir bem jurídico de maior valor –, no crime de homicídio somente será considerada iniciada a execução com a realização do verbo típico "matar", o qual, entretanto, já representa o crime na sua forma consumada. Nestas hipóteses, todos os atos imediatamente anteriores, que, invariavelmente, são considerados pela jurisprudência como executivos (busca da apreensão da coisa a ser subtraída, disparo da arma de fogo contra a vítima), encontrar-se-iam fora da zona de atuação do poder punitivo estatal.

A teoria formal objetiva, portanto – como observa Reale Júnior[10] –, é tautológica, e não pode ser admitida, sob pena de desfigurar-se o direito penal como valioso instrumento do Estado em sua missão de preservação dos valores sociais de maior relevância.

20.3.5 Teoria objetiva material

A teoria objetiva material tenta corrigir a limitação imposta pela teoria formal, ao estabelecer como critério para o "início da execução" os atos antecedentes à realização do verbo típico, que já colocam em risco o bem jurídico protegido.

9. Frederico Marques, *Tratado de Direito Penal*, vol. II, p. 371.
10. *Parte Geral do Código Penal* – ..., p. 64.

Como ensina Welzel,[11] este posicionamento traz uma ampliação, pois inclui na tentativa ações que, em virtude de sua vinculação necessária com a ação típica, aparecem, sob uma concepção natural – que poderíamos denominar de experiência comum no contexto social –, como partes integrantes dela.

Objeta-se a esta teoria – a nosso ver, com acerto – que o apelo à concepção natural ou à experiência social não se presta a solucionar a questão, em face da nebulosidade que encerram estes conceitos.[12]

De fato, embora pretenda a teoria formal fixar um marco divisório – e definitivo – entre atos preparatórios e tentativa, acaba por recorrer a critérios carregados de indeterminismo, os quais, de acordo com o enfoque subjetivo do intérprete, podem implicar soluções distintas a hipóteses formalmente idênticas.

20.3.6 Teoria objetiva individual

A partir da formulação da teoria do injusto penal como injusto pessoal – finalismo –, elaborou Welzel,[13] para distinguir os atos preparatórios dos de tentativa, a teoria objetiva individual, segundo a qual deve reputar-se iniciada a execução a partir do ato com o qual o autor, de acordo com seu plano delitivo, põe-se em uma relação imediata com a realização do tipo penal.

O que se apresenta relevante – como afirma Welzel[14] – é que a ocorrência do "princípio da execução" resulta da base do plano individual do agente, e não do ponto de vista de um observador hipotético que não conhece o plano delitivo.

Assim, a tentativa de homicídio não começa só com o ato de efetuar disparo de arma de fogo, mas já ao apontá-la, e, ainda, em dadas circunstâncias, sacá-la, na medida em que o agente, segundo seu plano delitivo, põe-se em atividade imediata para matar.

Esta teoria foi adotada expressamente pelo Código Penal Alemão, ao dispor, em seu § 22, que: "Tentará realizar um fato punido

---

11. *Derecho Penal Alemán*, 4ª ed., p. 224.
12. E. R. Zaffaroni e J. H. Pierangelli, *Da Tentativa*, 3ª ed., p. 49.
13. *Derecho Penal Alemán*, 4ª ed., p. 224.
14. Idem, p. 226.

aquele que, de acordo com a sua concepção do fato, proponha-se imediatamente a realizar a ação tipificada".

Se no aspecto substancial e ideal a teoria de Welzel apresenta-se como a mais correta e adequada para diferenciar os atos preparatórios dos de execução, não se pode deixar de lado a feliz observação de Muñoz Conde[15] no sentido de que seu problema continua sendo o de tornar subjetivo um critério que, na lei, tem caráter objetivo, já que, em última instância, é o próprio agente do crime que, conhecendo todas as circunstâncias do ato, decide se há, ou não, início da execução do delito.

20.3.7 Nossa posição

Como afirmamos, enquanto questão unicamente de direito material, ou substancial, a teoria objetiva individual é a que com maior acerto resolve o problema da distinção entre atos preparatórios e de tentativa, pois fixa com maior precisão o "início da execução".

Por estabelecer como marco divisor, entretanto, o "plano" do agente, proporciona elevada carga de subjetivismo na consideração dos comportamentos humanos – o que implica, na solução dos casos concretos, indeterminismo insuperável, com risco à segurança jurídica.

Como ao intérprete não é dado, na maioria das oportunidades, conhecer por completo o "plano" do agente, pensamos que a solução dos problemas jurídico-penais atinentes a esta matéria deve basear-se em critérios objetivos, que tenham como referência a tipicidade penal, por constituir esta a concretização do princípio fundamental da legalidade.

Logo, como primeiro critério para distinguir os atos preparatórios dos de tentativa apresenta-se a inequivocidade da atuação do sujeito ativo, consistente na revelação, a um observador imparcial, da vontade delitiva do agente.

Ainda que, sob a perspectiva individual do autor, apontar ou sacar uma arma estejam no âmbito do início da execução de seu plano, tais comportamentos, por si sós, não permitem a formulação,

15. *Teoria Geral do Delito*, p. 184.

por um terceiro, de um juízo de inequivocidade quanto à prática de um delito de homicídio.

De fato, o saque ou apontamento de uma arma podem limitar-se à prática de um delito de ameaça (art. 147 do CP), sem qualquer potencialidade lesiva ao bem jurídico *vida humana*; ou mesmo um irrelevante penal, se por exemplo cometidos com *animus jocandi*, incapaz de induzir temor. Somente com a realização de disparo(s), neste caso, revela-se por completo a vontade criminal do agente.

De igual modo, a circunstância de escalar o muro de uma casa pode, no plano do agente, configurar o início da execução de um crime de roubo. Ao observador externo, contudo, não será dado aferir se pretende o indivíduo o cometimento de furto, rapto violento ou consensual, seqüestro,[16] violação de domicílio ou simplesmente o exercício da atividade indiscreta de observar a vida privada alheia, que para o direito penal não guarda relevância.

Tão-só a inequivocidade, no entanto, como já ressaltamos, não basta à configuração da tentativa, pois há atos meramente preparatórios que também guardam esta característica.

A este critério deve somar-se a relevância típica da conduta, no sentido de, concretamente considerada, apresentar-se adequada (idônea) para lesionar o bem jurídico tutelado pelo tipo penal.

A tentativa, assim, somente restará configurada quando a conduta, além de inequívoca, seja apta, capaz, no momento de sua realização, a produzir o resultado lesivo ao bem jurídico, de modo que se possa atribuir ao agente um risco direto, dentro da normalidade das relações sociais, ao valor tutelado. "Início de execução", neste sentido, é aquele ato idôneo e possível de produzir o resultado – e, por esse motivo, relevante.

Voltemos aos exemplos acima mencionados: ainda que, ao escalar um muro, revele-se inequívoca a vontade criminosa do agente, não estará configurada a tentativa, pois a conduta perpetrada não possui a aptidão para violar o bem jurídico *patrimônio*; do mesmo modo, sacar ou apontar uma arma a outrem não se apresentam como comportamentos idôneos a lesionar o valor fundamental *vida humana*.

16. Paulo José da Costa Júnior, *Comentários ao Código Penal*, 2ª ed., vol. I, p. 145.

A tentativa, portanto – sob o enfoque do princípio da tipicidade e da necessidade de segurança jurídica dos cidadãos quanto aos limites do poder punitivo do Estado –, somente poderá considerar-se configurada, sob o ângulo do intérprete imparcial, com a presença de um ato inequívoco e adequado a violar o bem jurídico protegido pelo tipo penal.

20.4 Delitos que não admitem tentativa

Embora seja a tentativa, em relação ao delito consumado, um fragmento, nem todas as espécies de delitos admitem esta forma.

Entre estes se encontram, em primeiro lugar, os *crimes culposos*, nos quais inexiste vinculação entre a vontade e o resultado, pois – como ensina Aníbal Bruno – "falta-lhes o dolo e sem dolo a tentativa não se constitui. Nem há neles alguma coisa que na realidade se possa chamar começo de execução. O crime culposo não tem nenhuma existência real fora do resultado".[17]

Inviável é a tentativa, ainda, nos denominados *crimes unissubsistentes*, desprovidos de *iter criminis* e que são consumados por um único ato. Por inexistir fragmentação do comportamento delituoso, a realização de seu "início" já implica, necessariamente, sua consumação. Exemplo desta espécie de crime, correntemente utilizado pela doutrina, é o da injúria verbal.

Entendemos que entre os crimes unissubsistentes podem ser incluídos os delitos omissivos próprios, pois enquanto ainda se apresentar como eficaz a conduta do agente não se terá configurado a tentativa.[18]

Também inadmissível a forma tentada nos *delitos habituais*, que exigem a prática reiterada de atos para a configuração do crime.

Assim, por exemplo, o crime de exercício ilegal da Medicina (art. 282, *caput*, do CP), que exige, para a tipicidade do comportamento, o exercício repetido de atividades privativas do médico sem autorização legal. Se reiterados os atos o crime estará configurado

---

17. *Direito Penal – Parte Geral*, vol. I, t. III, p. 242.
18. Aníbal Bruno, idem, ibidem.

em sua modalidade consumada; se isolados, o comportamento será atípico.

Por fim, deve-se anotar que com referência às *contravenções penais*, embora seja materialmente possível, em relação a algumas delas, a forma tentada (a título de ilustração, conferir o art. 26 da Lei das Contravenções Penais), o art. 4º do Decreto-lei 2.688, de 3.10.1941, exclui expressamente a punibilidade da tentativa de contravenção.

20.5 Pena da tentativa

O Código Penal Brasileiro, no parágrafo único de seu art. 14, adotou a teoria objetiva, segundo a qual, em virtude da menor lesividade do crime em sua forma tentada em relação à modalidade consumada, ao seu autor deve ser imposta pena inferior à do delito consumado.

Trata-se, portanto, de causa geral de diminuição de pena, que pode variar de um a dois terços.

A redução da pena – conforme entendimento já reconhecido, inclusive, pelo Supremo Tribunal Federal – regula-se pelas circunstâncias da própria tentativa, e não pelas circunstâncias do crime, as quais devem ser consideradas na fixação da pena-base.[19]

Logo, a quantidade de redução da pena se faz pelo *iter criminis* percorrido – ou seja, pela maior ou menor proximidade da consumação do delito. Quanto mais distante da consumação, mais elevada deverá ser a redução.

O legislador penal, contudo, ao incluir no parágrafo a expressão "salvo disposição em contrário", fez concessão à teoria subjetiva, pela qual a pena da modalidade tentada deve ser a mesma do crime consumado.

Esta é a hipótese, por exemplo, do delito previsto pelo art. 352 do Código Penal, que equipara as penas de "evadir-se ou tentar evadir-se o preso ou o indivíduo submetido a medida de segurança detentiva, usando de violência contra a pessoa".

---

19. Heleno Fragoso, *Jurisprudência Criminal*, p. 575.

20.6 Desistência voluntária e arrependimento eficaz

20.6.1 Natureza jurídica

von Listz[20] sustentava que no momento em que se ultrapassa o marco divisório entre atos preparatórios e a execução punível incorre-se na pena prevista para a tentativa, pois este fato já não pode ser alterado ou desaparecer do mundo. Pode a legislação, contudo, por razões de política criminal, "construir uma ponte-de-ouro para a retirada do agente que já era suscetível de pena", o que foi feito com a previsão da desistência voluntária e do arrependimento eficaz.

Possuem os dois institutos, portanto – segundo von Listz e a parcela dominante da doutrina que segue este entendimento –, a natureza jurídica de causas de extinção ou exclusão da punibilidade do delito, não previstas pelo art. 107 do Código Penal.

Partilhamos, todavia, de posicionamento distinto, pois para nós tanto a desistência voluntária como o arrependimento eficaz têm a natureza jurídica de causas de exclusão da tipicidade delitiva em sua forma tentada.

Com efeito, caracteriza-se a tentativa quando o crime somente não se consuma em virtude de circunstâncias *alheias à vontade* do agente, na medida em que, como afirmamos, o dolo do sujeito ativo é idêntico em ambas as modalidades de crime.

Ora, se a não-consumação deve relacionar-se, necessariamente, a condição estranha à vontade do agente, sua atuação voluntária no sentido de evitar a ocorrência do resultado implica a descaracterização de um dos elementos típicos fundamentais da forma tentada.

Como afirma Reale Júnior: "Há uma relevante alteração da vontade, que torna atípica a ação realizada, deixando de se configurar como tentativa".[21] O plano inicial do agente é modificado pela alteração de sua vontade, que se desvia do sentido de violação do bem jurídico tutelado.

Trata-se, assim, de desvio causal para a não-provocação do resultado, imprimido pela vontade do agente, que tem ainda o domínio do

---

20. *Tratado de Derecho Penal*, 4ª ed., t. III, p. 20.
21. *Parte Geral do Código Penal –* ..., p. 74.

fato e que, por sua atividade, evita o aperfeiçoamento do juízo de tipicidade do crime em sua modalidade tentada.

20.6.2 Requisitos

A distinção entre desistência voluntária e arrependimento eficaz situa-se no momento em que é interrompido o processo de execução do delito.

De fato, na *desistência voluntária* o agente interrompe voluntariamente o processo de execução a que dera início – antes, contudo, de esgotar os respectivos meios. Configura-se, aqui, a *tentativa inacabada* ou *imperfeita*.

Exemplo: "A", com o propósito de matar "B", equipa-se com um revólver municiado com seis cápsulas. Ao encontrar seu desafeto, "A" efetua contra ele um disparo de arma de fogo, causando-lhe lesão corporal de natureza leve. Ao observar, no entanto, o outro indivíduo alvejado, desiste do prosseguimento de seu plano e interrompe a execução do homicídio, embora lhe fosse possível concluí-lo, já que possuía meios para efetuar mais cinco disparos.

No *arrependimento eficaz*, por outro lado, o sujeito esgota o processo executivo mas evita, voluntariamente, que se opere o resultado lesivo. Daí falar-se em *tentativa acabada* ou *perfeita*.[22]

Esta é a hipótese daquele que, com o dolo de homicídio, coloca veneno no alimento de outro indivíduo. Ingerida a iguaria, todavia, arrepende-se o agente e, em conseqüência, ministra à vítima o antídoto, evitando a consumação do resultado lesivo *morte*.

Como primeiro requisito, portanto, para a desistência voluntária e o arrependimento eficaz encontra-se a *não-consumação do delito*, de modo que seja possível ao agente, por seu próprio comportamento (comissivo ou omissivo), a evitação do resultado.

Se a interrupção do processo causal não mais for viável poderá o arrependimento provocar – se presentes os pressupostos do art. 16 do Código Penal – a redução da pena ou – ausentes estes pressupostos – sua atenuação, nos termos do art. 65, III, "b", do mesmo diploma legal; jamais, contudo, a destipificação do comportamento.

22. Reale Júnior, *Parte Geral do Código Penal* – ..., p. 70.

O segundo requisito, de ordem subjetiva, consiste na *voluntariedade do comportamento*, devendo ser entendida como "voluntária" a decisão "que não está fundada na representação de uma ação especial do sistema penal e não está coagida por um terceiro".[23] Logo, a presença de policiais ou a chegada de terceiros, ainda que não intervenham diretamente na obstaculização dos acontecimentos, excluem o requisito da voluntariedade.

Inexigível para a configuração dos institutos, entretanto, o "arrependimento moral" do agente, pois não se presta o direito penal, como já afirmado, para as resoluções internas do homem e seu caráter.

20.6.3 Conseqüências

Destipificada a tentativa pela desistência voluntária ou pelo arrependimento eficaz, responderá o agente apenas pelos danos que efetivamente produziu.

Desse modo, nos exemplos acima fornecidos, sendo eficaz a ação para evitar – ou não produzir – a ofensa à vida humana inicialmente almejada, punível será o sujeito ativo pelas lesões corporais decorrentes de seu comportamento.

De igual modo, operando-se a desistência voluntária ou arrependimento eficaz em uma tentativa de furto qualificado pelo rompimento de obstáculo, iniciada por esta ação, responderá o agente tão-só pelo delito de dano.

20.7 Crime impossível

Como temos sustentado, a função precípua do direito penal é a proteção de bens jurídicos, entendidos estes como os valores socialmente relevantes, positivados pela Constituição Federal.

Logo, não produzindo a conduta lesão ou perigo a esses bens dignos da tutela jurídico-penal, inviável sua subsunção a um tipo de injusto.

A atipicidade do crime impossível é conseqüência desta concepção de direito penal e da adoção do princípio da lesividade como fun-

---

23. E. R. Zaffaroni e J. H. Pierangelli, *Da Tentativa*, 3ª ed., p. 99.

damental na estruturação do sistema criminal: a conduta, embora subjetivamente típica, pois dotada de dolo, não é apta à produção de um resultado lesivo, não se justificando, desse modo, a imposição de uma pena a seu agente.

Dispõe o nosso Código Penal, no art. 17, que se caracteriza o crime impossível "quando, por ineficácia absoluta do meio ou por absoluta impropriedade do objeto, é impossível consumar-se o crime".

Trata-se o crime impossível, assim, de verdadeiro erro de tipo às avessas,[24] pois o agente, com a vontade consciente de realizar a conduta e produzir o resultado lesivo, representa falsamente a idoneidade dos meios empregados ou a propriedade do bem jurídico atacado.

Como vimos, duas são as hipóteses de configuração do crime impossível: *inidoneidade dos meios empregados* e *impropriedade do objeto*.

Por "inidoneidade" deve-se entender a ineficácia absoluta, no caso concreto, do meio utilizado para a obtenção do resultado típico almejado.

Aquele que municia sua arma com projéteis de festim, desconhecendo não se tratar de cápsulas com capacidade vulnerante, e que efetua disparos com a arma contra alguém, com a vontade consciente de matá-lo, comete crime impossível, pois o meio empregado para a realização do tipo penal é absolutamente ineficaz para a produção do resultado.

Quanto à "impropriedade do objeto", refere-se à inexistência do bem jurídico contra o qual dirige o agente seu comportamento.

Logo, aquele que tenta praticar aborto em mulher que não está grávida não encontra subsunção de seu comportamento ao tipo penal do art. 125 do Código Penal, pois absolutamente inviável o resultado objetivado, na medida em que o bem jurídico *vida fetal*, que se pretendeu atingir, inexiste na situação concreta.

Da mesma forma, não pratica tentativa de homicídio aquele que efetua disparos de arma de fogo contra pessoa já morta, com a intenção de matá-la, pois inviável a consumação do delito, pela ausência do bem jurídico *vida humana*.

24. Sobre o erro de tipo, cf. os comentários ao art. 20.

Tanto a inidoneidade dos meios quanto a impropriedade do objeto devem ser absolutas. Se meramente relativas restará justificada a punibilidade da conduta.

O crime impossível, portanto, é causa de exclusão da tipicidade na sua forma tentada, por inexistir, na ação, perigo ou lesão ao bem jurídico visado pelo agente.

20.8 Arrependimento posterior

20.8.1 Conceito e natureza

Sob a rubrica lateral "arrependimento posterior" trouxe o legislador da nova Parte Geral do Código Penal inovação no sistema de aplicação de pena brasileiro, que constitui, nos termos da *Exposição de Motivos* da lavra do então Ministro da Justiça, Ibrahim Abi-Ackel, "providência de política criminal, e é instituída menos em favor do agente do crime do que da vítima. Objetiva-se, com ele, instituir um estímulo à reparação do dano, nos crimes sem violência ou grave ameaça à pessoa".[25]

Trata-se o arrependimento posterior, portanto, de providência de política criminal legislativa que tem por finalidade afastar – ou, melhor, reparar – as conseqüências danosas do delito, mediante ato de seu agente, a quem se concede o incentivo da redução da pena.

Critica-se – com razão – a inclusão do instituto no Título II da Parte Geral do Código Penal, pois nada tem a ver com o crime, não influencia a tipicidade da conduta, mas tão-só a aplicação da pena, e só nominalmente – no substantivo – coincide com o arrependimento eficaz. Logo, seguindo-se as observações de Everardo Cunha Luna,[26] forçoso concluir que, tratando-se de uma conseqüência do crime elevada à categoria de causa especial de diminuição de pena, topograficamente melhor estaria incluída no Capítulo III do Título V da Parte Geral.

A opção do legislador em disciplinar o arrependimento posterior no art. 16 talvez tenha sido fruto de sua aparente semelhança com o arrependimento eficaz, na medida em que – como sustenta Paulo José da Costa Júnior[27] – não possuem ambos os institutos diferenças subs-

---

25. Publicada no *Diário do Congresso* de 29.3.1984, Seção II. ·
26. *Capítulos de Direito Penal*, p. 303.
27. *Comentários* ..., 2ª ed., vol. I, p. 156.

tanciais, ontológicas. A distinção, na realidade, reside no respectivo momento cronológico, pois, enquanto no arrependimento eficaz a ação do sujeito, após o *iter criminis*, evita a consumação do resultado, no arrependimento posterior as conseqüências causais da conduta chegam a seus ulteriores termos, providenciando o agente o retorno ao estado anterior.

Por "esgotamento das conseqüências causais da ação", entretanto, não se deve entender – como interpreta o autor acima citado – a consumação do delito, pois nesta hipótese seria incabível a aplicação do instituto aos crimes tentados.

Nada há a obstar, todavia, à incidência do arrependimento posterior à tentativa.

Com efeito, tomemos como exemplo um furto tentado de aparelho de som instalado em veículo, para o qual há a danificação do painel do carro. Frustrada a consumação do crime pela intervenção policial, possível será ao agente a diminuição de pena, através da reparação dos danos causados ao bem do ofendido.

O que diferencia as duas espécies de arrependimento, assim, é o momento da intervenção voluntária do agente: no arrependimento destipificador da tentativa o agente desiste da e evita a consumação do delito; no arrependimento posterior o sujeito, consumado ou não o crime, mas esgotado o processo causal de seu comportamento, restaura a situação modificada pelo crime.

O arrependimento posterior, portanto, configura-se como uma causa especial e obrigatória de redução de pena, prevista pela Parte Geral do Código Penal, e que se aplica, desde que preenchidos seus requisitos e salvo disposição expressa em contrário, não só aos crimes previstos pela Parte Especial do Código, mas também aos tipos penais estabelecidos por legislação especial.

20.8.2 Requisitos

O cabimento do arrependimento posterior como causa especial de diminuição de pena pressupõe a ocorrência de quatro requisitos, cumulativamente.

O primeiro, de ordem negativa, consiste em ter sido cometido o crime *sem violência ou grave ameaça à pessoa*.

Por "violência" entende-se o emprego de força física contra *a pessoa*; a violência contra a coisa, para este fim, é irrelevante. A "grave ameaça", por sua vez, representa o emprego de força moral contra o indivíduo, intimidante e constrangedora.

Tanto a violência como a grave ameaça, como elementos impeditivos, devem relacionar-se à vontade do agente – motivo pelo qual sempre será viável o arrependimento nos crimes culposos.

Ausentes estas características no delito, portanto, possível, em princípio, será o arrependimento posterior.

O segundo pressuposto consubstancia-se na *reparação do dano ou restituição da coisa*.

À margem da doutrina dominante, sustentamos que o dano a ser reparado deve ser aquele quantificável economicamente – de aferição, portanto, objetiva. Logo, na reparação como requisito da causa de diminuição de pena devem ser incluídos tão-somente os danos materiais, emergentes e os lucros cessantes (novo CC, arts. 946 e ss.; arts. 159, 1.059 e 1.060 do CC de 1916); não, contudo, os puramente morais.

Isto porque, por sua própria natureza, são os danos morais *não-patrimoniais*, insuscetíveis, assim, de efetiva reparação, mas passíveis de mera *compensação* pelo sofrimento impingido à vítima.

De fato, aquele que causa a outrem dano moral, ao indenizá-lo, não restaura a situação por ele modificada, mas apenas proporciona compensação pecuniária pela lesão à esfera íntima da pessoa.

Desse modo, a reparação do dano em um delito de lesão corporal culposa que acarreta à vítima a perda de um membro, para fins de arrependimento posterior, deve incluir as despesas médicas e de tratamento (inclusive psicológico), os custos de prótese e fisioterapia, o período não-trabalhado e a indenização pela redução da capacidade laborativa. O direito à indenização surgido com a mutilação, todavia, por ser o sofrimento (dor física e psicológica) irreparável e impassível de quantificação pecuniária objetiva, não se compreende na reparação do dano aqui exigida, que deve ser interpretada em seu sentido estrito.

É com base neste entendimento que rechaçamos a posição, tomada – a nosso ver, de modo ilegal e contrário ao princípio da legalidade – por parcela significativa da doutrina e da jurisprudência, de não-aplicação desta causa de diminuição de pena a crimes contra a Administração Pública, como por exemplo o de peculato, por lesar, além do patrimônio, os interesses públicos e o dever de lealdade imposto ao funcionário.

Com efeito, o dano a ser reparado no peculato é constituído pelo desfalque patrimonial imposto à Administração, que justifica, inclusive, a elaboração do respectivo tipo penal. A mera "quebra" do dever de fidelidade do funcionário ou a ofensa aos interesses da Administração, embora possam representar, na esfera administrativa, infrações disciplinares, não comportam aferição objetiva, são insuscetíveis de reparação, e não fundamentam a intervenção (ilicitude) penal. Assim não fosse e seria punível, também, o simples "peculato de uso", figura afastada da tutela penal pela observância do princípio da legalidade.[28]

Cumpre observar que o legislador, ao disciplinar o arrependimento posterior e estabelecer seus requisitos, não excluiu de plano sua incidência a quaisquer espécies de delitos; e, onde a lei não exclui, não pode o intérprete criar elementos para limitar a aplicação de instituto benéfico ao réu.

O terceiro requisito consiste na *voluntariedade do ato de reparação do dano ou de restituição da coisa*.

Como já deixamos consignado em relação à desistência voluntária e ao arrependimento eficaz, reputa-se "voluntário" o comportamento não compelido pelo ato de um terceiro ou pela intervenção do sistema estatal.

28. A título de ilustração da posição oposta à que sustentamos, trazemos à colação as seguintes ementas:
"Peculato – Arrependimento posterior – Inaplicabilidade – Agente que, por ato voluntário, efetua o ressarcimento do prejuízo ou a restituição da coisa, antes do recebimento da denúncia – Fatos que não importam em redução da pena nem descaracterizam o delito contra a Administração Pública" (*RT* 762/596).
"Peculato – Bem jurídico – Ressarcimento do dano – Arrependimento posterior inaplicável.
"Por ser o peculato infração praticada contra o bom nome da Administração Pública e não crime contra o patrimônio, o arrependimento posterior não pode ser a ele aplicável. O ressarcimento do dano ou a restituição da coisa, por ato voluntário do agente, até o recebimento da denúncia, não elide o delito de peculato nem importa em redução de pena" (*RT* 736/679).

Assim, a apreensão, pela Polícia, da coisa furtada, com devolução ao seu legítimo dono, não configura arrependimento posterior, pois a restituição, na hipótese, decorre do funcionamento eficiente da máquina estatal, e não da vontade do agente do delito. De igual modo, a reparação do dano conseqüente de processo cível ajuizado pelo ofendido não acarreta a diminuição da pena, pois fruto da intervenção do Estado-juiz, na sua função de composição de lides.

Para configurar a causa especial de diminuição de pena, por fim, deverá o arrependimento posterior operar-se *até o recebimento da denúncia*.

Se após esta fase processual poderá, tão-só e eventualmente, atenuar a pena, nos termos do art. 65, II, "b", do Código Penal.

20.8.3 Implicações

Verificado o arrependimento posterior, cabe ao juiz, obrigatoriamente, reduzir a pena de um a dois terços.

A variação do *quantum* da redução da pena, a nosso ver, deve ter em mira a proximidade temporal em relação à prática do delito: quanto menor o lapso temporal entre o fato delituoso e a reparação do dano ou restituição da coisa, maior deverá ser a redução.

Como sustentam Silva Franco e outros: "É evidente que há uma lógica neste equacionamento: busca-se, com ele, incentivar o agente a pôr cobro, desde logo, ao prejuízo sofrido pela vítima".[29]

Há casos específicos, contudo, em que o arrependimento posterior não implica tão-só a redução de pena.

Assim na *apropriação indébita previdenciária*, em que a declaração, confissão e efetivação das contribuições antes do início da ação fiscal impõem a extinção da punibilidade do agente (art. 168-A, § 2º, do CP). No mesmo crime, se de pequeno valor, o arrependimento posterior, mesmo após iniciada a ação fiscal, mas antes do *oferecimento* da denúncia, desde que primário e de bons antecedentes o agente, faculta a concessão do perdão judicial (§ 3º).

---

29. *Código Penal e sua Interpretação Jurisprudencial*, 5ª ed., 2ª tir., p. 178.

No *peculato culposo* a reparação do dano, se *precede à sentença* irrecorrível, extingue a punibilidade do agente; se posterior a este momento processual reduz de metade a pena imposta (art. 312, § 3º, do CP).

Por fim, a jurisprudência também tem reconhecido em determinados delitos, embora sob um enfoque processual, a ausência de justa causa para a persecução penal como implicação do arrependimento posterior.

Exemplo desta hipótese é a do crime de *loteamento irregular* (art. 50 da Lei 6.766/1979). De fato, têm os nossos Tribunais entendido que, regularizado o loteamento antes do oferecimento da denúncia, carece o Estado de interesse processual para prosseguir na persecução penal, na medida em que eventual lesão ao bem jurídico tutelado pelo tipo resta superada pela atividade restauradora do agente do crime.

No mesmo sentido o posicionamento majoritário adotado com relação ao delito de *fraude no pagamento por meio de cheque*: se pago o título antes do oferecimento da denúncia considera-se descaracterizado o delito e ausente a justa causa para o início da ação penal.[30]

---

30. Se sob o aspecto formal da estrita legalidade – e também sob o prisma moral, na medida em que importa renúncia à pena e ao processo contra quem, de fato, perpetrou um delito – tais posicionamentos são passíveis de críticas, uma vez que por vias transversas concedem ao "arrependimento posterior" efeitos mais benéficos que os pretendidos pelo legislador – inclusive o de afastar um injusto que já se aperfeiçoou, quando sua função deveria limitar-se ao estabelecimento do *quantum* da pena –, não se pode deixar de assinalar seu acerto sob um enfoque político-criminal de tomada do direito penal como instrumento extremo de intervenção. Com efeito, se o direito penal, no Estado Democrático de Direito, ostenta a qualidade de *ultima ratio*, não deve – e não pode – intervir em situações solucionadas por outros instrumentos de composição de conflitos, pois nessas hipóteses suas conseqüências, antes de benéficas, representariam mais um componente de incremento da "situação problemática". O direito penal, além de uma base ética, possui também uma função utilitária de pacificação social que, se atingida por outros meios – jurídicos ou não – de controle social, afasta – ou pelo menos deveria afastar – sua incidência ao caso concreto.

21
CONCURSO DE PESSOAS

21.1 Teorias. 21.2 Autoria e participação: 21.2.1 Distinções – 21.2.2 Espécies de autoria – 21.2.3 Co-autoria – 21.2.4 Participação. 21.3 Elementos do concurso de pessoas. 21.4 Participação de menor importância. 21.5 Participação de crime menos grave.

21.1 Teorias

O crime, em regra, é praticado por apenas um indivíduo. Há hipóteses, porém, em que duas ou mais pessoas concorrem para sua efetivação – matéria que recebeu a denominação de "concurso de pessoas" pelo nosso Código Penal.

A disciplina legal do concurso de agentes pode seguir duas teorias fundamentais: a monista ou unitária e a pluralista, que também pode ser denominada diferenciadora.

Para a *teoria monista*, adotada pelo Código Penal Brasileiro de 1940, todos os que, de qualquer modo, participam ou concorrem para o crime são equiparáveis à figura do autor. Não há, desse modo, distinção quanto ao tratamento dispensado àquele que pratica atos executórios do delito ou a quem presta mera colaboração para sua consecução – bastando, para a configuração da qualidade de autor, que a contribuição tenha relevância causal-subjetiva no âmbito da tipicidade. O delito é único, devendo a imputação, nestes termos, também apresentar ou caracterizar uma unidade.

A teoria pluralista, por outro lado, sustenta que cada co-partícipe pratica um crime autônomo e diverso.[1]

---

1. *Comentários ao Código Penal*, 2ª ed., vol. I, p. 227.

Entre ambas situa-se a *teoria dualista*, para a qual há um só crime em relação aos autores principais e outro crime único com referência aos partícipes.[2]

A Parte Geral do Código Penal filiou-se à teoria monista, de forma, entretanto, mitigada ou temperada.

Com efeito, embora tenha o legislador prescrito, no *caput* do art. 29, que incide nas penas cominadas para o crime quem, de qualquer modo, para este concorre, fez, logo a seguir, a ressalva da "medida de sua culpabilidade", e nos dois parágrafos seguintes previu como causa de diminuição de pena a participação de menor importância e afastou a possibilidade de responsabilização objetiva pelo resultado.

Neste sentido, o princípio da culpabilidade, que permeia e inspira toda a nova Parte Geral, faz-se presente também no tratamento do concurso de pessoas.

21.2 Autoria e participação

21.2.1 Distinções

Inúmeras são as teorias que estabelecem critérios para a distinção entre *autor* e *partícipe*. Destacamos, para sintético estudo, por isso, apenas as três mais representativas, quais sejam: objetiva estrita, objetiva formal e objetiva material ou teoria do domínio do fato.

Segundo a *teoria objetiva estrita*, que tem seu fundamento na teoria da equivalência das condições e a ela corresponde logicamente, reputa-se *autor* aquele que realiza um ato executivo em relação de causalidade com o fato típico, uma vez que, pelo método de eliminação hipotética, o resultado não se operaria na ausência de qualquer dos comportamentos.[3]

Esta teoria, embora bem defina o conceito de *autor*, o amplia demasiadamente, e restringe a figura da participação praticamente a letra morta – o que se mostra incompatível com o sistema adotado por nossa legislação.

---

2. *Código Penal Brasileiro Comentado*, vol. II, p. 267.
3. Bustos Ramírez, *Manual de Derecho Penal – Parte General*, p. 283.

A *teoria objetiva formal* baseia-se na concepção belinguiana do "tipo retor", de forma a considerar como *autor* somente aquele que realiza o verbo típico. Assim, no crime de homicídio apenas o que efetua o disparo de arma de fogo pode ser considerado seu autor; de igual modo, no delito de estupro autor é só aquele que realiza a conjunção carnal.

Todos os demais atos de contribuição para a conduta típica, por mais relevantes e imprescindíveis que sejam, se não se amoldarem ao verbo serão considerados de mera participação.

Se a teoria objetiva estrita amplia indevidamente o campo da autoria, crítica inversa deve ser imputada à teoria objetiva formal: a de restringir de modo exagerado o conceito de *autor*, que passa a não abranger nem o autor mediato, nem o autor colateral.

A *teoria do domínio do fato*, por fim, de inspiração finalista, apresenta-se como a mais adequada a distinguir a autoria da participação nos delitos dolosos – o que constitui o problema crucial do concurso de pessoas.

Pelo critério objetivo material, adotado por esta teoria, é autor quem domina finalmente a realização do fato, quem decide, em linhas gerais, o "se" e o "como" de sua realização.[4]

Welzel – o primeiro autor a delinear os seus contornos – ensina que: "É autor somente aquele que, mediante uma condição consciente do fim do acontecer causal em direção ao resultado típico, é senhor sobre a realização do tipo. Mediante o domínio final sobre o acontecer, o autor diferencia-se do mero partícipe, que só auxilia o ato finalmente dominado pelo autor, ou que apenas incitou, instigou ou induziu à decisão. Unicamente nos tipos dolosos existe a distinção entre a autoria e participação, e somente aqui esta diferença é exigida pela matéria em si".[5]

Autoria e *participação*, portanto, têm como ponto de distinção o domínio sobre o fato: se pertence ao agente esse domínio, imputar-se-lhe-á a qualidade de autor; se, por outro lado, ausente restar seu poder sobre o acontecimento, sua contribuição poderá caracterizar tão-somente a participação.

4. Francisco Muñoz Conde, *Teoria Geral do Delito*, p. 196.
5. *Derecho Penal Alemán*, 4ª ed., p. 119.

21.2.2 Espécies de autoria

Conceituado o *autor* como o agente que possui o domínio sobre o acontecer final, cabe distinguir as três possíveis modalidades de exercício desse poder: autoria intelectual, mediata e executória.

Autor intelectual é aquele que, em que pese a não realizar os atos executórios e/ou materiais do delito, planeja e dirige os trabalhos delituosos.

Aquele que pretende realizar um roubo a banco e que, para a concretização de seu plano, recruta pessoal "capacitado", adquire armas e organiza a ação delituosa responderá pelo crime na qualidade de autor – pois tinha o domínio do fato –, ainda que não participe da consecução material da subtração. Sua culpabilidade, aliás, será superior à dos demais agentes, nos termos do art. 62, I, do Código Penal.

Também o *autor mediato* não realiza diretamente o verbo típico, mas o perpetra mediante a ação de um sujeito inculpável (coação moral irresistível; ordem de superior hierárquico, não manifestamente ilegal) ou desprovido do elemento subjetivo do tipo (erro provocado por terceiro, utilização de agente inimputável, nos termos do art. 26 do CP).

O domínio sobre o acontecer final, aqui, de igual modo, pertence ao autor mediato, em virtude de sua superioridade intelectual, funcional ou psicológica (irresistível) em relação ao executor do crime.

Autor-executor, por fim, é aquele que, consciente do resultado típico almejado, realiza o elemento típico descritivo nuclear, de mão própria.

21.2.3 Co-autoria

Denomina-se "co-autoria" a perpetração de um delito por duas ou mais pessoas, que concorrem de forma consciente e voluntária para sua efetivação.

Nesta espécie de concurso de agentes os co-autores, aos quais pertence conjuntamente o domínio do fato, assumem por igual a responsabilidade de realização do tipo, em virtude do princípio da divisão funcional de trabalho.[6] Sua configuração, portanto, exige que

---

6. Francisco Munõz Conde, *Teoria* ..., p. 198.

se contribua para o delito de forma relevante para a concretização do fato.[7]

A co-autoria é autoria fundada na divisão de tarefas, consistindo sua particularidade – como afirma Welzel – "em que o domínio do fato unitário é comum a várias pessoas. Co-autor é quem, na posição das qualidades pessoais de autor, é portador da decisão comum a respeito do fato e em virtude dela toma parte na execução do delito".[8]

Neste sentido, é co-autor não apenas quem realiza o verbo típico no contexto do plano comum, mas também quem realiza atos preparatórios de auxílio, quando é portador da decisão – e domínio – a respeito do ato típico objetivado.[9]

A co-autoria não se confunde com e nem engloba a autoria colateral, na qual há a atuação concomitante de dois ou mais indivíduos para a realização de um tipo sem o conhecimento, todavia, de estar contribuindo para a conduta típica de outrem.

Isto porque pressupõe a co-autoria a idéia de união para a construção de uma só obra, de concretização de um plano comum segundo um fim previamente escolhido, o que só pode ocorrer a partir da conduta dolosa.

Entendemos, assim– ao contrário da jurisprudência dominante em nossos Tribunais –, que não há possibilidade de configuração de co-autoria em crimes culposos, pois nos delitos negligentes carecem os sujeitos do sentido finalístico comum de realização do tipo, do "plano comum" imprescindível à caracterização desta modalidade de concurso de pessoas.

No crime culposo – como ensina Bustos Ramírez[10] – somente pode haver autores concomitantes ou acessórios (autoria colateral), de forma que cada agente comete sua própria infração ao dever de cuidado objetivo e responde apenas nos limites da previsibilidade dessa ação.

21.2.4 Participação

A participação consiste na cooperação dolosa em delito doloso executado por outrem, devendo o partícipe conhecer e querer sua par-

---

7. Idem, p. 199.
8. *Derecho Penal Alemán*, 4ª ed., p. 125.
9. Hans Welzel, idem, p. 132.
10. *Manual* ..., p. 295.

ticipação na realização do injusto típico do outro indivíduo, qualificado como seu autor.[11]

A participação, portanto, guarda sempre uma relação de acessoriedade ao fato do autor, de modo que sua punibilidade pressupõe que o fato a que se induz ou instiga configure um injusto típico.[12] Isto não significa que a participação esteja parcialmente apartada do injusto do autor, e sua ilicitude circunscrita à provocação ou favorecimento de um ilícito penal (injusto) de outrem, como pretende Welzel[13] – o que implicaria a ilógica conclusão de existência de dois ilícitos, do partícipe e do autor, em relação a um mesmo fato típico. Mas – como sustenta Jakobs – que se deve "reconhecer que quem realiza atos executivos não só executa sua própria ação, mas ao menos uma parte da ação de todos, em cujo caso a execução é ao mesmo tempo seu próprio injusto e também de cada um dos partícipes".[14] O partícipe "não responde jurídico-penalmente por co-produzir a ação de outro, mas porque a ação resultante também é sua própria" – constituindo este o fundamento da possibilidade de imputação, a ele, do resultado típico.

21.3 Elementos do concurso de pessoas

O concurso de pessoas pressupõe a ocorrência de quatro requisitos, conjuntamente, de modo que a ausência de qualquer deles implica o afastamento da co-delinqüência. São eles: (a) pluralidade de condutas; (b) relevância causal; (c) liame subjetivo; (d) unicidade do delito.[15]

O requisito da pluralidade de condutas decorre do princípio do ato, já exposto, em virtude do qual o direito penal somente se ocupa de comportamentos humanos. Concorrendo dois ou mais agentes para a perpetração de um delito, apresenta-se como óbvio que a cada indivíduo, na divisão de trabalho, corresponde uma determinada atividade ou conduta.

---

11. Francisco Muñoz Conde, *Teoria* ..., pp. 200-201.
12. Welzel, *Derecho Penal Alemán*, 4ª ed., p. 134.
13. Idem, ibidem.
14. *A Imputação Objetiva no Direito Penal*, pp. 58-59.
15. Frederico Marques, *Tratado de Direito Penal*, vol. II, p. 401.

A simples pluralidade de condutas, contudo, não basta ao reconhecimento do concurso; mister que o comportamento, no sentido e alcance do tipo, tenha relevância e idoneidade para contribuir à produção do resultado jurídico.

Como ensina Bettiol: "O pressuposto lógico da teoria da participação é dado pelo critério da causalidade no sentido de que não pode ser considerado partícipe de um crime quem não tenha tido um comportamento relevante sob o perfil causal. É necessário que o partícipe tenha efetivamente contribuído para a prática do crime" – o que se dá pelo ajuste, determinação, instigação ou auxílio. "Não ocorre uma participação meramente moral se com esta expressão se pretende aludir a uma forma de participação que depois não encontrou atuação."[16]

O concurso de pessoas, assim, exige uma contribuição efetiva para a realização do injusto, isto é, que "tenha sido eficaz, ou provocado o surgir de outra, ou lhe facilitado, propiciando ou possibilitando o seu desenrolar, ou então dirigindo-se no mesmo sentido para incidir sobre idêntico objeto"[17] – o que não se configura pela mera cogitação, satisfação ou aplauso à ilicitude.

Ao nexo objetivo deve agregar-se, ainda, o liame subjetivo entre os concorrentes, ou seja, a vontade consciente do sujeito de contribuir para a prática do delito – que, como vimos, não será obra somente do autor-executor, mas também do partícipe.

O requisito do liame subjetivo, da consciência da concorrência para o crime, é o que afasta a possibilidade da participação culposa em delito doloso. Nesta hipótese o comportamento do partícipe não guardará o atributo da tipicidade.

Último requisito do concurso de agentes – que decorre da teoria monista, adotada por nosso legislador – é o da unicidade do crime para todos os concorrentes; isto é, embora haja pluralidade de condutas, estas levam à consecução de apenas um delito, como obra de todos os participantes.

Relevante, neste aspecto, a regra da comunicabilidade das circunstâncias objetivas e elementares do tipo, sintetizada, de forma negativa, pelo disposto no art. 30 do Código Penal: "Não se comunicam

16. Bettiol, *Direito Penal*, p. 501.
17. Frederico Marques, *Tratado* ..., vol. II, p. 407.

as circunstâncias e as condições de caráter pessoal, salvo quando elementares do delito".

Deste dispositivo depreende-se que, por força do requisito da unicidade do crime, qualquer circunstância que integre o tipo, subjetiva ou objetiva, quando essencial, estende-se a todos os concorrentes.

Assim, responde por peculato o sujeito que auxilia o funcionário público a apropriar-se de bem de que tem a posse em razão do cargo (art. 312 do CP); de igual modo, entendemos que no crime de infanticídio estará também incurso o partícipe no tipo especial do art. 123 do Código Penal,[18] não se lhe imputando o tipo geral de homicídio.

21.4 Participação de menor importância

Dispõe o § 1º do art. 29 do Código Penal que, "se a participação for de menor importância, a pena pode ser reduzida de um sexto a um terço".

Trata-se, aqui, de uma causa especial de diminuição de pena, que, diante do requisito da unicidade do crime, busca adequar a sanção aplicável ao partícipe, que prestou contribuição menos relevante para a realização do delito, à medida de sua culpabilidade.

De fato, se a eficiência e a idoneidade causal do comportamento são mínimos não se justificaria a imposição, ao partícipe, de pena idêntica à dos autores ou co-autores, pois o tratamento isonômico, nesta hipótese, contrariaria o princípio da culpabilidade e, conseqüentemente, o valor *justiça*.

Verificada a menor relevância da conduta do partícipe, portanto, impõe-se ao juiz a redução da pena, que será proporcional ao grau de contribuição do comportamento.

---

18. Nélson Hungria, com relação a este delito, sustenta que o partícipe deve responder por homicídio, enquanto a mãe pela figura especial. No entender do eminente penalista haveria, neste caso, uma circunstância personalíssima, que, ao contrário das circunstâncias meramente pessoais, jamais se comunicaria, mesmo quando essencial à formulação típica.
O posicionamento, entretanto, é inadmissível, pois viola o requisito da unicidade do crime. Além disso, não conhece a lei circunstância de tal natureza, que não pode, assim, ser "criada" pelo julgador em prejuízo ao acusado.

21.5 Participação de crime menos grave

O § 2º do mesmo art. 29 do Código Penal prevê que, "se algum dos concorrentes quis participar de crime menos grave, ser-lhe-á aplicada a pena deste", salvo quando previsível o resultado mais grave, hipótese em que será a pena aumentada até a metade.

O dispositivo prestigia o princípio da responsabilidade subjetiva, na medida em que afasta no concurso de agentes a possibilidade de imputação típica pela mera causação ou contribuição à ocorrência de um fato. Mais uma vez, assim, cuidou o legislador de abolir a responsabilidade objetiva de nosso direito penal, de forma a exigir o dolo, a vontade consciente do agente, para que lhe seja imputado um fato típico doloso.

Sendo imprevisível o resultado mais grave, responderá o sujeito apenas pelo tipo que se encontrava no âmbito de sua vontade.

Se previsível, contudo, imputa-se ao agente, a título de culpa, o resultado mais gravoso – o que implica o aumento de pena até a metade, solucionando-se o problema da culpabilidade mais elevada e da sanção penal, à semelhança dos crimes preterdolosos, nos quais há o dolo no antecedente e a culpa no conseqüente.

O resultado mais grave, obviamente, deve ter sido previsível mas não previsto e aquiescido pelo concorrente, pois nesta hipótese configurados restarão o dolo eventual e, em conseqüência, a imputação plena – e dolosa – do tipo concretizado.

REFERÊNCIAS BIBLIOGRÁFICAS

ABBAGNANO, Nicola. *Dicionário de Filosofia*. 3ª ed. São Paulo, Martins Fontes, 1998.
ALVES, Ricardo Barbosa (coord.). *Teoria da Imputação Objetiva e Teoria do Domínio do Fato*. São Paulo, ESMP/Imprensa Oficial, 2001.
ANDREUCCI, Ricardo Antunes. *Direito Penal e Criação Judicial*. São Paulo, Ed. RT, 1989.
_____. *Estudos e Pareceres de Direito Penal*. São Paulo, Ed. RT, 1981.
ANTÓN, T. S. Vives, e ROSAL, M. Cobo Del. *Derecho Penal – Parte General*. 3ª ed. Valência, Tirant lo Blanch – Derecho, 1991.
ARAÚJO JÚNIOR, João Marcello. *Criminologia*. Rio de Janeiro, Forense, 1990.
ARTZ, G., ROXIN, Claus, e TIEDEMANN, K. *Introducción al Derecho Penal y al Derecho Procesal Penal*. Barcelona, Ariel, 1989.
ASÚA, Luis Jímenez de. *Principios de Derecho Penal*. Buenos Aires, Abeledo-Perrot, 1990.

BACIGALUPO, Enrique. *La Técnica de Resolución de Casos Penales*. 2ª ed. Madri, Colex, 1995.
BATISTA, Nilo. *Introdução Crítica ao Direito Penal Brasileiro*. Rio de Janeiro, Revan, 1990.
BETTIOL, Guiseppe. *Direito Penal*. Campinas, RED, 2000.
BOBBIO, Norberto. *Dicionário de Política*. 10ª ed. Brasília, UnB, 1997.
BRICOLA, Franco. *Teoria Generale del Reato*. Turim, UTET, 1973.
BRUNO, Aníbal. *Direito Penal – Parte Geral*. vol. I, ts. I, II e III. Rio de Janeiro, Editora Nacional de Direito, 1965.
BUENO, Francisco da Silveira. *Grande Dicionário Etimológico-Prosódico da Língua Portuguesa*. vol. VIII. Santos, Brasília, 1974.

CAMARGO, Antônio Luís Chaves. *Tipo Penal e Linguagem*. Rio de Janeiro, Forense, 1982.
_____. *Culpabilidade e Reprovação Penal*. São Paulo, Sugestões Literárias, 1994.
CARRARA, Francesco. *Programa de Derecho Criminal – Parte General*. vols. I e II. Bogotá, Editorial Temis, 1996.

CARVALHO, Américo A. Taipa de. *Sucessão das Leis Penais*. Coimbra, Coimbra Editora, 1990.

CARVALHO, Gisele Mendes de. *Aspectos Jurídico-Penais da Eutanásia*. São Paulo, IBCCRIM, 2001.

CERNICHIARO, Luiz Vicente, e COSTA JÚNIOR, Paulo José da. *Direito Penal na Constituição*. São Paulo, Ed. RT, 1990.

COMPARATO, Fábio Konder. *A Afirmação Histórica dos Direitos Humanos*. São Paulo, Saraiva, 1999.

CONDE, Francisco Muñoz. *Teoria Geral do Delito*. Porto Alegre, SAFE, 1988.

CORRÊA JÚNIOR, Alceu, e SHECAIRA, Sérgio Salomão. *Pena e Constituição*. São Paulo, Saraiva, 1993.

COSTA JÚNIOR, Paulo José da. *Comentários ao Código Penal*. 2ª ed., vol. I. São Paulo, Saraiva, 1987.

_____, e CERNICHIARO, Luiz Vicente. *Direito Penal na Constituição*. São Paulo, Ed. RT, 1990.

DELMANTO, Celso. "Direitos públicos subjetivos do réu no Código Penal". *RT* 554/466 e ss. São Paulo, Ed. RT.

DIAS, Jorge de Figueiredo. *O Problema da Consciência da Ilicitude em Direito Penal*. 3ª ed. Coimbra, Coimbra Editora, 1987.

_____. *Questões de Direito Penal Revisitadas*. São Paulo, Ed. RT, 1999.

DOTTI, René Ariel. "A incapacidade penal da pessoa jurídica". *Revista Brasileira de Ciências Criminais* 11/187.

_____. *Bases e Alternativas para o Sistema de Penas*. São Paulo, Saraiva, 1980.

ECHANDÍA, Alfonso Reyes. *Tipicidad*. 6ª ed. Bogotá, Editorial Temis, 1989.

ENGISCH, Karl. *Introdução ao Pensamento Jurídico*. 6ª ed. Lisboa, Fundação Calouste Gulbenkian, 1988.

ESPÍNOLA FILHO, Eduardo. *Código de Processo Penal Brasileiro Anotado*. vol. IX. Campinas, Bookseller, 2000.

FARIA, Bento de. *Código Penal Brasileiro Comentado*. vols. I e II. Rio de Janeiro, Record, 1958.

FELIPETO, Rogério. "O verbo na Parte Especial do Código Penal". *RT* 712/362. São Paulo, Ed. RT.

FERRAZ JÚNIOR, Tércio Sampaio. *Introdução ao Estudo do Direito*. São Paulo, Atlas, 1988.

FINDACA, Giovanni. "O bem jurídico como problema teórico e como critério de política criminal". *RT* 776/409. São Paulo, Ed. RT.

FOUCAULT, Michel. *Vigiar e Punir*. 6ª ed. Petrópolis, Vozes, 1988.

FRAGOSO, Heleno Cláudio. *Jurisprudência Criminal*. Rio de Janeiro, Forense, 1982.

REFERÊNCIAS BIBLIOGRÁFICAS 315

_____. *Lições de Direito Penal – Parte Geral*. Rio de Janeiro, Forense, 1990.
FÜHRER, Maximiliano Roberto Ernesto. *Tratado da Inimputabilidade no Direito Penal*. São Paulo, Malheiros Editores, 2000.
GALVÃO, Fernando. *Imputação Objetiva*. Belo Horizonte, Mandamentos, 2000.
GARCIA, Basileu. *Instituições de Direito Penal*. 4ª ed., vol. I, t. I. São Paulo, Max Limonad, 1959.
GARCÍA-PABLOS, Antonio. *Derecho Penal – Introducción*. Madri, Facultad de Derecho/Universidad Complutense de Madrid, 1994.
GOMES, Luiz Flávio. *Erro de Tipo e Erro de Proibição*. 2ª ed. São Paulo, Ed. RT, 1994.
GONÇALVES, Carlos Roberto. *Direito Civil – Parte Geral*. 6ª ed. São Paulo, Saraiva, 2000.
GONZAGA, João Bernardino. *Violação de Segredo Profissional*. São Paulo, Max Limonad, 1975.

HART, Herbert L.A. *Direito, Liberdade e Moralidade*. Porto Alegre-RS, SAFE, 1987.
_____. *O Conceito de Direito*. 2ª ed. Lisboa, Fundação Calouste Gulbekian, 1996.
HASSEMER, Winfried. *Fundamentos del Derecho Penal*. Barcelona, Bosch, 1984.
HUERTA, Mariano Jiménez. *La Tipicidad*. México, Porrúa, 1955.
HUNGRIA, Nélson. *Comentários ao Código Penal*. 4ª ed., vol. I, ts. I e II. Rio de Janeiro, Forense, 1958.

JAKOBS, Günther. *A Imputação Objetiva no Direito Penal*. Trad. de André Luís Callegari. São Paulo, Ed. RT, 2000.
JESCHECK, Hans Heinrich. *Tratado de Derecho Penal*. vol. II. Barcelona, Bosch, 1981.
JESUS, Damásio Evangelista de. *Código Penal Anotado*. São Paulo. Saraiva, 1995.
_____. *Direito Penal – Parte Geral*. 19ª ed. São Paulo, Saraiva, 1995.
_____. *Imputação Objetiva*. São Paulo, Saraiva, 2000.

LINHARES, Marcelo Jardim. *Legítima Defesa*. 4ª ed. Rio de Janeiro, Forense, 1992.
LOPES, Maurício Antônio Ribeiro. *Direito Penal, Estado e Constituição*. São Paulo, IBCCRIM, 1997.
_____. *Princípio da Legalidade Penal*. São Paulo, Ed. RT, 1994.
LUISI, Luiz. *O Tipo Penal, a Teoria Finalista e a Nova Legislação Penal*. Porto Alegre, SAFE, 1987.
LUNA, Everardo Cunha. *Capítulos de Direito Penal*. São Paulo, Saraiva, 1993.
_____. *Estrutura Jurídica do Crime*. 4ª ed. São Paulo, Saraiva, 1993.
LYRA, Roberto. *Comentários ao Código Penal*. 3ª ed., vol. II. Rio de Janeiro, Forense, 1958.

MACHADO, Luiz Alberto. *Direito Criminal*. São Paulo, Ed. RT, 1987.
MAGALHÃES NORONHA, E. *Do Crime Culposo*. São Paulo, Saraiva, 1957.
MANNHEIM, Hermann. *Criminologia Comparada*. vol. I. Lisboa, Fundação Calouste Gulbenkian, 1984.
MARQUES, José Frederico. *Tratado de Direito Penal*. vols. I e II. Campinas, Bookseller, 1997.
MAXIMILIANO, Carlos. *Hermenêutica e Aplicação do Direito*. 19ª ed. Rio de Janeiro, Forense, 2001.
MELLO, Marcos Bernardes de. *Teoria do Fato Jurídico*. 6ª ed. São Paulo, Saraiva, 1994.
MENDES, Nélson Pizzotti. "A Nova Defesa Social. Verificação da obra de Marc Ancel". *Justitia* 85/21.
MEZGER, Edmundo. *Tratado de Derecho Penal*. Madri, Editorial Revista de Derecho Privado, 1946.
MONTES, Rodrigo Suárez. "Reflexiones en torno al injusto penal". *Causas de Justificación y Atipicidade en Derecho Penal*. Pamplona, Aranzadi, 1995.
MOURULLO, Gonzalo Rodríguez. *Derecho Penal – Parte General*. Madrid, Civitas, 1978.

ORDEIG, E. Gimbernat. *Conceito e Método da Ciência do Direito Penal*. São Paulo, Ed. RT, 2002.

PIERANGELLI, José Henrique, e ZAFFARONI, Eugenio Raúl. *Da Tentativa*. 3ª ed. São Paulo, Ed. RT, 1992.
_____. *Manual de Direito Penal Brasileiro – Parte Geral*. São Paulo, Ed. RT, 1997.
_____. *O Consentimento do Ofendido na Teoria do Delito*. São Paulo, Ed. RT, 1989.
PIRES, André de Oliveira. *Estado de Necessidade*. São Paulo, Juarez de Oliveira, 2000.
PONTES DE MIRANDA, Francisco Cavalcanti. *Tratado de Direito Privado*. t. II. Campinas, Bookseller, 2000.
PRADO, Luiz Régis. "Apontamentos sobre a punibilidade e suas condicionantes positiva e negativa". *RT* 776/440. São Paulo, Ed. RT.
_____. *Bem Jurídico-Penal e Constituição*. 2ª ed. São Paulo, Ed. RT, 1998.
PUIG, Santiago Mir. *Introducción a las Bases del Derecho Penal*. Barcelona, Bosch, 1976.
_____. *Función de la Pena y Teoría del delito en Estado Social y Democrático de Derecho*. 2ª ed. Barcelona, Bosch, 1982.

RAMÍREZ, Juan Bustos. *Introducción al Derecho Penal*. 2ª ed. Bogotá, Editorial Temis, 1994.

_____. *Manual de Derecho Penal – Parte General*. Barcelona, Ariel Derecho, 1989.
REALE, Miguel. *Introdução à Filosofia*. 3ª ed. São Paulo, Saraiva, 1994.
_____. *Teoria Tridimensional do Direito*. 5ª ed. São Paulo, Saraiva, 2000.
REALE JÚNIOR, Miguel. *Antijuridicidade Concreta*. São Paulo, José Bushatsky Editor, 1974.
_____. *Novos Rumos do Sistema Criminal*. Rio de Janeiro, Forense, 1983.
_____. *Parte Geral do Código Penal – Nova Interpretação*. São Paulo, Ed. RT, 1988.
_____. *Teoria do Delito*. São Paulo, Ed. RT, 1998.
REZEK, José Francisco. *Direito Internacional Público*. 2ª ed. São Paulo, Saraiva, 1991.
ROSAL, M. Cobo Del, e ANTÓN, T. S. Vives. *Derecho Penal – Parte General*. 3ª ed. Valência, Tirant lo Blanch – Derecho, 1991.
ROXIN, Claus. *Derecho Penal – Parte General*. t. I. Madri, Civitas, 1997.
_____. *Iniciación al Derecho Penal de Hoy*. Sevilha, Universidade de Sevilha, 1981.
_____, ARTZ, G., e TIEDEMANN, K. *Introducción al Derecho Penal y al Derecho Procesal Penal*. Barcelona, Ariel, 1989.
_____. *Política Criminal y Sistema del Derecho Penal*. Barcelona, Bosch, 1972.
_____. *Problemas Fundamentais de Direito Penal*. Lisboa, Vega, 1986.
_____. *Teoría del Tipo Penal*. Buenos Aires, Depalma, 1979.
RUDOLPHI, Hans Joaquim. "Los diferentes aspectos del concepto de bien jurídico". In: *Nuevo Pensamento Penal – Revista de Derecho y Ciencias Penales* 5-8.

SANCTIS, Fausto Martín de. *Responsabilidade Penal da Pessoa Jurídica*. São Paulo, Saraiva, 1999.
SANTORO FILHO, Antonio Carlos. *Bases Críticas do Direito Criminal*. Leme-SP, LED, 2000.
_____. *Teoria do Tipo Penal*. Leme-SP, LED, 2001.
SAUER, Wilhelm. *Derecho Penal – Parte General*. Barcelona, Bosch, 1956.
SHECAIRA, Sérgio Salomão, e CORRÊA JÚNIOR, Alceu. *Pena e Constituição*. São Paulo, Saraiva, 1993.
SILVA, Tadeu Antônio Dix. *Liberdade de Expressão e Direito Penal*. São Paulo, IBCCRIM, 2000.
SILVA FRANCO, Alberto, e outros. *Código Penal e sua Interpretação Jurisprudencial*. 5ª ed., 2ª tir. São Paulo, Ed. RT, 1995.
SIQUEIRA, Galdino. *Tratado de Direito Penal*. 2ª ed. Rio de Janeiro, José Konfino Editor, 1950.
SLAIB FILHO, Nagib. *Anotações à Constituição de 1998*. 4ª ed. Rio de Janeiro, Forense. 1993.
SOLER, Sebástian. *Derecho Penal Argentino*. 11ª reimpr., vols. I e II. Buenos Aires, 1999.

TAVARES, Juarez. *As Controvérsias em Torno dos Crimes Omissivos.* Rio de Janeiro, Instituto Latino-Americano de Cooperação Penal, 1996.

_____. *Direito Penal da Negligência.* São Paulo, Ed. RT, 1985.

_____. *Teoria do Injusto Penal.* Belo Horizonte, Del Rey, 2000.

_____. *Teorias do Delito.* São Paulo, Ed. RT, 1980.

TIEDEMANN, K., ARTZ, G., e ROXIN, Claus. *Introducción al Derecho Penal y al Derecho Procesal Penal.* Barcelona, Ariel, 1989.

TOLEDO, Francisco de Assis. "Considerações sobre a ilicitude na reforma penal brasileira". In: *Reforma Penal.* São Paulo, Saraiva, 1985.

_____. *Princípios Básicos de Direito Penal.* 4ª ed. São Paulo, Saraiva, 1991.

VIDAL, Luís Fernando Camargo de Barros. "A irresponsabilidade penal do adolescente". *Revista Brasileira de Ciências Criminais* 18.

von LISZT, Fraz. *Tratado de Derecho Penal.* 4ª ed., ts. I e III. Madri, Reus, 1999.

WELZEL, Hans. *Derecho Penal Alemán.* 4ª ed. Santiago, Editorial Jurídica de Chile, 1997.

_____. *El Nuevo Sistema del Derecho Penal.* 4ª ed. Barcelona, Ariel, 1964.

WESSELS, Johannes. *Direito Penal – Parte Geral.* Porto Alegre, SAFE, 1976.

ZAFFARONI, Eugenio Raúl, e PIERANGELLI, José Enrique. *Da Tentativa.* 3ª ed. São Paulo, Ed. RT, 1992.

_____. *Manual de Direito Penal Brasileiro – Parte Geral.* São Paulo, Ed. RT, 1997.

_____. *Tratado de Derecho Penal – Parte General.* vols. I, III e IV. Buenos Aires, Ediar, 1998.

Impressão e acabamento:
GRÁFICA PAYM
Tel. (011) 4392-3344